AF293904

Fidèle à sa volonté de maintenir vivant l'ensemble du catalogue et de continuer à rendre accessible à tous la richesse de son contenu, Les marques du groupe L'Harmattan proposent les ouvrages, même s'ils sont épuisés dans leur premier tirage, et les impriment à la demande.
Au vu de l'ancienneté de ce titre, un exemplaire original a été numérisé pour être réimprimé, ce qui pourrait altérer légèrement la qualité de certains passages.

# Le français en Afrique noire

## Mythe, stratégies, pratiques

COLLECTION *Espaces francophones*

Dirigée par Daniel Baggioni et Didier de Robillard

— D. Baggioni : *Francophonie et multiculturalisme en Australie.*

— E. Martinez : *Le département français de la Réunion et la coopération internationale dans l'Océan indien.*

— D. Baggioni et D. de Robillard : *Ile Maurice : une francophonie paradoxale.*

— R. Chaudenson : *Créoles et enseignement du français.*

*Dactylographie* : Patricia SITALAPRESAD

*Composition* : URA 1041 du CNRS

Université de la Réunion — 15, Avenue René Cassin

97715 - Saint-Denis Messag Cedex 9

Gabriel MANESSY

# Le français en Afrique noire

## Mythe, stratégies, pratiques

Articles colligés et publiés par
Michel BENIAMINO et Claudine BAVOUX
URA 1041 du CNRS — Université de la Réunion

Éditions L'Harmattan
5-7, rue de l'École-Polytechnique
75005 Paris

# AVANT-PROPOS

La description du français pratiqué en Afrique noire présente de nombreuses difficultés dont la principale réside sans doute dans l'ambiguïté de son objet. Projection en terre étrangère du modèle littéraire classique embrumée d'une nébuleuse d'usages aberrants, ce parler déconcerte les linguistes épris de cohérence par le contraste entre l'instabilité de sa mise en œuvre et la rigidité de sa norme. Celle-ci est facile à découvrir, consignée dans tous les bons traités de grammaire, mais il faudrait adjoindre aux règles qu'ils édictent, pour en justifier les modes d'application, autant de facteurs de variabilité qu'il y a de circonstances d'emploi et de locuteurs qui s'y trouvent engagés. Pour la clarté de l'exposé et la rigueur de la méthode, il semble préférable de prendre acte de cette discordance et d'admettre la coexistence de deux entités distinctes, répondant à des critères d'analyse différents quoique insérées à des degrés divers dans le répertoire des mêmes locuteurs. Il ne s'agit là, bien entendu, que d'une convention d'étude à valeur heuristique. Ces deux formes de langage sont unies dans leur *fonctionnement par une relation de complémentarité inégale ; elles sont utilisées par des gens qui n'aperçoivent entre elles aucune solution de continuité, les "non lettrés" ayant seulement le sentiment de ne disposer que d'une compétence incomplète, mais perfectible par imitation du discours des "lettrés", et ces derniers étant le plus souvent capables de produire, en cas de besoin, des énoncés en petit français. La différence réelle ne s'en établit pas moins pour le chercheur entre ce qui subsiste et se perpétue et ce qui est en train de se faire. La langue importée, transmise par l'école et entretenue par la stabilité des structures politiques, administratives, économiques et sociales héritées de la colonisation, demeure la seule donnée communément reconnue. Son étude a d'abord été l'apanage des pédagogues attachés à conserver intacte la référence au modèle académique et qui, par leur action, ont en quelque sorte délimité négativement l'autre face du français d'Afrique : tout ce qui empêchait les jeunes Africains de reproduire correctement la langue enseignée, alors qu'exempts des effets nocifs d'un usage populaire si encombrant en France, ils eussent dû en donner au terme de leur scolarité une image exacte. Ainsi ont été constitués d'innombrables relevés de fautes, ainsi que des parallèles plus ou moins rigoureux entre la grammaire du français littéraire et l'organisation morpho-syntaxique des langues de substrat, propres à mettre en évidence l'interférence éventuelle de celle-ci sur celle-là. Un grand intérêt a aussi été porté aux mécanismes d'acquisition, au repérage des innovations transitoires, aux déficits d'apprentissage et à la critique des méthodes d'enseignement. En même temps se développait une recherche lexicographique, d'abord étymologisante, puis de plus en plus ouverte aux progrès de la lexicologie, qui inventoriait les régio-*

nalismes franco-africains. Ces deux courants confluent actuellement dans le projet indubitablement prescriptif d'élaborer des dictionnaires, donc de définir sur le plan lexical la variété africaine du français central dont ni l'appareil morphologique ni l'économie syntaxique ne sont remis en question.

Le traitement de la face négative du français d'Afrique, soit l'étude de la langue qui y est effectivement pratiquée, oralement, par les Africains, est beaucoup plus difficile parce qu'elle concerne précisément cet appareil et cette organisation et aussi parce qu'elle s'applique à une réalité mouvante dont les principes fondamentaux ne se situent peut-être pas tous dans le champ habituel de la recherche linguistique. Celle-ci est mal armée d'autre part, sauf dans sa version fonctionnaliste, pour traiter d'autre chose que d'un code intemporel ou d'une "coupe mince" soustraite aux aléas du changement ; elle ne dispose pas en tout cas de méthodes sûres pour identifier les éléments et les mécanismes constitutifs d'une genèse. Or notre opinion est que le français africain spontané, non institutionnel, est animé des mêmes processus qui ont transformé en créoles, il y a trois ou quatre siècles, les variétés de petit français utilisées sur les plantations de la mer des Caraïbes et dans celles de l'Océan Indien. La confrontation de données aujourd'hui observables en Afrique francophone avec les hypothèses formées quant à la préhistoire des parlers coloniaux, y compris ceux qui, en Amérique du Nord, n'ont pas subi la mutation créole, nous semble ouvrir un champ d'investigation fructueux. L'inconvénient est que sur le plan linguistique, l'interprétation va plutôt du présent au passé que des scénarios reconstitués au fonctionnement actuel du français africain. Ces derniers en revanche éclairent la réalité contemporaine. L'un des mérites de la littérature créolistique a été d'établir un lien étroit, nécessaire, entre les facteurs sociolinguistiques et leurs manifestations langagières ; elle nous incite à ne pas considérer les écarts et les fautes comme les ratés d'un mécanisme mal monté, mais comme l'incidence de développements occultes à élucider. Ce dont nous avons à traiter est un ensemble d'usages aberrants dont l'imprévisibilité n'exclut pas la cohérence, puisqu'elle autorise l'intercompréhension, et qui se déploient dans des circonstances où ni le poids des institutions ni l'intention de sauvegarder les attributs d'une position sociale privilégiée n'imposent le recours au "bon français". De tels espaces de liberté existent partout, plus ou moins amples selon que le français est ou non concurrencé dans cet emploi pragmatique par des langues locales dominantes ou véhiculaires. Ils sont desservis par une population croissante, faite d'une part de lettrés capables de manier le cas échéant la langue classique, mais portés à en oublier les contraintes dès qu'elles cessent d'être socialement significatives, et d'autre part de tous ceux qui n'ont fait qu'un bref séjour à l'école ou qui ont acquis hors de celle-ci quelque compétence en français ; ces derniers, de plus en plus nombreux dans les grandes agglomérations urbaines, ne figurent pas dans les statistiques de francophonie habituellement fondées sur le niveau de scolarisation et usant de critères inadéquats à cette forme d'utilisation de la langue. Toute étude sociolinguistique en domaine africain devrait repérer non seulement les situations où le français est normalement requis ou attendu, mais aussi toutes celles où il ne l'est pas et où il est cependant employé.

*La tâche du linguiste appliqué à décrire les caractéristiques du français africain dans ses fonctions communicative, expressive et, semble-t-il, intégrative consiste donc à enregistrer la pratique de gens qu'il comprend mal et qui se comprennent bien, en dépit de l'apparente instabilité de leurs usages, et à rechercher le principe de cette intercompréhension. L'excès de variabilité n'est probablement dû pour partie qu'à un phénomène d'optique : l'observateur étranger ne dispose pas du système de références qui permet aux interlocuteurs de pallier les incertitudes, les lacunes et les ambiguïtés de l'oralité. Il ne s'appuie pas non plus sur les mêmes présupposés sémantiques et grammaticaux : les locuteurs africains exploitent un capital d'habitudes acquises dans l'exercice de leurs langues propres, peut-être elles-mêmes fondées sur des montages cognitifs communs. Certains modes de constitution de l'information et d'organisation du discours paraissent en tout cas être attestés sur la plus grande partie de l'aire négro-africaine. Dans cette perspective, les déviations récurrentes imposées à la grammaire française, parfois tenues pour les témoins d'une "norme interafricaine", acquièrent une signification particulière. Il y a beaucoup à apprendre, en matière de mutations évolutives, des restructurations que subit une langue lorsqu'elle est prise en charge par une collectivité d'alloglottes ; elles peuvent permettre de discerner le seuil au-delà duquel l'ampleur de la variation met en cause la pérennité du système. Se pose également le problème de la vernacularisation, c'est-à-dire la stabilisation des usages nouveaux. En ce qui concerne le français d'Afrique, la part du hasard dans l'oscillation entre le pôle de référence que constitue le modèle scolaire et des écarts individuels multiples et divergents ne cesse de se ré-*

duire. La vieille revendication, contemporaine des indépendances, de l'avènement d'un "négro-africain commun" trouve un aboutissement imprévu dans l'éclosion imparfaite d'un franco-africain commun. Le processus en est certes à son tout début, mais l'observation des données recueillies depuis plusieurs années révèle l'apparition de régularités, d'analogies dans la mise en œuvre du français, voire d'une refonte partielle de son économie interne qui fondent des normalités locales (des "français nationaux", en continuité parfois avec les variétés urbaines des langues dominantes) et plus généralement l'émergence fréquente des caractéristiques interafricaines déjà mentionnées qui détachent cette forme de langue du français de métropole et des autres français régionaux. Tout se passe comme si dans l'esprit des usagers se constituait un corps de représentations encore indécises tendant à conférer au français non pas le statut d'idiome, de langue première, mais de code intégré au répertoire de locuteurs plurilingues et apte aux exigences habituelles de la communication. Il y a un décalage évident entre l'action conservatrice de l'école, soucieuse de sauvegarder la permanence et l'intangibilité du modèle classique, et le dynamisme de cette appropriation.

Les textes ici réunis ne projettent que des clartés fugitives sur les questions qui viennent d'être évoquées. Pour éviter de leur conférer une cohésion qu'ils n'ont pas, nous avons choisi de maintenir à quelques détails près la forme qu'ils avaient lors de leur parution. Cela ne présente d'inconvénient que pour les faits historiquement datés, par exemple l'évaluation des taux de scolarisation dans la première partie. Ces taux ont considérablement augmenté *depuis quinze ans, mais de l'avis général, la qualité et l'efficacité de l'enseignement ont suivi une courbe inverse, de telle sorte que la situation sociale et politique des Etats africains ne s'en est pas trouvée bouleversée. Par commodité, ces textes ont été regroupés en trois parties, la première proposant une image externe de la situation sociolinguistique en Afrique francophone, la deuxième des essais d'analyse de la matière linguistique et la dernière quelques réflexions sur le processus d'appropriation. Le concept de francophonie tient en ce moment une large place dans les préoccupations des hommes politiques, mais il n'est pour nombre d'entre eux et pour beaucoup d'autres qu'un cadre vide, au mieux un assemblage de généralités abstraites ; notre propos n'a été que d'y introduire un peu de concret.*

Gabriel MANESSY

# PREMIÈRE PARTIE

# STATUT

**1.**

# Le français en Afrique noire : faits et hypothèses [1]

L'Afrique "d'expression française" compte dix-sept états dont les territoires occupent une zone continue (mis à part la Guinée-Bissao et les enclaves anglophones de Gambie, de Sierra-Leone, du Liberia, du Ghana et du Nigeria) qui s'étend des côtes occidentales du continent à la région des Grands Lacs. Ce sont la Mauritanie, le Sénégal, le Mali, la Guinée, la Côte d'Ivoire, le Burkina Faso, le Niger, le Togo, le Bénin (Dahomey), le Tchad, le Cameroun, la République Centrafricaine, le Congo, le Gabon, le Zaïre, le Rwanda et le Burundi. Presque toutes les catégories de la typologie proposée par P. Alexandre (1961) y sont représentées : États linguistiquement homogènes (Rwanda, Burundi) ; États linguistiquement hétérogènes, mais possédant une langue dominante, soit démographiquement, soit sociologiquement (arabe en Mauritanie, wolof au Sénégal, malinké-bambara au Mali, haoussa au Niger, sango en R.C.A., fang au Gabon) ; États linguistiquement hétérogènes sans langue dominante au niveau national : Guinée, Côte d'Ivoire, Burkina Faso, Togo, Bénin, Tchad, Cameroun, Congo, Zaïre ; ce dernier présente cette particularité que quatre grandes langues y sont officiellement employées dans l'administration et l'enseignement : le kiswahili, le tshiluba, le kikongo et le lingala. Une telle classification est à la fois sommaire et contestable : le haoussa, langue véhiculaire au Niger, superposée au songhay-djerma dans l'ouest, n'y joue pas le même rôle que le wolof, langue assimilatrice, au Sénégal ; le Cameroun, où règne dans le nord une grande langue de commerce, le peul, n'est pas hétérogène au même titre que le Burkina Faso, où la prétention des Mossi à l'impérialisme linguistique suscite la méfiance de leurs compatriotes de l'ouest, du sud et de l'est. Elle donne néanmoins quelque idée de la diversité des situations sociolinguistiques constatées dans ces républiques. Toutes en revanche

---

[1] *Le français hors de France*, Albert Valdman, éd., 1979, Paris, Honoré Champion : 333-362

ont un trait commun : le français y remplit les fonctions de langue officielle, de langue d'enseignement et de langue internationale au sens où Ferguson (1966) entend ces termes ; elle n'y est pratiquement jamais l'idiome d'un groupe et n'y assume que fort inégalement le rôle de "lingua franca" entre communautés de langues maternelles différentes. Il s'agit là, bien évidemment, d'un héritage direct de la colonisation ; le fait remarquable est qu'il ait survécu à l'abolition de celle-ci et qu'il ne paraisse être nulle part effectivement remis en question, en dépit de la variété des structures socio-économiques et des orientations politiques. Cela donne à penser que le mince vernis linguistique dont les autorités belges et françaises avaient couvert leur édifice colonial pour lui donner l'apparence de la cohésion a pénétré, plus ou moins profondément, les couches sous-jacentes. Ce sont les modalités et les effets généraux de cette imprégnation que nous nous proposons d'examiner.

## 1. — L'IMPLANTATION DU FRANÇAIS EN AFRIQUE NOIRE

**1.1.** — L'implantation du français en Afrique noire présente deux caractéristiques principales : elle est de date récente, eu égard au rythme d'évolution des faits linguistiques ; elle résulte, du moins dans les territoires soumis à la domination française, d'une entreprise délibérée, le colonisateur ayant toujours mesuré aux progrès de sa langue l'importance de son emprise sur le pays. Sauf au Sénégal où des postes français furent établis de façon durable dès le XVIIe siècle en quelques point de la côte et dans la vallée du fleuve, l'expansion linguistique est contemporaine de la conquête militaire au siècle dernier. Elle lui est étroitement liée : contrairement à ce qui s'est passé dans les territoires destinés à subir la tutelle anglaise ou allemande, l'effort d'évangélisation a accompagné plutôt que précédé la colonisation française. Au demeurant, les premières missions catholiques, comme les protestantes, se sont peu souciées de répandre la langue de la métropole : en 1906 encore, A. Métin (1908 : 427), professeur à l'École Coloniale, se plaignait du refus des missionnaires de se muer en "agents politiques et commerciaux" et d'affecter à l'enseignement du français les fonds de la Propagation de la Foi ; il citait, à titre d'exemple, la déclaration de l'un d'eux, le P. Louvet : "Si l'administration veut avoir des écoles de français, il est juste qu'elle les paie. Cela ne regarde pas les fidèles qui nous envoient, chaque année, des aumônes pour nous aider à propager l'Évangile". L'autorité belge, à cette époque, n'avait pas de telles exigences et l'enseignement, d'ailleurs parcimonieusement dispensé (Anon., 1909 : 389) par les missions, en langues vernaculaires, n'était pas mis en question.

Dans ces conditions, le premier véhicule du français, dans la zone d'influence allouée à la France par la conférence de Berlin, a été l'armée de conquête, ou plus exactement le personnel d'encadrement de cette armée qui est aussi devenu celui de la première administration des territoires soumis. L'influence directe de ces officiers et sous-officiers ne s'est guère étendue au-delà du cercle de leur subordonnés immédiats : domestiques, commis, interprètes. Il n'en reste pas moins qu'en bien des endroits, la variété de français employée dans ce cercle restreint a été le seul modèle proposé à l'imitation des Africains et cela pendant longtemps, car l'administration coloniale a conservé l'habitude de recruter les agents de ses différents "services" parmi les anciens militaires de carrière. L'instruction publique n'y a pas fait exception : lorsqu'en 1882, on ouvrit au Soudan (l'actuel Mali) les écoles de Kita, Bakel, Bafoulabé et Bamako, l'enseignement y fut confié à des sous-officiers ou à des interprètes locaux (Capelle, 1949 : 268). Il est possible que certaines caractéristiques du français d'Afrique noire, en particulier l'abondance des tournures familières et des vocables argotiques ou vulgaires, soient un témoignage de cette tradition (*cf.* ci-après 2.2.3).

Plus difficile à évaluer est le rôle qu'ont pu jouer, dans la diffusion du français, les soldats des troupes coloniales démobilisés et revenus au pays. Il faut bien entendu en exclure les officiers et sous-officiers de carrière, dont certains occupent aujourd'hui une position élevée dans la hiérarchie politique ou militaire des États africains, et qui ressortissent à la catégorie précédente. Les autres ont eu surtout connaissance d'une sorte de pidgin militaire, dit "petit nègre" ou "français-tiraillou" qui a été sommairement décrit par M. Delafosse (1904 : 263-65). La possession de cet instrument rudimentaire leur a probablement conféré le prestige qui s'attache en Afrique à l'usage d'une langue étrangère et elle les a placés en position d'intermédiaires entre l'autorité coloniale et la masse des administrés. Il ne semble pas en revanche qu'ils aient fait école : la discordance entre leur parler et celui de l'instituteur ou de l'infirmier, plus conforme au modèle officiel, a dû apparaître très tôt. De nos jours, si les "anciens combattants" emploient encore volontiers la variété de français qui leur est propre pour échanger entre eux des souvenirs, ils évitent d'y avoir recours en présence de "lettrés", c'est-à-dire de gens qui ont été scolarisés à quelque degré.

Dans les territoires sous tutelle belge, le rôle des militaires comme agents d'extension de la langue française a été plus faible encore, parce que l'occupation du bassin du Congo a été le fait de compagnies commerciales utilisant des troupes mercenaires, et non pas d'une armée nationale. En outre, la Force Publique, milice coloniale, a été dotée, conformément à la politique générale du gouvernement belge, d'une langue africaine commune, swahili dans les territoires orientaux, lingala ailleurs, puis lingala en tous lieux (Polomé, 1968 : 300) ; ce sont ces langues, la seconde surtout, qui ont bénéficié du prestige de la puissance dominatrice ; elles se sont répandues d'autant plus facilement qu'elles assumaient aussi une fonction véhiculaire importante. D'autre part, le français n'a jamais joui, même parmi les agents métropolitains de la colonisation, d'une primauté incontestée. Les échos de la vieille querelle linguistique franco-néerlandaise ont retenti jusqu'au Congo (*cf.* Faïk, 1979 : 441-472). Le souci d'en pallier les conséquences est certainement l'un des motifs de la préférence accordée par les autorités coloniales belges aux langues africaines, véhiculaires, vernaculaires de grande extension ou koinès artificielles, sur les idiomes métropolitains.

D'une manière générale, on peut penser que si le français était demeuré une langue d'appoint liée aux seuls rapports économiques et administratifs propres à la colonisation, il n'aurait probablement pas survécu à l'abolition de ces rapports. Sans connaître peut-être le sort du pidgin de la côte ivoirienne (*cf.* Duponchel, 1979 : 386), il aurait vu beaucoup plus tôt son champ d'action limité à quelques domaines fonctionnellement définis, tels que les relations extérieures ou le commerce international. Ce qui a assuré jusqu'à ce jour sa pérennité, dans les territoires autrefois français comme dans les anciennes possessions belges, c'est l'institution scolaire qui est devenue, contre toutes les traditions africaines, une des composantes essentielles de l'organisation socio-politique et socio-économique des états contemporains (*cf.* Duponchel, 1979 : 389-390 ; Faïk, 1979 : 447-449). Il ne fait aucun doute que le français parlé en Afrique noire soit un français scolaire, ou une imitation du français scolaire, et ses caractères linguistiques tout comme le statut qui lui est reconnu procèdent pour une large part de cette origine.


**1.2.1.** — La création d'écoles publiques n'était aucunement un corollaire logique de la colonisation telle que la concevaient les hommes qui, à la fin du XIXe siècle, préconisaient l'instauration d'une tutelle européenne sur l'Afrique et qui avaient subventionné pour cette raison des missions d'exploration dans l'intérieur du continent. Leurs intentions sont clairement exposées par J. Chaillley (1908 : 30), directeur général de l'Union Coloniale Française (*cf.* Brunschwig 1960 : 125 *sq.*) et député, dans un discours prononcé en 1906 devant les membres du Congrès colonial de Marseille : "Quand nous nous sommes lancés dans la politique coloniale, nous attendions trois choses : un débouché pour nos industries, un certain nombre de places pour nos jeunes gens, enfin du prestige pour notre nation. Nous avons assez bien réussi". Quant au rôle imparti à la puissance publique, c'est celui que s'est attribué le premier État Colonial, l'État Indépendant du Congo : "Son premier soin a été d'organiser toute une administration, d'empêcher les luttes intestines et de veiller à la défense de ses droits. Il s'en est remis, en ce qui concerne l'instruction, aux missionnaires tant protestants que catholiques qui ont établi de nombreuses missions sur le territoire de l'État" (Anon., 1909 : 379). L'enseignement aux indigènes, sauf lorsqu'agit un mobile politique analogue à celui qui a conduit Faidherbe à fonder au Sénégal l'École des Otages, est une entreprise humanitaire qui relève de l'entreprise privée, en fait celle des Missions qui, pour des raisons d'efficacité, n'usent guère que des langues africaines.

L'intervention de l'État, dans ce domaine en principe étranger à sa compétence, a répondu à une nécessité née de la colonisation elle-même : former sur place des agents subalternes qu'il eût été trop coûteux de faire venir de la métropole et dont le concours était néanmoins indispensable à la mise en exploitation des ressources locales. C'est en vertu de ce principe économique qu'a été abandonnée, dans les dernières années du XIX^e siècle, la politique d'assimilation d'abord appliquée aux quatre communes du Sénégal : Saint-Louis, Gorée, Rufisque et Dakar et étendue aux territoires nouvellement conquis. En 1906, M. de Lanessan (1908 : 36), ancien gouverneur général de l'Indochine, sans condamner le principe même d'une politique qui consistait à transporter au-delà des mers "tout ce dont la France s'honorait" : administration, justice, lois, régime fiscal, en constatait la faillite ; exigeant un personnel très nombreux qui absorbait la totalité des ressources de la colonie, elle ne laissait rien pour les travaux publics : pas de chemins de fer, de grandes routes, de ports. Les colonies se développaient mal et le commerce en souffrait. Pour les autorités belges, le problème du choix entre assimilation et "association" ne se posait même pas, la mise en valeur des richesses de l'Afrique ayant été pour elles la justification même de la colonisation. La convergence des intérêts s'exprime dans des déclarations officielles, celle par exemple du gouverneur général de l'Afrique Équatoriale Française, Antonetti (1928 : 105) : "Le but de l'enseignement en A.E.F… est de former des collaborateurs indigènes dont nous avons besoin dans l'œuvre administrative et dans l'œuvre de colonisation, dont la direction seule incombe aux Européens", qui fait écho aux conclusions de la commission constitué par le ministre belge des Colonies pour établir les principes d'une organisation scolaire au Congo : "La civilisation des noirs, leur instruction et leur éducation sera avant tout l'œuvre des noirs eux-mêmes… Dans une colonie comme le Congo belge, le rôle du blanc est d'initier, de diriger, de contrôler", et plus loin : "l'utilité des écoles pour garçons est plus apparente que celle des écoles pour filles. Ces dernières ne sont pas appelées à fournir des auxiliaires pour les entreprises des blancs" (De Jonghe, 1931 : 91).


**1.2.2.** — Plus remarquable encore est le mode de développement de l'appareil scolaire. En territoire belge comme en territoire français, ce sont les écoles professionnelles qui sont créées les premières : à Libreville en 1902, à Dakar en 1903 (École Pinet-Laprade), puis en 1907 (École des pupilles-mécaniciens de la Marine), à Boma, Léopoldville et Stanleyville en 1906, à Thysville en 1908. On y apprend à travailler le bois, le fer et la pierre ou à cultiver le sol. L'organisation d'un réseau d'écoles destiné à alimenter cet enseignement "supérieur" ne viendra qu'ensuite : après 1908 au Congo où le budget colonial prend en charge des établissements confiés aux congrégations enseignantes. En Afrique occidentale française, un arrêté du gouverneur Roume définit en 1903 un système qui ne sera rendu effectif qu'en 1912, sous l'impulsion du gouverneur général William Ponty (Capelle, 1949 : 269). Il faudra attendre 1925 pour qu'une organisation semblable soit établie en A.E.F. Le schéma en est partout le même : l'enseignement primaire est à deux degrés. L'éducation de masse est assurée par l'école de village où enseigne un instituteur indigène, soumis en territoire belge à la surveillance d'un missionnaire-inspecteur, en territoire français à celle du commandant de cercle ou de subdivision. Son rôle est de simple "dégrossissement" (De Jonghe, 1931 : 95) ; elle constitue un organe de sélection pour l'école dite "régionale" dans les colonies françaises, "du second degré" au Congo et au Rwanda-Urundi, établie dans un centre urbain, disposant d'un personnel enseignant au moins partiellement européen et dont les programmes sont analogues à ceux des écoles primaires de la métropole. L'école de village "est une école de passage et de triage", déclare P. Gamache en 1928 (p. 756) ; "elle met à l'essai une cinquantaine d'enfants pour en retenir quatre ou cinq" constate H. Labouret (1928 : 410) à la même date. Vingt ans plus tard, J. Capelle, recteur d'A.O.F., confirme : "L'école régionale choisit ses élèves parmi les meilleurs sujets des écoles de village et complète leur formation sur un programme local d'un niveau un peu inférieur à celui du certificat d'études primaires métropolitain" (Capelle, 1949 : 269). En fait, seules parmi ces écoles régionales celles qui sont situées dans des villes à peuplement partiellement européen ouvrent l'accès aux écoles primaires supérieures qui, en A.O.F. et en A.E.F., forment des commis d'administration ; les autres assurent le recrutement des écoles supérieures professionnelles d'où sortent des maîtres-ouvriers. Les écoles normales reçoivent les meilleurs élèves des écoles primaires supérieures qu'elles préparent aux fonctions d'instituteur, d'interprète et de chef et, pour quelques-uns d'entre eux, à l'entrée dans des écoles spécialisées : d'administration, d'agriculture, de médecine vétérinaire, école technique supérieure, école de médecine. Le fonctionnement du système est parfaitement illustré par le discours prononcé par J. Carde, gouverneur général de l'A.O.F., en 1928 devant la Commission permanente du Conseil de Gouvernement : "Au cours de l'année 1926-1927, plus de trente mille indigènes ont trouvé dans nos écoles primaires les éléments d'une instruction qu'ils ont le plus vif désir d'acquérir et ils ont fourni 4700 élèves à nos 78 écoles régionales et urbaines. Ce contingent, trié par le certificat d'études, a pu alimenter 8 écoles primaires supérieures comptant 570 élèves. C'est de là qu'est sortie la centaine de candidats admis en 1927 aux diverses écoles du Gouvernement général sans compter ceux qui sont entrés directement dans les cadres locaux" (Carde, 1928 : 27). Traduites en pourcentages, ces indications montrent que sur une population scolaire de 30 000 élèves (l'A.O.F. compte alors environ 13 millions d'habitants), 15,66 % dépassent le niveau de l'école rurale, 1,9 % accèdent à l'école primaire supérieure, et 0,33% à l'école normale ou aux écoles spécialisées.

En territoire belge, la réglementation de 1948 distingue de l'enseignement primaire "ordinaire" qui prépare directement les jeunes indigènes à la vie qu'ils auront à mener dans leur milieu coutumier ou, au mieux, à l'entrée dans les écoles professionnelles, des "écoles du second degré sélectionné", le plus souvent des internats dans les postes de mission, qui conduisent à l'enseignement secondaire, c'est-à-dire aux écoles formant des employés de bureau subalternes ou des moniteurs pour les établissements des premier et deuxième degrés ordinaires. Un nouveau choix dirige vers les écoles secondaires proprement dites un petit nombre d'élèves destinés en majorité à occuper des emplois du secteur public ou privé impliquant une responsabilité personnelle et, pour quelques-uns d'entre eux, à accéder aux écoles d'assistants médicaux et agricoles, ou à des écoles analogues d'enseignement supérieur (Van Hove, 1951 : 153-54).

Ce système sélectif et hiérarchisé répondait parfaitement, dans son esprit et dans ses résultats, à l'objectif qu'avait fixé J. Chailley (1908 : 34) devant le Congrès colonial de Marseille : "80 p. 100 gardés et maintenus dans les habitudes et les travaux traditionnels, 10 p. 100 associés à vous pour devenir des collaborateurs inférieurs, 6 à 7 p. 100 dans l'administration aux divers étages, 3 à 4 p. 100 dans les sciences pures, la haute administration et la politique... Vous n'aurez pas créé d'oisifs... Vous n'aurez pas créé de déclassés, car vous n'aurez aidé personne à sortir de sa classe... Enfin vous aurez été utile à vos colons, à qui vous aurez assuré la perspective d'une main-d'œuvre toujours également nombreuse et disciplinée et à vous-mêmes ; vous laisserez de grands souvenirs et la trace honorable de votre passage, et vous pourrez vous rendre cette justice d'avoir travaillé utilement et généreusement dans l'intérêt de la race conquise".

**1.2.3.** — Notre propos n'est pas d'évaluer l'efficacité pratique de cette organisation scolaire, ni d'en analyser les conséquences pour l'histoire contemporaine de l'Afrique, mais d'examiner le rôle qu'elle a joué dans la diffusion du français. Or, de ce point de vue, les systèmes belge et français, si semblables par leur structure, présentent une différence fondamentale : tout enfant entrant dans une école d'A.O.F., d'A.E.F., du Togo ou du Cameroun, en quelque lieu et à quelque niveau que ce fût, étant censé n'y entendre et n'y employer aucune autre langue que celle de la métropole. Cette disposition générale déjà instituée au Gabon par l'arrêté du 24 novembre 1883 (Gamache, 1928 : 751), reprise dans l'arrêté du 24 novembre 1903 organisant l'enseignement dans les Colonies et Territoires de l'Afrique occidentale française (Froidevaux, 1909 : 501), rappelée par de nombreuses décisions locales, confirmée par l'arrêté du 10 mai 1924 réorganisant l'enseignement en A.O.F. (article 64 : "Le français est seul en usage dans les écoles. Il est interdit aux maîtres de se servir avec leurs élèves des idiomes du pays") et par la circulaire du 8 mai 1925 réorganisant l'enseignement en A.E.F., réitérée par la Conférence de Brazzaville en février 1944, est demeuré en vigueur jusqu'à nos jours dans tous les États issus de l'ancienne Union Française. Au contraire, l'enfant africain admis en territoire belge dans une école rurale ou dans une école de mission n'avait qu'une faible chance d'apprendre le français. Dès 1906, l'arrêté du 24 novembre qui organisait les écoles professionnelles de Boma, de Léopoldville et de Stanleyville, prévoyant parmi les matières d'enseignement théorique (15 h. par semaine), à côté de l'arithmétique, du système métrique, du dessin industriel élémentaire et des nomenclatures techniques l'étude "de l'écriture, lecture et prononciation de la langue française", stipulait : "l'enseignement de la langue française ne devra pas être approfondi, mais devra se rapporter aux métiers que les indigènes apprendront et aux relations de service qu'ils peuvent avoir avec les blancs à raison de ce métier" (Anon., 1909 : 383). Partout ailleurs prévalait la pratique missionnaire de l'évangélisation et de l'éducation en langues africaines (*cf.* Faïk, 1979 : 446). En 1922, la commission chargée par le Ministre des Colonies, Franck, d'établir les principes d'une organisation d'ensemble de l'enseignement au Congo et au Rwanda-Urundi, maintient fermement la primauté des langues africaines : "L'enseignement doit être donné en langue indigène. En principe, seuls les noirs qui se destinent à vivre en contact étroit avec les blancs dont ils seront les auxiliaires doivent apprendre une langue européenne. Et il convient de n'enseigner aux noirs comme langues européennes que l'une de nos langues nationales qui est en fait le français. Dans les villages indigènes, le français ne doit pas être enseigné. Dans les centres urbains, il formera une des branches de l'enseignement, sans être la langue véhiculaire" (De Jonghe, 1931 : 88). Même dans les écoles normales "autant que possible la langue véhiculaire de l'enseignement doit être la langue dans laquelle le futur instituteur enseignera lui-même" ; ce n'est que dans les écoles de candidats-commis que "la nature même de leurs futures fonctions rend nécessaire que les élèves s'assimilent convenablement à la langue française. On a estimé qu'une durée de deux ans de cours plus une année de stage pratique permettraient d'obtenir ces résultats". En fait, comme le montre S. Faïk, la sourde pression exercée par la population indigène a conduit les autorités à modérer l'application de ces principes : le programme de 1938, non appliqué, prévoit "des cours en règle de français, allant jusqu'à des leçons spéciales sur les difficultés orthographiques, en passant par des exercices d'élocution et de rédaction" (Van Hove, 1951 : 146) dans les écoles primaires du second degré. La réglementation de 1948, instituant un second degré "sélectionné" à coté du second degré "ordinaire", prescrit que "l'enseignement du français y sera assuré de telle sorte que les jeunes gens soient en mesure de suivre sans effort et avec fruit les cours de l'école secondaire donnés uniquement en langue européenne" (Van Hove, 1951 : 153). À l'issue de l'enseignement primaire du second degré, le français devient la seule langue d'enseignement, du moins dans les écoles de garçons ; il est d'autre part introduit comme seconde langue obligatoire dans le second degré ordinaire.

Compte tenu de ce qui précède, il est possible de donner leur véritable signification aux chiffres mesurant l'étendue de la scolarisation dans les deux groupes de possessions à la veille de l'indépendance. Au Congo, en 1959, 56% des enfants d'âge scolaire fréquentaient l'école. Un peu moins des deux tiers (64%) la quittaient au bout de deux ans, à l'issue du premier degré, ayant reçu un enseignement en langue africaine ; les autres entraient dans le second degré où le français était, en principe, une des matières du programme. Cependant 9% seulement des enfants scolarisés avaient terminé en 1960 leurs études secondaires (Reymond, 1966 : 84). Cela signifie que cinq élèves sur cent avaient bénéficié, pendant trois ans, d'un enseignement en français. Le taux de scolarisation, en

A.O.F., était en 1958 de 9,72% seulement (Moumouni, 1964 : 82), tous degrés réunis ; mais à tous les degrés, de l'école de brousse à l'Institut des Hautes Études de Dakar, le français était le seul véhicule de l'enseignement. Cette évaluation quantitative ne donne cependant qu'une image grossière et partiellement fallacieuse de la réalité. Les élèves qui, dans les écoles secondaires des territoires belges, étudiaient en français l'histoire, la géographie, les sciences naturelles ou les mathématiques avaient au préalable acquis les rudiments de ces sciences dans une langue africaine qui, si elle n'était pas toujours leur idiome maternel, était du moins un parler véhiculaire qu'ils avaient l'occasion d'employer largement hors de l'école. Or il semble bien qu'une telle progression pédagogique ait dû être plus efficace que la méthode consistant à interposer le français comme un écran entre le jeune élève et les connaissances élémentaires qu'on prétendait lui faire acquérir. Ce n'est probablement pas un hasard si le Togo et le Dahomey, pays où les écoles de missions, très actives, conservaient la tradition de l'enseignement en langues locales (Thompson et Adloff, 1958 : 517 ; *cf.* Duponchel, 1979 : 387) sont vite devenus, selon une formule célèbre, le "Quartier Latin" de l'Afrique, alors que la part du Sénégal, où l'enseignement était donné en français depuis le début du XIX$^e$ siècle, demeurait beaucoup plus modeste dans l'appareil administratif de la colonisation. En outre, ce n'était vraisemblablement pas le même français qui était utilisé dans les écoles belges et dans la majorité des écoles françaises, et les conditions mêmes de son emploi étaient différentes. En territoire belge, l'enseignement en français était réservé à une élite scolaire, issue d'écoles primaires elles-mêmes "sélectionnées" ; il était dispensé par des professeurs européens, ou sous leur contrôle immédiat, dans des internats ou dans des centres urbains. Les élèves n'avaient l'occasion d'employer le français que dans leurs rapports avec la communauté européenne qui elle-même n'en usait que dans son propre sein, disposant d'une des grandes langues africaines véhiculaires pour communiquer avec la masse des indigènes. Le modèle offert à l'imitation des jeunes Congolais ou des jeunes Rwandais n'était guère différent de l'usage métropolitain (*cf.* ci-après, sous 2.2). Il en allait tout autrement en territoire français. Dès les débuts de l'organisation scolaire, il avait été entendu que si le français devait être enseigné à tous, il ne s'agissait point de la langue classique, mais d'un français "simple autant qu'il est possible et limité à l'expression d'idées courantes, à la désignation d'objets usuels, sans raffinements de syntaxe et sans prétentions à l'élégance" (Hardy, 1917), d'un "français parlé". Sur ce point, les instructions officielles sont précises : le terme figure dans le célèbre décret du 24 novembre 1903, dit décret Roume : (article 4 : "Le programme de ces écoles de village comprend essentiellement : la langue française parlée ;

et accessoirement : la lecture ; l'écriture ; le calcul et le système métrique ; des leçons de choses portant de préférence sur l'agriculture"), dans la circulaire du 8 mai 1925, signée par le gouverneur général de l'A.E.F., R. Antonetti ("Pendant dix mois, ils [les élèves] seront uniquement initiés au français parlé"), dans le discours prononcé en 1930 par le gouverneur général Brévié devant le Conseil de Gouvernement ("Une fois acquis par un assouplissement de l'esprit les instruments nécessaires des nouvelles connaissances, le français parlé et le calcul rapide, c'est aux faits pratiques qu'il faudra s'attacher") et dans bien d'autres textes (Makouta-Mboukou, 1973 : 36-37). En revanche, la définition n'en est jamais donnée, sinon de façon négative, comme dans la formule de G. Hardy citée plus haut. Il semble bien que le "français parlé" des programmes n'ait jamais été autre chose que l'idiolecte qui permettait au maître indigène responsable de l'école de village de converser avec ses supérieurs hiérarchiques, le commandant de cercle ou son représentant, et surtout avec les membres du personnel administratif du poste. En dehors de l'entraînement à la lecture et des exercices grammaticaux, la langue pratiquée en classe n'était guère différente du français de tradition militaire évoqué sous 1.1.

Il faut ajouter à cela que la compétence des maîtres a longtemps été, et demeure parfois encore, fort inégale. Les instituteurs venus de la métropole n'exerçaient leurs fonctions que dans les écoles urbaines et dans les écoles régionales, assistés d'instituteurs indigènes issus des Écoles Normales. En brousse, la responsabilité de l'enseignement incombait le plus souvent à des moniteurs auxiliaires "inexperienced, semi-trained and underpaid" (Thompson et Adloff, 1958 : 520), pourvus du seul certificat d'études primaires. Après la seconde guerre mondiale, on perfectionna le système en créant des Cours Normaux où, en trois ans, étaient formés des moniteurs diplômés et en quatre ans des instituteurs adjoints titulaires du brevet élémentaire (Capelle, 1949 : 273). Cette organisation, transitoire, devait se perpétuer jusqu'à nos jours. En 1949, en effet, l'enseignement primaire devient obligatoire : selon le principe établi par la Conférence de Brazzaville (1944), une école doit être construite en tout lieu où il sera possible de réunir 50 élèves. Le recrutement d'un nombre suffisant d'instituteurs qualifiés devient d'autant plus difficile que l'enseignement secondaire, sous la pression de l'intelligentsia africaine, se développe rapidement et draine une bonne partie de l'élite scolaire (Thompson et Adloff, 1958 : 520). Le même phénomène se reproduit, dans des conditions différentes, au moment de l'accession à l'indépendance : les instituteurs fournissaient une fraction importante du nouveau personnel politique, et ils quittent leurs fonctions au moment même où l'effort de scolarisation prend une ampleur nouvelle (*cf.* Duponchel, 1979 : 393 ; Shyirambere, 1973 : 27 ; Renaud, 1979 : 421-422). Dans tous les cas, ce sont des moniteurs qui occupent les postes vacants. En 1948, le recteur Capelle constatait que les réflexions désabusées de Davesne, Inspecteur de l'Enseignement primaire en 1930, n'avaient pas perdu leur actualité : "L'idée qui a présidé à l'organisation de ces écoles de village était des plus séduisantes : il s'agissait en somme d'obtenir dans le minimum de temps et avec le minimum de moyens le maximum de résultats. Mais on avait trop facilement confondu apprendre et retenir. L'élève de l'école de village, renvoyé chez lui après trois ou quatre années de scolarité, oublie en quelques mois ce qu'il avait appris. Le "français parlé", répandu en surface, n'est autre que du français répandu en pure perte, l'indigène francisé qu'on devait, grâce à cette méthode, "trouver dans les villages les plus éloignés" est resté à l'état d'espérance". Ce diagnostic a probablement conservé une bonne part de sa validité jusqu'à ce que la multiplication récente des stations émettrices et des postes récepteurs de radio changeât les données du problème. S'il est maintenant possible, en effet, à la majorité des Africains d'entendre à la radio un français "correct", c'est-à-dire proche de la norme scolaire, tel n'était pas le cas auparavant. Lorsque le "lettré" rural trouvait l'occasion de mettre en pratique la connaissance du français acquise à l'école, c'était pour communiquer avec le personnel des services administratifs : commis, postiers, infirmiers, chefs d'équipes, gendarmes, dans une langue spontanée et souvent riche en images, mais très éloignée de l'usage classique. Le fait que le français ait été enseigné dans un milieu où tout le monde le baragouinait quelque peu, où les Européens (sauf exceptions individuelles) n'avaient pas d'autre moyen de communiquer avec les Africains, où le modèle le plus communément offert était le français familier des cadres subalternes de la colonisation, est certainement un des facteurs qui ont le plus contribué à distinguer la langue employée dans les anciennes colonies françaises de celle qui l'est au Zaïre, au Burundi et au Rwanda.

## 2. — CARACTÉRISTIQUES LINGUISTIQUES DU FRANÇAIS D'AFRIQUE NOIRE

**2.1.** — Très schématiquement, on peut répartir en deux grandes catégories les variétés du français parlées en Afrique noire par des gens qui n'ont pas eu l'occasion de faire de longs séjours outre-mer et que ni leur profession ni leur statut social ne mettent en contact habituel avec la communauté de langue française : l'une de ces catégories est caractérisée, à des degrés divers, par la confusion des codes linguistiques (langue maternelle, langue véhiculaire dominante, français), l'autre par l'emploi indistinct de registres que le locuteur français affecte normalement à des situations sociolinguistiques différentes. Au niveau le plus fruste de la communication, on peut à peine parler de confusion des codes : le sujet dispose d'un stock plus ou moins étendu de mots français et de formules ("Ça va patron") qu'il assemble selon les schémas syntaxiques, et qu'il prononce selon les règles phonologiques de sa langue maternelle. Selon la proportion des éléments lexicaux français et africains, et selon la circonstance, l'énoncé sera tenu pour africain ou pour français bien qu'il relève dans tous les cas, comme le note L. Duponchel (1979 : 409), de la linguistique négro-africaine. J.-P. Makouta-Mboukou (1973 : 73-74) cite la réponse d'un domestique congolais illettré à une question posée en kikongo par un compatriote : "*Pasiki la mama wayele ku vilaze*"("Parce que la maman est allée au village") et il observe "Il s'agit, dans l'esprit des interlocuteurs d'une phrase en langue africaine, d'autant plus que la question est posée en cette langue... Qu'en aurait-il été si la question avait été posée en français ? Rien ne dit avec certitude que la réponse eût eu une forme différente" — mais très probablement, même identique, elle eût été considérée, du moins par un auditeur non averti, africain ou européen, comme une phrase française. Le phénomène est signalé au Congo, en Côte d'Ivoire (Duponchel, *ibid*.), au Sénégal (Dumont, 1979 : 369), au Mali (Blondé, 1979 : 381), au Cameroun (Renaud, 1979 : 424), en Empire Centrafricain (Bouquiaux, 1969 : 64), au Zaïre ("Le français, surtout oral, est tellement mêlé aux parlers autochtones qu'on a parfois peine à déterminer si on a affaire à une langue locale bigarrée de vocables français ou à du français bigarré de vocables locaux." S. Faïk, *Bulletin d'information du C.E.L.T.A.*, 1973, 2 : 5). Il peut être tenu, avec quelque vraisemblance, pour général ; J.-P. Makouta-Mboukou (1973 : 73) n'hésite pas à affirmer qu'il concerne "la majorité des noirs francophones" ; P. Hountondji (1967 : 18) voit dans ce "charabia du peuple" "le français courant, répandu dans les pays africains dits d'expression française". Ce "petit-français" est en effet une conséquence générale et directe de la fonction de triage longtemps attribuée à l'école rurale. Ainsi que le prévoyait en 1925 le gouverneur général Antonetti, parlant des élèves éliminés au bout d'un an de scolarité : "il leur restera toujours un petit lot de mots français qui, dans ce pays où les dialectes sont nombreux, doit en faire peu à peu la langue véhiculaire commune à tous". Quant à ceux qui, ayant subi le cycle d'initiation, ne seront pas admis à l'école régionale : "ils trouveront à utiliser leurs maigres connaissances comme domestiques ou comme chefs d'équipe de manœuvres ; leur usage de la langue française les fera apprécier et rechercher" (Makouta-Mboukou, 1973 : 38, 40). On pourrait retourner la proposition : la nécessité de connaître un peu le français pour accéder à des emplois rémunérés a été et demeure dans les anciennes colonies françaises une puissante incitation à acquérir quelques éléments de la langue officielle, même pour des gens qui n'ont jamais fréquenté l'école. Il est indubitable que la possession d'un même répertoire lexical peut permettre en principe à deux locuteurs d'ethnies différentes de se comprendre (*cf.* Duponchel, 1979 : 409 ; Renaud, 1979 : 430), dans la mesure où les distorsions phonologiques ne rendent pas les vocables méconnaissables : les touristes en pays de langue étrangère en font quotidiennement l'expérience. Il resterait à vérifier si cette variété rudimentaire de "français" joue bien le rôle de véhiculaire que lui assignait d'avance R. Antonetti, ou s'il demeure limité aux échanges entre Européens et Africains.

**2.2.1.** — Beaucoup plus difficile à définir est la variété de français que parlent nombre de "lettrés" et que P. Hountondji (1967 : 27) décrit sommairement comme un "étrange mélange" de français et de la langue maternelle du locuteur, "avec, bien entendu, une prédominance d'éléments africains". Ce terme de "mélange" n'a pas le même sens sous la plume de P. Hountondji, Dahoméen, que sous celle de Sp. Shyirambere, Rwandais, qui l'emploie aussi (1973 : 475). Pour ce dernier, il désigne la libre combinaison, dans un même discours, de phrases en français et en kinyarwanda, aussi bien que l'insertion délibérée dans un énoncé appartenant à l'une de ces langues d'éléments lexicaux ou de syntagmes empruntés à l'autre. Dans ce dernier cas, le corps étranger n'apparaît que là où sa présence ne met pas en question la structure propre de l'énoncé. Le même phénomène peut-être constaté partout en Afrique chez les gens instruits. Il s'agit d'un jeu de virtuoses, analogues à celui auquel se livraient au siècle dernier les membres de la haute société russe, capables d'allier dans une même phrase le russe au français, à l'anglais, ou à l'allemand. Cette "diglossie" est cependant différemment marquée au Rwanda comme, semble-t-il, ailleurs : elle appartient au registre familier et répond soit à un souci d'expressivité, soit au désir de conserver à la pensée son expression la plus spontanée et la plus adéquate (Shyirambere, 1973 : 483). Les deux codes, employés simultanément, n'en demeurent pas moins distincts : "Nous n'avons rien trouvé de décisif quant à l'influence que le kinyarwanda exercerait sur le français au niveau de la phrase" (*ibid.* : 467) ; les "fautes" constatées sont de celles qui caractérisent une langue imparfaitement apprise, et non pas le transfert inconscient de catégories et de mécanismes grammaticaux. Il n'en va pas de même dans l'Afrique de tradition scolaire française. Les variétés du français qui y sont parlées portent sans aucun doute l'empreinte des substrats auxquels elles se sont superposées : au Cameroun, selon

P. Renaud (1979 : 424), un auditeur est tout à fait capable d'identifier à son français la communauté linguistique dont son interlocuteur est originaire ; cela est certainement vrai en d'autres pays. La pression du substrat s'exerce à tous les niveaux et en particulier au niveau de la grammaire. Tous les pédagogues s'évertuent à faire acquérir à leurs élèves les oppositions grammaticales que ne comporte pas leur langue maternelle, souvent l'opposition de genre (Makouta-Mboukou, 1973 : 175) ou celle de temps (Dumont, 1979 : 370) et à épurer leur français de distinctions parasites. J.-P. Makouta-Mboukou (1973 : 75) cite un exemple curieux de transposition en français du mécanisme bantu d'accord : dans les langues de ce groupe, tous les éléments d'un groupe nominal portent une même marque qui est une variante du préfixe de classe propre au substantif qui en est le "noyau". Le français n'a pas d'accord de classe, mais il a un accord en genre, et l'application au second de la règle propre au premier engendre les énoncés suivants : "Nous voulons des hôpitaux pour les hommes et des hôpitales pour les femmes, des écoles normales pour les jeunes filles et des écoles normaux pour les jeunes garçons. Enfin et enfine, nous demandons la création des tribunales pour la brousse comme il y a des tribunaux dans les centres urbains". Il est à noter que "enfin et enfine" se justifie par le fait que le sous-préfet, auteur du discours, parle au nom de tous ses administrés, hommes et femmes, "heureux et heureuses d'être venus nombreux et nombreuses" souhaiter la bienvenue au préfet. L'interférence se complique ici d'une extension analogique de l'opposition de genre du nom à l'adverbe. Des phénomènes analogues sont décrits à propos du français de République Centrafricaine par P. Roulon (1972 : 152).

2.2.2. — L'influence de la langue maternelle s'exerce naturellement aussi au niveau du vocabulaire et de la phraséologie. Les calques confèrent au français d'Afrique une bonne part de son pittoresque (Vally et Vaudiau, 1957) ; L. Bouquiaux (1969 : 65) en cite quelques-uns qui sont courants en République Centrafricaine : "il a gagné la plaie au pied", "elle a gagné l'enceinte (elle s'est fait engrosser)", "Jean a marié Pauline pour sa femme". De telles expressions seraient probablement comprises n'importe où en Afrique francophone. Il n'en va pas de même pour des termes directement empruntés à une langue locale : *matiti* (haute herbes), *kéké* (bois) en R.C.A., *mousso* (femme) au Mali, *alcati* (agent de police) au Sénégal, *biloko* (choses, affaires) au Zaïre. La forme la plus insidieuse d'interférence lexicale est celle que décrit P. Dumont (1979 : 368-369) : la réintroduction en français de termes empruntés par la langue locale et dotée par elle d'un contenu nouveau. Un exemple banal est celui de "*petit frère*" qui désigne en Afrique tout autre chose que le degré de parenté entre individus issus des mêmes parents. Enfin, comme il est naturel, la prononciation du français est fortement et diversement marquée par le système phonologique de la langue maternelle (Duponchel, 1979 : 395, 408-409 ; Dumont, 1979 : 367-368 ; Blondé, 1979 : 380 ; Renaud, 1979 : 425-426) qu'il s'agisse des réalisations phonétiques, de l'inventaire des traits distinctifs, de la prosodie ou de la syllabation. Ce dernier aspect du français africain est certainement le mieux connu ; l'intérêt que lui ont accordé les Instituts de Linguistique Appliqué, à Dakar, à Abidjan comme à Yaoundé est justifié par des considérations de pédagogie pratique, mais aussi par l'importance que les Africains, ceux du moins qui ont acquis d'autre part la maîtrise des structures grammaticales du français, accordent à une prononciation correcte. J.-P. Makouta-Mboukou (1973 : 65 et 66), Congolais, insiste longuement sur ce point "La langue française, comme toute langue étrangère du reste, ce n'est pas seulement l'exactitude structurale, mais aussi la bonne correction articulatoire... Ainsi, lorsque souvent nous entendons des Noirs se vanter de parler correctement le français, nous sourions, un peu confus à leur place ; car s'ils savaient combien ils blessent l'oreille avertie, ils s'en vanteraient moins et s'exerceraient un peu plus avant de prendre la parole en public".

2.2.3. — L'exposé qui précède est certainement beaucoup trop général pour être exact. Le jeu des interférences ne s'établit pas uniquement entre la langue maternelle et le français, ou plutôt les différentes variétés de français offertes à l'imitation du sujet ; très souvent intervient aussi une langue dominante ou une langue véhiculaire. Le jeune Serer qui emploie sa propre langue à la maison, le français à l'école et le wolof partout ailleurs et le petit Senoufo, également scolarisé en français, mais qui n'entend guère parler autour de lui que son propre dialecte, plus le dioula véhiculaire lorsqu'il se rend au marché, ne se trouvent pas dans des conditions analogues. Une étude précise devrait tenir compte des combinaisons très diverses que forment entre elles les composantes, fort variables, du plurilinguisme africain. Cette diversité même explique sans doute qu'il ne se soit nulle part constitué, à l'échelle de l'État ni même à celle de la région, de dialectes spécifiques du français : il n'existe pas de français sénégalais ni de français du Cameroun comme il existe un français canadien ou même un français belge. La variété la plus proche de ce type est probablement le français de Côte d'Ivoire, que les francophones des autres États africains considèrent comme fortement marqué du point de vue lexical et grammatical, au point de gêner parfois l'intercompréhension. Des expressions telles que "*Ya pas match*" ("Ça ne se compare pas") ou "*Toi moyen moi*" ("Tu es plus fort que moi") ne sont pas comprises ailleurs en Afrique. Il semble bien cependant que ce "français ivoirien" ne soit pas autre chose que le français véhiculaire d'Abidjan, forme à demi-stabilisée du "sabir" franco-africain évoqué plus haut, propre à la communication interethnique, mais que la pression du modèle scolaire et surtout du français de la radio empêche de se constituer en pidgin, et à plus forte raison en créole (Duponchel, 1979 : 409-411, 413 *sq.*) ; son extension ne paraît pas dépasser beaucoup les limites de la capitale et des grandes villes. Compte tenu de l'étendue de l'aire francophone et de la variété des situations linguistiques et sociolinguistiques qu'on y constate, c'est la relative unité du français d'Afrique noire qui surprend plutôt que sa diversification (Duponchel, 1979 : 407-408). Certains de ses caractères sont peut-être imputables à des analogies typologiques entre les différents substrats : ainsi de la suppression fréquente de l'article signalée par nombre d'auteurs, au Congo (J.-P. Makouta-Mboukou, 1973 : 75), en Côte d'Ivoire (Duponchel, 1979 : 411), au Sénégal (Dumont, 1979 : 370), au Mali (Blondé, 1979 : 380) ; les langues africaines disposent d'autres moyens pour marquer la détermination ou le défini. De même, les modalités verbales y sont fréquemment portées par des morphèmes (y compris le pronom sujet) adjoints au radical verbal : cet usage peut être responsable de l'extrême simplification imposée à la flexion du verbe français (*cf.* Dumont, 1979 : 370 ; Duponchel, 1979 : 409-411), et plus généralement des hésitations très fréquentes dans l'emploi des modes et des temps. Plus troublantes sont des analogies telles que l'emploi de "*là*" postposé en fonction de déterminant, procédé commun au français d'Afrique et aux créoles français (Duponchel, *ibid.*), mais également considéré par M. Delafosse (1904 : 263-264) comme un trait caractéristique du "petit nègre" ("tirailleur là il est pas bon") "parlé par nos tirailleurs et nos employés et domestiques indigènes, et à peu près de la même façon au Tonkin et en Afrique occidentale". On serait tenté de voir là les vestiges d'un "français colonial", peut-être de tradition créole, véhiculé par l'armée et les agents subalternes de la colonisation, mieux individualisé que le simple français vulgaire évoqué sous 1.2 et sur lequel le français scolaire se serait greffé ultérieurement. Il existe en tout cas un vocabulaire propre aux anciennes colonies françaises ("*canari*" pour "pot", "*marigot*" pour "cours d'eau", "*tornade*" pour "orage", etc. ; *cf.* Mauny, 1952), suffisamment riche pour qu'on ait pu concevoir le projet d'un dictionnaire du français d'Afrique noire (Duponchel, 1973). Un autre trait contribue à renforcer l'impression d'uniformité que donnent les différentes attestations du français africain : c'est le rôle important que joue dans toutes le mécanisme de l'analogie, définie, selon la formule pertinente de L. Duponchel (Canu, Duponchel, Lamy, 1971 : 39), comme "l'influence d'une partie du système sur une autre partie". L'enseignement dispensé à l'école, s'il ne procure pas une parfaite maîtrise de la langue française, en décrit en revanche les mécanismes grammaticaux avec suffisamment de précision pour ceux-ci puissent être appliqués ; ils le sont en effet, d'autant plus librement que la censure du bon usage ne s'exerce pas. Le substantif *"montation"* (pour "augmentation", d'après "les prix montent") recueilli par J.-P. Makouta-Mboukou (1973 : 67) au Congo aurait tout aussi bien pu être formé au Sénégal, tout comme *"essencerie"* (Dumont, 1979 : 369) analogique de "boucherie", "épicerie" serait intelligible partout. *"Torcher"* ("éclairer avec une torche électrique") est signalé par L. Duponchel (Canu, Duponchel, Lamy, 1971 : 60) en Côte d'Ivoire, par P. Renaud (1979 : 429) au Cameroun et par L. Bouquiaux (1969 : 65) en R.C.A. Le même mécanisme est responsable de la régularisation, très fréquente, des conjugaisons sur le modèle de "chanter" ; il joue tout aussi bien, comme le montre le discours du sous-préfet congolais cité plus haut, dans le domaine de la syntaxe. Ses effets sont divers, mais résultant de l'application des mêmes règles aux mêmes matériaux, les rudiments de français acquis à l'école, ils demeurent dans l'ensemble analogues. Peut-être enfin faut-il invoquer, à un niveau beaucoup plus profond, une structuration conceptuelle commune que suggèrent certaines constantes ethnolinguistes (dans l'organisation des couleurs, la mesure de l'espace, l'appréhension du temps) ; les implications sémantiques de celles-ci mériteraient d'être soigneusement étudiées.

**2.3.** — La variété supérieure du français africain, celle que J.-P. Makouta-Mboukou impute "à tous ceux qui ont une formation au moins égale à celle qu'offre la fin du premier cycle du secondaire" (1973 : 76), n'est guère caractérisée pour la prononciation que par un "accent" régional (l'accent mossi est aussi connu en Afrique occidentale que l'accent marseillais en France) et, en ce qui concerne la grammaire, par la connaissance imparfaite de certaines règles "de surface". J.-P. Makouta-Mboukou condamne ainsi, avec une rigueur à notre avis excessive, la confusion de "que" et de "dont", de "le" et de "lui" et des énoncés tels que *"Nous avons marché deux heures ; à peine arrivés à la gare, le train a démarré"* (pour "à peine étions-nous arrivés...") dont on trouverait sans peine l'équivalent sous la plume ou dans la bouche de nombreux intellectuels métropolitains. Cette sévérité même, de la part d'un auteur africain, nous paraît révélatrice : la qualité de la langue parlée en Afrique par des gens cultivés n'est évaluée que par référence à une norme (*cf.* Renaud, 1979 :

434-435) la norme scolaire, et non point par comparaison avec un usage courant "reconnu, agrée, accepté" comme une variante réelle du français (P. Hountondji, 1967 : 21 ; *cf.* Duponchel, 1979 : 391). Le français à interférences que nous avons sommairement décrit ci-dessus n'est nulle part (sauf au Cameroun où la situation paraît plus complexe ; *cf.* Renaud, 1979 : 425-426) tenu pour populaire ou familier ; aucun auteur africain ne l'emploie ni même ne le cite ; il n'est jamais pour la communauté francophone qu'un français incomplet, approximatif, mal appris, auquel nul n'a recours délibérément, sinon par dérision. La langue correcte est la langue classique, au double sens du terme : celle qu'on apprend en classe, et celle qui est jugée digne d'y être enseignée, le français de Racine, de Voltaire, de Chateaubriand et d'Anatole France. Encore cet enseignement est-il largement théorique : la fonction du maître est moins de parler la langue que de parler sur la langue (Duponchel, 1979 : 391). Tous les caractères du "bon" français, en Afrique, procèdent de ce principe. La confusion des registres, si souvent dénoncée (Duponchel, 1979 : 408 ; Dumont, 1979 : 368 ; Bouquiaux, 1969 : 65), résulte précisément de ce que l'Africain cultivé ne dispose pas, comme son partenaire français, d'un répertoire d'usages utilisables dans des situations différentes. L'hypercorrection et l'abondance des clichés et des stéréotypes, qui rendent parfois ésotérique la langue des hommes politiques et celles des journalistes (Duponchel, 1979 : 394-396 ; Dumont, 1979 : 368 ; Blondé, 1979 : 381) trahissent un sentiment d'insécurité qui conduit les auteurs à se conformer le plus étroitement possible à ce qu'ils croient être la norme, faute de pouvoir évaluer l'étendue des écarts tolérables par rapport à celle-ci. Le même sentiment peut d'ailleurs inciter l'Africain francophone à chercher refuge dans le maniement délibéré de l'argot, lorsqu'il lui a été révélé que "parler comme un livre" est aussi une faute de langage (P. Hountondji, 1967 : 22-23) et que la véritable norme n'est pas celle qui lui a été enseignée. "Pour pouvoir bousculer, sans dommage, la langue française, disait naguère L. S. Senghor dans son discours d'ouverture de la Vᵉ Biennale de la langue française, il faut, d'abord, l'avoir maîtrisée dans de longs exercices, comme le cavalier qui a dompté une pouliche rebelle". Le moins qu'on puisse dire est que les conditions dans lesquelles le français était jusqu'à une époque récente, et demeure souvent encore acquis et employé se prêtent mal à cette ascèse.

## 3. — PROBLÈMES SOCIOPOLITIQUES

   3.1. — La proportion des gens qui parlent en Afrique les différentes variétés du français n'est pas connue et il n'est pas sûr que, d'un point de vue strictement linguistique, elle soit connaissable. Il est probable que chaque usager d'une de ces variétés est capable de comprendre la variété inférieure, sauf peut-être lorsque celle-ci est aussi fortement particularisée que l'est le "français populaire" d'Abidjan ; il est moins sûr qu'il puisse l'employer, sinon de façon très approximative et le plus souvent par jeu, en raison du faible degré de structuration des usages en question. C'est cette dernière caractéristique qui rend largement illusoire la typologie, pourtant sommaire, que nous avons esquissée : il n'y a pas rupture de niveau entre "sabir" et "français à interférences", pas plus qu'entre ce dernier et une langue proche de la norme scolaire (Bouquiaux, 1969 : 64). Quant aux critères sociolinguistiques, ils restent à déterminer. Entre probablement en jeu la complémentarité fonctionnelle, consciemment reconnue, entre le français et des langues locales, véhiculaires et vernaculaires, ou bien entre différentes variétés du français. Les deux situations extrêmes seraient celle où le français, comme au Zaïre, n'assume que des fonctions précises et limitées et celle où il peut apparaître, comme à Abidjan, à tous les niveaux et dans toutes les circonstances de la vie sociale. La prétention à "parler français" ne correspond pas du tout au même degré de compétence dans l'un et l'autre cas ni, bien entendu, dans des situations intermédiaires. D'autre part, le locuteur sera vraisemblablement plus disposé à admettre l'existence de plusieurs "français" si un contraste net s'instaure entre l'usage officiel et celui de la rue que lorsque le choix s'opère entre le français, bien ou mal appris, mais toujours source de prestige, et une ou plusieurs langues africaines (Wald *et al.*, 1973 : 18-27). Ces attitudes et la variabilité qualitative des usages désignés collectivement par le terme "français d'Afrique noire" posent un problème pratique d'une extrême importance : dans un État où l'information politique, sociale, économique et politique a pour support principal, sinon exclusif, le français classique, sont exclus de la vie publique les citoyens qui ne comprennent pas cette langue, et y participent seuls pleinement ceux qui en ont une connaissance suffisante. Or la proportion de ces derniers est évalué à 10% par M. G. Anson (1973 : 23) au Togo où le taux de scolarisation est proche de 58% (Duponchel, 1979 : 389). Au Sénégal, où ce taux est de 42%, 11% des hommes et 1% des femmes savent lire et écrire le français (Dumont, 1979 : 363). Compte tenu du faible niveau de l'enseignement dans les classes surpeuplées et de la pénurie de maîtres compétents, il serait imprudent d'évaluer selon le même rapport le pourcentage des usagers du français correct dans les pays à taux de scolarisation faible, comme le Mali (14,5% ; *cf.* Blondé, 1979 : 379), ou relativement élevé comme le Cameroun (entre 22,4% et 94% selon les régions, soit 74% en moyenne pour 1973 ; *cf.* Renaud, 1979 : 422). D'une manière générale, cependant, les gens capables d'utiliser couramment le français comme langue seconde constituent une petite minorité où les diverses composantes de la société sont très inégalement représentées. Les "profondes disparités" que Duponchel signale (1979 : 390) en matière de scolarisation entre garçons et filles, entre les régions côtières et celles de l'intérieur, entre centres urbains et zones rurales, entre populations musulmanes et populations animistes ou christianisées, ne sont pas propres aux États du Golfe de Guinée. Partout conçu comme un instrument d'unification nationale, en Côte d'Ivoire (Duponchel, 1979 : 385, 392), au Sénégal (Dumont, 1979 : 363), au Cameroun (Renaud 1979 : 435), au Congo (Makouta-Mboukou, 1973 : 84) comme au Zaïre (Faïk, 1979 : 448) l'emploi dans tous les domaines où la responsabilité et l'autorité de l'État sont engagées d'un français "politiquement et socialement marqué" (Duponchel, 1979 : 390) risque, tout en effaçant les distinctions ethniques, de rendre plus évidents et donc moins facilement supportables des clivages socioéconomiques.


**3.2.** — La solution que les gouvernements africains ont donnée à ce problème reflète beaucoup plus leurs opinions politiques que les caractéristiques objectives de la situation linguistique. De ce dernier point de vue, les États africains francophones se répartissent en deux catégories : ceux qui disposent d'une langue dominante (généralement celle de la capitale), à la fois vernaculaire et véhiculaire comme le wolof au Sénégal, le bambara au Mali, le fon au Bénin, l'ewe au Togo, le haoussa au Niger, ou surtout véhiculaire comme le sango en République Centrafricaine ou le lingala au Zaïre, et ceux dans lesquels un relatif équilibre s'établit entre plusieurs communautés linguistiques dont aucune ne paraît être en mesure d'exercer sur les autres une action assimilatrice notable. Ainsi en est-il de la Côte d'Ivoire, de la Guinée, du Burkina Faso du Congo, du Tchad et du Cameroun. La répartition, lorsqu'on considère le statut officiel du français et des langues africaines, est très différente. Dans une partie de ces États, une sorte de complémentarité semble s'instaurer entre le français, langue technique de l'administration, du droit, de la politique et des affaires, et une ou plusieurs langues africaines, véhicules privilégiés de l'information : tel est apparemment le cas au Zaïre, en Guinée, au Mali. Ailleurs les langues africaines sont plus ou moins traitées comme des parlers de minorités, quel que soit le nombre de leurs locuteurs, la langue principale étant censée être le français. Si l'alphabétisation des adultes se fait par le moyen des langues "nationales" (c'est-à-dire des langues vernaculaires dont l'existence est officiellement reconnue) en Guinée comme au Mali, du moins en milieu rural, et au Zaïre, elle utilise le français en Côte d'Ivoire comme au Cameroun. Le Togo et le Bénin occupent de ce point de vue une position intermédiaire (Duponchel, 1979 : 394). Étant donné l'importance du rôle que joue en Afrique la radio et son efficacité en tant qu'instrument d'information et de propagande, on peut tenir pour caractéristique de l'attitude gouvernementale la part respective qui y est faite au français et aux langues africaines. En Côte d'Ivoire, 80% des émissions sont en français (Duponchel, 1979 : 396) ; au Cameroun, la plus grosse part des programmes utilise le français (55%) ou l'anglais (29%) (Renaud, 1979 : 433). Le pourcentage de 50% donné pour le Togo et le Bénin (Duponchel, *ibid.*) favorise largement le français, compte tenu de la multiplicité des langues vernaculaires. On en peut dire autant de la solution sénégalaise (Dumont, 1979 : 366) qui consiste à réserver une chaîne aux émissions en français et une autre aux langues locales, surtout au wolof, sous cette réserve pourtant que l'auditeur a en principe le choix entre du français et autre chose. La balance est égale au Rwanda, en ce qui concerne les informations, avec un avantage au kinyarwanda pour les programmes culturels (Shyirambere, 1973 : 134). La langue dominante, à Radio-Mali, est le bambara (Blondé, 1979 : 380) et, au Zaïre, le lingala. Cette inégalité met en cause non pas seulement le contenu et la diffusion de l'information, mais la signification même de l'institution radiophonique et, d'une manière plus générale, celle de l'appareil d'État : instrument mis, en principe, à la disposition du peuple, quoique contrôlé par un groupe dirigeant qui n'en est, selon l'idéologie officielle, que la fraction la plus éclairée, ou bien composante d'un modèle de civilisation offert à l'émulation des masses. Tout aussi révélatrice est la langue des discours politiques. C'est le français au Cameroun ou en Côte d'Ivoire (Canu, Duponchel, Lamy, 1971 : 27), avec recours éventuel à des interprètes. Ce procédé ne facilite certainement pas la communication entre l'orateur et son auditoire ni même une exacte transmission du message ; il atteste en revanche le haut degré d'instruction, donc la compétence, de celui qui parle. L'emploi, dans les mêmes circonstances, du lingala au Zaïre (Faïk, 1979 : 449-452) ou du bambara au Mali (Blondé, 1979 : 378-379) implique au contraire une prééminence du contenu sur la forme d'expression.


**3.3.** — Il résulte de tout ce qui précède que le problème de l'enseignement du français se pose dans des termes différents pour les pays qui ont fait des langues locales un des éléments du fonctionnement de la machine administrative et pour ceux qui utilisent exclusivement le français. Pour les premiers, il s'agit d'une question technique, du même ordre que l'amélioration des conditions sanitaires ou l'organisation des circuits de distribution commerciale. Le Mali peut se permettre d'expérimenter sans hâte plusieurs méthodes pédagogiques (Blondé, 1979 : 379). Les procédés traditionnels, lentement améliorés, fournissent le contingent indispensable de hauts fonctionnaires et de techniciens, parlant d'ailleurs en général un français relativement pur : dans toute l'Afrique occidentale, les radios malienne et guinéenne sont réputées pour la qualité de la langue dont usent leurs annonceurs. Une bonne partie des connaissances utiles à la vie quotidienne ou à l'exercice de la profession sont acquises hors du cycle scolaire (animation rurale, alphabétisation, formation politique et syndicale), par l'intermédiaire des langues nationales. L'enseignement joue au contraire un rôle politique éminent là où le français est seul, ou presque seul employé. On attend de son extension l'accès de la masse de la population au plein exercice de ses droits civiques et son adhésion à un système étatique sans fondement dans la tradition (Duponchel, 1979 : 399-400) mais considéré comme seul adapté aux conditions socioéconomiques du monde moderne. C'est, transposé dans un autre contexte politique, le vieux souci de "fixer la nationalité" qui justifiait, aux yeux des théoriciens de l'assimilation à l'époque coloniale, l'usage exclusif du français à l'école (Moumouni, 1964 : 46 ; Bouche, 1968 : 111 ; Deschamps, 1963 : 298). D'autre part, il est manifeste que "le monopole des connaissances acquises à travers un système scolaire occidental et à travers une langue étrangère" (Van den Berghe, 1968 : 5) confère aux minorités dirigeantes un pouvoir de contrôle presque exclusif sur l'appareil d'État. Le seul moyen d'éviter que cette stratification fonctionnelle ne se stabilise en une structure de classes antagonistes est de mettre fin au monopole. De même la réduction de l'inégalité entre citadins et campagnards, entre régions riches et régions attardées exige que des chances égales soient données à tous. La logique veut donc que le français enseigné à certains le soit à tout le monde. Ainsi que l'écrit A. Viatte (1969 : 108), "la démocratisation de l'enseignement et par conséquent la diffusion du français semblent la condition nécessaire de la paix intérieure". J.-P. Makouta-Mboukou (1973 : 80) lui fait écho : "L'unique solution humaine est de "vulgariser", de "populariser", c'est-à-dire de répandre l'art de parler, de lire et d'écrire le français. Car si les uns dominent les autres par le moyen du français, c'est parce que celui-ci n'est encore que l'apanage de quelques bienheureux. Mais le jour où la population sachant lire et écrire le français passera de 10% à 90%, le courant sera inversé".

L'application d'un tel programme impose aux États africains francophones une charge extrêmement lourde ; ils y consacrent un quart de leur budget en moyenne et les résultats obtenus sont sans commune mesure avec les sacrifices consentis : 5 à 10% seulement des élèves de l'école primaire atteignent le niveau de l'enseignement secondaire (Diop Fall, 1974 : 1). Beaucoup d'enfants ont quitté l'école avant la fin de leur scolarité et un rapport soumis à l'UNESCO décrit leur sort, avec un pessimisme peut-être excessif : "…. the tragedy of this situation is that the great majority of students who drop out of the school system in the first five years have achieved virtually nothing. They are not literate in French. They do not control basic mathematical skills, nor do they have an understanding of the civic organization, the historical development and the general geographic information relevant to their own country. These facts can be traced to one source. Success or failure in the school system is based entirely on the student's ability to master the French language. The cause of this lies in the compounding of overcrowded classes, poor or nonexistent material and bad teaching". (Center for Applied Linguistics, 1974 : 3). Le premier souci des autorités est donc d'améliorer cet enseignement, ce qui signifie, en l'état actuel des choses, faciliter aux jeunes élèves l'acquisition de la langue française. Telle est la tâche principale assignée aux Instituts de Linguistique Appliquée : Centre de Linguistique Appliquée de Dakar (Dumont, 1979 : 366), au Sénégal, Institut de Linguistique Appliquée d'Abidjan, en Côte d'Ivoire, Section de linguistique Appliquée de Yaoundé, au Cameroun, Centre de Linguistique Théorique et Appliquée du Zaïre, avec deux sièges, à Lubumbashi et à Kinshasa. Un Centre de Linguistique Appliquée et de Littérature Orale est en voie de formation au Congo ; le gouvernement nigérien étudie un projet d'Institut de Linguistique qui pourrait être prochainement mis en application ; il en va de même en République Centrafricaine et au Burundi. Parallèlement, des recherches sont poursuivies dans de nombreux instituts pédagogiques et dans les Écoles Normales où sont formés les instituteurs. Dans tous les cas, il s'agit de modifier à la fois la forme et le contenu de l'enseignement du français : substituer à l'étude de la langue littéraire écrite celle de la langue parlée, utiliser pour cela les méthodes mises au point pour l'enseignement des langues vivantes, et traiter le français comme une langue étrangère, c'est-à-dire tenir compte, autant que possible, du patrimoine linguistique de l'enfant (Dumont, 1979 : 366 ; Duponchel, 1979 : 392). De grands espoirs ont été fondés sur l'emploi de la télévision comme support d'un enseignement audiovisuel ; l'expérience s'est révélée "absolument concluante" (Duponchel, *ibid.*) en Côte d'Ivoire ; elle paraît devoir l'être moins au Mali (Blondé, 1979 : 379). Il s'agit en tout état de cause d'un procédé extrêmement coûteux ; une méthode analogue à celle du CLAD, qui n'exige pour tout matériel qu'un poste récepteur de radio, un tableau de feutre et des figurines paraît mieux adapté aux disponibilités budgétaires de la plupart des États africains.

**3.4.** — Les programmes dont il vient d'être question sont ceux dont on peut constater la mise en application effective, grâce, le plus souvent, à des subventions accordées par l'ancienne métropole au nom de la coopération culturelle. Parallèlement se développe un thème qui fut longtemps propre aux intellectuels africains, mais qui tend à prendre une importance croissante dans les déclarations officielles : celui d'une réforme pédagogique fondée sur l'introduction des langues négro-africaines dans l'enseignement, analogue à celle qui a déjà été appliquée en Guinée. Trois ordres d'arguments sont produits : tout d'abord la médiocrité manifeste des résultats obtenus par une pédagogie qui fait du français, dès les premières classes, à la fois la matière et le véhicule de l'enseignement. Il est hors de doute que cette considération a été décisive au Mali : le budget consacré à l'éducation représente 26% du budget national ; il permet au tiers des enfants scolarisables d'entrer à l'école ; plus de la moitié de ceux-ci la quittent avant la sixième année, plus des trois quarts au bout de sept ans. L'Institut Malien d'Alphabétisation Fonctionnelle et de Linguistique Appliquée a pour rôle d'élaborer une pédagogie nouvelle pour les quatre langues "nationales" : bambara, songhay, peul, tamasheq (Center For Applied Linguistics, 1974 : 2). Très importante, et ancienne, est d'autre part la revendication d'authenticité culturelle (*cf.* Renaud, 1979 : 434-435), doctrine officielle au Zaïre. Les formulations en sont généralement vagues et toujours négatives : ainsi de la déclaration d'un Ivoirien citée par L. Duponchel (1979 : 413), des réflexions du Congolais J.-P. Makouta-Mboukou : "... les besoins du Noir, besoin de conception, besoin culturel, ne sont pas satisfaits. Ils ont toujours le sentiment d'appartenir à une autre culture, que la langue français ne peut ni concevoir, ni exprimer" (1973 : 81), de celles du Togolais G. Anson : "...inoculer à un enfant en bas-âge une langue étrangère comme support de sa pensée, c'est modeler un esprit dont la science et la conscience seront extraverties, le texte de cognition étant en désaccord avec le contexte social" (1973, 20). Le trait commun paraît en être le sentiment d'une contradiction fondamentale entre le contenu d'une expérience vécue, plus affective qu'intellectuelle, et son expression dans les formes nécessairement conventionnelles d'une langue apprise. L'idée s'impose que n'importe quelle langue africaine, parce qu'africaine, traduirait mieux cette expérience. Le projet de G. Anson est apparemment fondé sur cette conviction ; il prévoit le découpage du Togo en cinq zones : ewe, kabiye, ncam (tobote ou bassari), tem, ben (moba), ce qui est faire bon marché de la complexité de la carte linguistique ; dans chacune, la langue de zone serait enseignée à tous les enfants ; puis lorsqu'ils sauraient la parler, la lire et l'écrire, ils apprendraient à lire, écrire et parler l'ewe, sauf ceux de la zone ewe qui apprendraient le kabiye. Le français ne serait pas pour autant exclu du premier cycle, ni l'anglais (Anson, 1973 : 23-24). Les effets pédagogiques d'une telle réforme mériteraient d'être examinés. C'est précisément cet aspect du problème qui justifie, pour les psycho-pédagogues, la condamnation de tout enseignement en langue étrangère : blocage de l'expression, entrave au développement de l'intelligence et de la personnalité ; " ...l'école ne doit pas imposer l'enfant un modèle étranger ; elle doit prendre en charge sa vision du monde et, par conséquent, le langage — au sens large — par lequel s'exprime cette vision du monde. C'est dire qu'une véritable rénovation de l'enseignement passe inévitablement par l'utilisation de la langue maternelle dans le système scolaire" (Diop Fall, 1974 : 3). Un tel programme est sans doute applicable au Sénégal où 95% de la population parlent les six langues principales : wolof, peul, serer, diola, bambara-malinké, soninké ; il le serait plus difficilement au Cameroun ou en Côte d'Ivoire.

## 4. — PRESTIGE DU FRANÇAIS : ATTITUDES POPULAIRES ET JUSTIFICATIONS SAVANTES

**4.1.** — La démarche des gouvernements africains, en matière de réformes scolaires, est très prudente. Le principe même d'un enseignement en langues vernaculaires est partout admis : au Sénégal (Dumont, 1979 : 364-365), en Côte d'Ivoire (Duponchel, 1979 : 401), au Zaïre (Faïk, 1979 : 449), au Mali, au Togo, au Niger, au Cameroun (Renaud, 1979 : 433). Il n'est pas d'Institut de Linguistique Appliquée qui n'ait inscrit dans son programme la promotion des langues nationales. Partout, cependant, on en est au stade des études préliminaires : description des langues, réunions d'experts, généralement organisées par L'UNESCO, ou enquêtes sociolinguistiques telles que le vaste programme SLICAM (Étude de la situation sociolinguistique du Cameroun) élaboré par la Section de Linguistique Appliquée de Yaoundé (Renaud, *ibid.* : 436). Cette circonspection est amplement justifiée par les difficultés de l'entreprise : son coût élevé, les complications qu'elle introduit dans l'organisation scolaire (Makouta-Mboukou, 1973 : 100 ; Renaud, 1979 : 435), et les risques d'échec d'autant plus grands que la presque totalité des recherches linguistiques préliminaires restent à faire. Un autre facteur, décisif, doit cependant être pris en considération : le but fixé est de promouvoir, par l'emploi des langues locales, un enseignement de masse ; or il n'est nullement assuré que les masses, du moins les masses rurales, souhaitent recevoir cette sorte d'enseignement (Dumont, 1979 : 364). Il faut, pour comprendre l'attitude des paysans africains, renoncer à tenir pour synonymes les termes "illettré" et "ignorant". Dans les sociétés africaines, comme dans toutes les sociétés, il existe des circuits de transmission du savoir qui diffèrent des nôtres en ce qu'ils mettent en jeu la compétence d'individus ou de groupes multiples et complémentaires, au lieu d'être concentrés entre les mains de spécialistes. L'école coranique ou le cours de catéchisme s'intègrent aisément à ce système en ce qu'ils procurent des connaissances supposées utiles, ne serait-ce qu'en raison du prestige qui y est attaché, et qui ne pourraient pas être acquises par une autre voie. Il doit en être de même pour l'école officielle ; elle ne justifie son existence que dans la mesure où elle offre une issue à des aspirations que la tradition est impuissante à satisfaire. Cette interprétation rend compte de la totale indifférence que les populations rurales ont toujours manifestée à l'égard de tout enseignement artisanal ou agricole lorsqu'il ne comportait pas la garantie immédiate d'un emploi salarié (Thompson et Adloff, 1960 : 280 ; 1958 : 519). Lorsqu'au mois d'avril 1946, le travail forcé fut aboli dans les colonies françaises, il se produisit, sauf dans les régions côtières les plus acculturées, une épidémie de désertion scolaire qui en 1949, au moment où la scolarité fut rendue obligatoire, n'était pas encore résorbée. Le recteur Capelle (1949 : 272-73) l'expliquait à juste titre par l'importance excessive qu'avaient prise les sections d'agriculture que comportait réglementairement toute école régionale (en vertu de l'arrêté du 24 novembre 1903, pour l'A.O.F., et de la circulaire du 8 mai 1952 pour l'A.E.F.) ainsi que les mutuelles scolaires, fermes annexées aux écoles de brousse et destinées à subvenir aux besoins des élèves qui en assuraient l'exploitation sous la direction du maître. En fait, les États africains indépendants ont pris de tout autres moyens pour faire accepter l'innovation en matière agricole. L'animation rurale est partout détachée de l'enseignement scolaire ; elle procède par propagande et démonstration, et en utilisant autant que possible les langues locales. La fonction propre de l'école, au sentiment de ses usagers, est avant tout d'enseigner le français, conçu comme la condition nécessaire, sinon suffisante, de toute promotion sociale (*cf.* Duponchel, 1979 : 399 ; Renaud, 1979 : 434). Dès 1948, l'autorité coloniale belge avait dû, en dépit de ses réticences et pour éviter l'afflux des jeunes dans les centres urbains, introduire le français comme deuxième langue obligatoire (la première étant la langue africaine d'enseignement) à l'école primaire, dans les cours du second degré ordinaires pourtant destinés "à préparer directement les jeunes indigènes à la vie qu'ils auront à mener dans le milieu coutumier" (J. Van Hove, 1951 : 161). L'un des premiers soins du Zaïre indépendant a été d'imposer le français comme langue d'enseignement dès la première année de scolarité (Faïk, 1979 : 448), tout comme le Ghana l'avait fait pour l'anglais. Il y a quelque naïveté dans l'enthousiasme que provoque chez certains auteurs l'intérêt très réel (Canu, Duponchel, Lamy, 1971 : 27) que les Africains portent au "bon usage" ; ainsi de H. de Julliot (1970 : 5) : "Parmi les passions les plus louables qui animent les jeunes gens de ce continent j'admire qu'ils aient celle de la grammaire... Les "best-sellers" en librairie demeurent les ouvrages qui traitent de la correction du langage et du style, même "administratif", les modèles de correspondance, les mémentos d'orthographe ou l'Art de conjuguer". Cette citation doit être rapprochée de la remarque de L. Duponchel (1979 : 395) : les livres qui se vendent le mieux en Afrique sont ceux qui visent expressément à faire acquérir un savoir-faire. Il est hors de doute que la connaissance du français, sanctionnée ou non par la réussite à un examen, est de tous les savoirs le plus précieux, puisqu'elle est exigée de tous ceux qui participent, à quelque degré, au contrôle de l'appareil administratif, économique et politique et qui en tirent avantage (Duponchel, 1979 : 399 ; Dumont, 1979 : 363 ; Renaud, 1979 : 434 ; Makouta-Mboukou, 1973 : 79). Le corollaire en est que quiconque parle français peut légitimement se croire libéré des contraintes traditionnelles et digne d'accéder à la vie "civilisée" des grandes villes : "The young people who have dropped out of school follow a pattern wich is becoming universal in developing countries : they concentrate themselves in urban areas where there are growing levels of unemployment. Experience in the present educational system usually makes them unwilling, and perhaps unfit, to be a part of rural existence" (Center for Applied Linguistics, 1974 : 3). Les auteurs de ces lignes imputent expressément la responsabilité de cet état de choses au système "français" d'enseignement. Il semble que le phénomène soit plus général ; Sp. Shyriambere le constate tout aussi bien au Rwanda, qui a pourtant fidèlement conservé la tradition belge : enseignement primaire en kinyarwanda, introduction du français comme matière d'étude en quatrième année et comme langue d'enseignement seulement dans l'enseignement secondaire, réservé à une petite élite : "Lorsqu'à la fin de la sixième année, une sélection sévère s'opère en fonction des deux mille places disponibles pour plus de 30 000 jeunes, ceux qui ne sont pas admis à l'école secondaire ne s'intègrent pas à la vie rurale. Ces jeunes inadaptés, dont le nombre grossit chaque année, s'en vont dans les villes... et voilà que le Rwanda, austère pays de la houe, de la serpette et de la vache à longues cornes, connaît déjà les problèmes d'une jeunesse sans emploi" (1973 : 49).


**4.2.** — Si l'organisation des études primaires ne joue qu'un rôle secondaire dans la valorisation du français, il demeure indubitable que celle-ci est une conséquence directe de la colonisation. Le fait curieux est qu'elle s'est effectuée par des voies diamétralement opposées en Afrique belge et en Afrique française. Au Congo, puis plus tard au Rwanda-Uurundi, le français a toujours été présenté comme le savoir suprême, celui qui ouvrait la porte à l'européanisation. Sincèrement convaincue de l'infériorité foncière de l'indigène, l'autorité coloniale belge concevait l'enseignement comme un élément du "plan de relèvement de la masse de la population" (De Jonghe, 1931 : 85). Les conclusions de la commission Franck, en 1922, étaient très claires : "L'école au Congo doit se préoccuper avant tout de l'éducation, de la formation du caractère et de la volonté par une bonne discipline morale. L'instruction proprement dite peut-être utile ou nuisible ; l'éducation est indispensable. Le Noir, qui a subi le contact avec le Blanc a perdu en grande partie le respect des disciplines coutumières. Il a besoin d'une nouvelle discipline morale qui remplace les impératifs ancestraux et qui le rende apte à développer l'effort continu qui est la condition essentielle du progrès de la civilisation" (*ibid.* : 87-8). Il importait donc de garantir les Congolais contre la tentation de brûler les étapes et de se soustraire à cette ascèse nécessaire : une des difficultés rencontrées dans l'organisation des écoles "provient de la fatuité des noirs qui leur fait désirer la connaissance du français : un noir qui connaît le français devient facilement un déraciné ; il se croit rapidement l'égal du blanc et même supérieur au blanc. Ces européanisés deviennent presque fatalement des obstacles aux progrès de la civilisation" (*ibid.* : 89). La connaissance du français devait donc être réservée à une petite élite qui, ayant fait la preuve de ses aptitudes intellectuelles dans tous les autres domaines, serait admise à participer à un rang subalterne aux tâches de direction propres au civilisateur. Il n'est guère surprenant dans ces conditions que les nationalistes des années 50 aient vu, comme le dit S. Faïk (1979 : 448), "dans l'appropriation de la langue du colonisateur un moyen pour le colonisé de s'affirmer l'égal du blanc, de lui ravir ses "secrets", et de cimenter l'unité du pays pour se défaire du joug dominateur".

Cette connaissance ésotérique était supposée être, de l'autre côté du Stanley-Pool et partout en Afrique française, la chose du monde la mieux partagée, le savoir élémentaire qui seul attestait la capacité à apprendre autre chose. L'enfant jugé inapte à l'acquérir était immédiatement renvoyé de l'école (Makouta-Mboukou, 1973 : 65). Il est curieux de constater que ce parti pris était sans rapport logique avec le but ouvertement assigné à l'enseignement dans les colonies : "instruire la masse et dégager l'élite" (Carde, 1928 : 27), aussi bien qu'avec les nécessités pratiques de la colonisation. Les promoteurs effectifs de celle-ci, les hommes d'affaires groupés au sein de la puissante Union Coloniale Française, se seraient fort bien accommodés d'un enseignement en langues vernaculaires. Son directeur général, J. Chailley, le préconisait au Congrès colonial de Marseille en 1906 : "Pour la masse du petit peuple, c'est-à-dire pour 80 pour cent de la population, l'école primaire : et non pas l'école primaire française, mais une école primaire indigène, où l'on apprendra à l'enfant à lire et à écrire dans sa langue, à compter dans sa numération" (Chailley, 1908 : 32). Trois ans plus tard, H. Froidevaux (1909 : 462) décrivant l'enseignement indigène dans les colonies françaises, présentaient l'emploi du français à l'école comme un pis-aller "là seulement où il est impossible d'utiliser les dialectes indigènes, multiples et flottants, dont le vocabulaire n'a pas, chez les races inférieures, dépassé le domaine des faits", et il annonçait la fin des illusions assimilatrices : "L'enseignement de la langue française a donc perdu partout le caractère exclusif, impérieux qu'il affectait naguère ; il n'apparaît plus, en bien des points, que comme un auxiliaire dans l'œuvre de colonisation qu'on s'efforce de réaliser, surtout au moyen des langues nationales". En 1928 encore, H. Labouret, constatant la faible efficacité pédagogique de l'école rurale, proposait pour la masse de la population africaine une méthode d'éducation semblable à celle qui était appliquée dans les possessions britanniques : "C'est notre devoir... et aussi notre intérêt de faire évoluer la population rurale en lui inculquant de meilleurs principes de morale, d'hygiène de culture. Nous n'atteindrons ce but en Afrique occidentale que par l'intermédiaire des langues indigènes en attendant que les écoles du type actuel puissent se multiplier, ce qui ne semble pas prochain" " (Labouret, 1928 : 411). En fait, dès les origines de la colonisation, mis à part la brève expérience d'enseignement en wolof tentée au début du XIXe siècle (Gaucher, 1968), le français a seul été employé en Afrique dans les écoles publiques. Les raisons de commodité données par H. Froidevaux ne sont pas décisives, puisque l'administration coloniale s'est refusée à tirer parti des expériences tentées par les écoles de missions dans des régions linguistiquement homogènes. Il faut plutôt insister sur une autre de ses remarques : l'enseignement doit être donné dans la langue du pays "partout où celle-ci est susceptible de devenir un instrument de culture". Or il est manifeste que l'Afrique noire était aux yeux du colonisateur français du début du siècle, par comparaison avec ses possessions d'Extrême-Orient et d'Afrique du Nord, un désert culturel (Thompson et Adloff, 1958 : 513). Il est non moins sûr que le français était pour lui une des expressions les plus parfaites des valeurs universelles de la civilisation. À l'enseignement dispensé en français était reconnue une double vertu, libératrice en ce qu'il affranchissait l'individu des contraintes de la tradition, et formatrice : "Nous voulons, écrivait en 1917 G. Hardy, par l'école de village, amener les enfants à comprendre la nécessité du progrès et les détacher des routines dangereuses. Il nous faut pour cela développer leurs facultés d'observation et de raisonnement. La leçon de langage, qui est en même temps une leçon de choses, tend directement à cet effet" (Hardy, 1917). Ce thème se retrouve dans la plupart des textes et discours officiels, tout au long de la période coloniale ; il a amplement survécu à celle-ci. il constitue en effet le fondement de la doctrine célèbre de la francophonie.

**4.3.** — Il ne s'agit pas ici d'étudier la francophonie sous l'aspect "actif et institutionnel", que lui a conféré en 1970 la création de l'Agence de Coopération Culturelle et Technique (Anon., 1971) et que continue à promouvoir l'Association Internationale de Solidarité Francophone dont le siège est à Paris, mais d'en analyser les fondements idéologiques. Il faut souligner tout d'abord que dans son principe officiel (Anon., 1971 : 7) comme dans l'esprit de ses défenseurs les plus sincères (Makouta-Mboukou, 1973 : 89), le terme de francophonie n'implique pas de référence directe à la France, mais au français en tant que caractéristique d'une aire culturelle qui englobe aussi bien le Canada, la Louisiane, Haïti, Madagascar, l'île Maurice et celle de la Réunion que les États africains, la Suisse, la Belgique et la France, y compris ses départements et territoires d'outre-mer. Mis à part le facteur évident de l'intercompréhension, qui ne joue que très inégalement au niveau des masses, il n'est guère aisé de définir la notion de francophonie. Pour beaucoup, il s'agit d'une forme supérieure de la culture, dont la langue française est l'expression la plus parfaite ; J.-P. Makouta-Mboukou voit en celle-ci une manifestation du *beau*, fruit de l'effort patient de générations d'artistes, puristes ou simples descripteurs, écrivains ou enseignants, "car le puriste et le descripteur, respectivement, visent l'aspect *pur* et l'aspect *naturel* du français : le pur et le naturel ne sont-ils pas les deux formes de l'œuvre d'art qui polarisent l'attention de l'artiste, de tous les artistes ?". D'autres découvrent de mystérieuses correspondances entre la culture française et les arcanes de la personnalité africaine : "La culture française, parce qu'elle implique d'équilibre entre les facultés créatrices et l'enracinement au cosmos répond aux aspirations profondes de l'âme noire. Quel homme sent plus intensément l'appel des forces telluriques que l'Africain ? L'Amérique, décuplée, précipite l'Africain dans le vertige. Les pays restés dans l'orbite spirituelle de la France peuvent tenter l'aventure du modernisme sans pour autant renoncer à leur passé" (Tougas, 1967, cité par Viatte, 1969 : 114). À ces interprétations lyriques s'oppose une conception aristotélicienne qui, identifiant à la structure de la langue le mécanisme de la pensée réfléchie, fait du respect de la norme linguistique la garantie du bon usage de la raison. Tel était le thème central du discours prononcé par le Président L. S. Senghor à l'ouverture de la Ve Biennale de la langue française, le 3 décembre 1973 : "Il n'y a pas de société humaine, de langage humain sans normes. Et il se trouve précisément que l'une des particularités des Français est d'avoir la tête grammairienne et que l'un des traits caractéristiques du français est d'être l'une des langues du monde qui ont le plus de règles écrites" (*Le Soleil*, Dakar, 4 déc. 1973). Près de douze ans plus tôt, il avait analysé avec précision les motifs qu'avaient d'employer le français les hommes politiques "qui veulent mener de front le développement économique et le développement culturel de leurs peuples respectifs pour, au-delà du bien-être, leur assurer le plus-être" (Senghor, 1962 : 841). C'était tout d'abord la richesse du vocabulaire français où se trouvent toujours, à côté des mots populaires concrets, riches en connotations affectives, "enceints d'images", des synonymes abstraits, porteurs seulement d'un contenu intellectuel ; c'était ensuite la syntaxe française, précise et rigoureuse, abondante en mots-outils : "Mots-outils, les conjonctions et locutions conjonctives lient une proposition à l'autre, une idée à l'autre, les subordonnant l'une à l'autre. Elles indiquent les étapes nécessaires de la pensée active : du raisonnement. A preuve que les intellectuels noirs ont dû emprunter ces outils au français pour vertébrer les langues vernaculaires" (*ibid.* : 840). Il s'agit bien là des vertus que G. Hardy reconnaissait à la "leçon de langage". D'autre part, il est aisé de voir qu'une telle conception de la langue française justifie la position privilégiée qu'occupe l'étude de celle-ci dans la pédagogie officielle de la plupart des États africains. Au-delà, elle tend à légitimer un mode de sélection qui mesure l'aptitude à exercer des responsabilités au degré de la maîtrise acquise dans le maniement du français. On ne saurait nier que la notion de francophonie, du moins en Afrique noire, n'assume une fonction conservatrice ; mais ce conservatisme n'est en aucun cas ressenti comme oppressif. Il trouve sa caution dans l'attitude même des populations concernées. De même qu'une question telle que "Parlez-vous français ?" appelle presque automatiquement la réponse "Oui !", quel que soit le degré de compétence de l'interlocuteur (qui d'ailleurs est sincère, puisqu'il a compris ce qu'on lui demandait), les enquêtes sur le choix d'une langue commune à l'échelon national placent régulièrement en tête le français, bien avant les langues maternelles des sujets interrogés (Duponchel, 1979 : 400 ; Dumont, 1979 : 365).


## 5. — CONCLUSION

La position des gouvernements africains, pressés de toute part de définir une politique linguistique, est fort incommode. Ils supportent le poids d'une tradition coloniale qui leur a légué un appareil juridique, administratif, politique et militaire dont la langue de fonctionnement est le français, desservi par un personnel qui, pour une bonne part, "pense en français" (Senghor, 1962 : 839). Responsables d'États mal armés pour mener isolément une action internationale efficace, et trop différents pour pouvoir se donner une même doctrine sociale et économique, ils sont conduits à fonder leur union sur le patrimoine commun de la francophonie. Ils doivent enfin tenir compte à la fois des revendications d'intellectuels qui dénoncent, à bon droit, l'aliénation culturelle qu'implique l'usage du français (Hountondji, 1967 : 24), et de la pression des masses qui exigent l'accès à un savoir qui, selon la logique même du système, se dévalue à mesure qu'il s'étend (Renaud, 1979 : 434). La suppression du français n'étant nulle part envisagée, la seule solution concevable est l'instauration d'un "bilinguisme harmonieux" (Dumont, 1979 : 364 ; Renaud, 1979 : 435 ; Blondé, 1979 : 381-382) où le français conserverait ses fonctions de langue technique et, connu de tous, deviendrait une sorte de véhiculaire à l'échelle de l'État, tandis que les langues africaines, valorisées, normalisées et enseignées, seraient employées dans tous les actes de la vie quotidienne, publique et privée. C'est apparemment vers un équilibre de cette sorte que tendent des pays comme la Côte d'Ivoire et le Gabon où le plurilinguisme traditionnel (langues vernaculaires, langues véhiculaires, français) pourrait céder progressivement la place à un bilinguisme langue maternelle/français (Duponchel, 1979 : 401). Une telle complémentarité est plus facile à prôner qu'à réaliser, compte tenu de la variété et de la complexité des situations sociolinguistiques. En ce qui concerne le français lui-même, elle risque de poser un problème nouveau : pour qu'il soit assimilé aux valeurs nationales, il faudra lui permettre d'acquérir, au sein de chaque État, un certain degré d'originalité. "Il ne faut pas, écrit J.-P. Makouta-Mboukou (1973 : 165), que les Négro-africains subissent simplement une langue qui leur est totalement étrangère, il faut qu'ils ne soient plus de simples et mauvais consommateurs de la langue française, mais qu'ils la recréent pour la rendre accessible à leur mode de vie et à leur manière de penser". Ce souci de "recréation" répond effectivement à une revendication qui commence à se faire jour en Côte d'Ivoire (Duponchel, 1979 : 401) comme au Cameroun (Julliot, 1970 : 7 ; Renaud, 1979 : 435) et probablement aussi ailleurs : celle d'un français local "à l'africaine". Il se heurte à l'intolérance des tenants du français universel (Duponchel, 1979 : 403-404) ou plus simplement au légitime souci de ne pas perdre les avantages que procure à tous l'usage d'une langue internationale (Calvet, 1969 : 72). Peut-être cette dernière inquiétude est-elle vaine. L'exemple du "français populaire" de Côte d'Ivoire montre combien il est difficile à un parler véhiculaire de se constituer en pidgin lorsqu'il est exposé à la pression des modèles offerts par l'école et par la radio. La mobilité des personnes, la circulation des écrits et la puissance des émetteurs radiophoniques permettent de penser que les mécanismes qui garantissent normalement la cohésion d'une communauté linguistique joueraient aussi en faveur de l'unité de la langue française, même dépouillée tout à fait du "vieil oripeau de l'abstraction universalisante" (E. Glissant, 1972 : 38).

**2.**

# Langues de grande communication et français en Afrique noire [1]

    **1.0.** — Le problème dont nous nous proposons de traiter ici peut être énoncé sous forme de constat : le français implanté en Afrique noire depuis près d'un siècle ne s'y est pas spontanément diffusé, alors que la carte des langues de grande communication dressée par Heine (1968) atteste la perméabilité des communautés linguistiques africaines et la propension de certaines langues à s'épandre loin de leur foyer d'origine. Cet état de fait est partiellement intelligible s'agissant des territoires qui ont été sous tutelle belge et où la politique coloniale était de limiter autant que possible l'accès à la connaissance du français, encore que l'indépendance ait depuis plus de trente ans aboli ces restrictions. Il l'est moins dans les anciennes possessions françaises où l'idéologie était tout autre.

    **1.1.** — Il y a lieu cependant de distinguer, dans ce dernier cas, les principes de leur application. La vertu civilisatrice de la langue française n'a jamais été mise en question, mais les difficultés de communication auxquelles se heurtait l'administration coloniale exigeaient des solutions immédiates. La logique même de l'idéologie dominante, outre le souci de maintenir le personnel en état de parfaite disponibilité, interdisait qu'on encourageât les agents de cette administration à apprendre et à employer les "dialectes" (réputés "primitifs") des populations dont ils avaient provisoirement la charge. Il fallait donc recourir à l'interprétariat. On sait le rôle qu'a joué pendant toute l'ère coloniale le corps des interprètes, intermédiaires tout puissants entre l'autorité de tutelle et les administrés ; mais à y regarder de plus près, on constate que l'institution de ce corps s'articulait de façon cohérente avec la politique menée en matière de scolarité et ses objectifs ultimes. L'enseignement avait un double but :

---

[1] Colloque CILF, 1988 : 70-81

former dans l'immédiat des fonctionnaires et des commis, nécessairement bilingues puisqu'appelés à être les auxiliaires du colonisateur, et favoriser à terme la diffusion du français en produisant en nombre suffisant des semi-lettrés connaissant assez la langue pour la comprendre et la parler approximativement, de sorte qu'on pût dans le moindre village trouver quelqu'un capable de servir de truchement au visiteur et de moniteur à ses concitoyens. Cela explique à la fois le souci d'étendre autant que faire se pouvait le recrutement des élèves et la facilité avec laquelle on les renvoyait dans leurs foyers, après quelques semaines s'ils étaient jugés incapables d'apprendre le français, après deux ou trois ans s'ils ne paraissaient pas suffisamment doués pour les tâches auxquelles on les destinait. Selon la doctrine officielle, les effets de ce tri n'étaient pas négatifs, puisqu'il permettait la dissémination d'usagers potentiels de la langue française. Que la semence n'ait pas germé là où cette potentialité avait le moins de chance de se réaliser, en brousse, n'est guère surprenant : un savoir linguistique ne se perpétue pas s'il n'est pas régulièrement mis en œuvre. En revanche, on comprend moins bien qu'il ne l'ait pas fait sur les lieux où il eût pu être efficace : dans les agglomérations urbaines, sur les chantiers, dans les plantations, partout où l'organisation socioéconomique coloniale réunissait, temporairement du moins, des gens de langues différentes. Les autorités responsables de la diffusion du français invoquaient volontiers l'extrême complexité de la grammaire française, jugée d'autant plus difficile à acquérir que les dialectes africains étaient supposés être "d'une simplicité rudimentaire et d'une logique presque toujours absolue" (Delafosse, 1904 : 264), et elles tentaient d'atténuer cet inconvénient en recommandant l'enseignement d'un français "simple autant qu'il est possible et limité à l'expression d'idées courantes, à la désignation d'objets usuels, sans raffinement de syntaxe et sans prétentions à l'élégance" (Hardy, 1917). Ce français "parlé" n'a jamais été défini, mais l'eût-il été et eût-il été enseigné, il est douteux qu'il eût dû avoir plus de succès que le français "normal". Le "français-tirailleur" (Houis, 1984), langue de commandement dans les troupes coloniales jusqu'en 1926, présentait, portées à l'extrême, les caractéristiques souhaitées pour le français simplifié (*cf.* ci-après II, 6) il n'a pas eu une plus grande efficacité que celui dispensé par l'école, en dépit du nombre des "anciens combattants".


**1.2.** — Si la politique linguistique de la colonisation française n'a guère été incitative, du moins n'était-elle pas de nature à entraver un mouvement spontané. D'autre part, le français n'a été nulle part en Afrique noire, ni à aucun moment, l'objet d'un rejet. En témoigne ce qui s'est passé après l'indépendance. Celle-ci a été interprétée, dans les territoires belges où la connaissance du français était un privilège chichement accordé, comme l'abolition d'une restriction vexatoire ; ailleurs, dans les anciennes colonies françaises, les gouvernements se sont efforcés d'ouvrir plus largement la voie légitime d'accès à ce savoir en développant la scolarité. Dans les deux cas, on aurait dû assister à une généralisation spontanée de l'emploi du français ; celle-ci ne s'est pas produite. Aujourd'hui comme hier, le français ne connaît qu'une expansion forcée : par la scolarisation d'une part : pour Makouta-Mboukou (1973 : 80) qui souhaite que le français devienne le bien de tous, le seul moyen de le "populariser" est de l'enseigner, donc de multiplier les écoles et de mieux former les maîtres ; par les contraintes socio-économiques d'autre part : sauf là où existe une langue commune, il est difficile, en ville surtout, d'obtenir un emploi salarié ou d'exercer un métier rentable sans savoir un peu de français. Pourtant toutes les conditions semblent réunies pour son succès : son statut de langue officielle et, par voie de conséquence le rôle qu'il joue dans la promotion sociale, le développement de la notion de francophonie qui contribue à en atténuer les connotations néo-colonialistes, la formation de grandes métropoles, le développement des voies de communication, le brassage des populations, les mutations économiques qui devraient étendre son champ d'application, le développement du réseau radiophonique propre à renforcer une compétence passive plus répandue que la compétence active et susceptible de favoriser celle-ci. Il y a là une sorte de blocage qu'on ne peut imputer ni aux caractéristiques de la langue (la grammaire du wolof ou celle du yoruba, pour ne prendre que ces exemples, sont au moins aussi subtiles et complexes que celle du français), ni à l'idéologie et à la politique qu'elle informe, ni à l'attitude de ceux qui pourraient (et souvent souhaiteraient) en être les usagers. Tout se passe comme si le français ne s'intégrait pas, ou mal, au dispositif d'intercommunication africain (nous emploierons ce terme pour désigner la communication entre interlocuteurs d'idiomes différents). Il nous paraît donc utile d'analyser sommairement ce dispositif avant de rechercher ce qui fonde l'incompatibilité entre lui et l'usage qui est actuellement fait, en Afrique, du français.


**2.1.** — L'émiettement linguistique de l'Afrique noire est une donnée qui pose aux gouvernements actuels d'innombrables problèmes liés à l'inadéquation des structures socio-politiques et socio-économiques modernes à un tel état de fait. Dans un cadre différent, celui de l'Afrique précoloniale qui n'a point cessé d'exister, des problèmes de contact et d'intercompréhension se posent aussi et ils sont résolus, nous semble-t-il, par divers procédés d'unification des modes de communication interpersonnelle. Le principe de celle-ci, mis à part le recours au truchement qui dans l'usage quotidien ne peut être qu'accidentel, est le bilinguisme, très largement représenté en Afrique. Tout individu socialement intégré dispose d'un répertoire suffisamment étendu pour répondre aux besoins de la communication non seulement avec les membres de la communauté à laquelle il appartient, mais aussi avec les alloglottes avec lesquels il se trouve personnellement en relation. Ce répertoire est d'autant plus vaste que ces contacts sont plus divers et d'autant plus apte à s'élargir que les représentations normatives en sont habituellement exclues ; dans la mesure où le comportement langagier (attitude, élocution, respect des procédures préliminaires à l'échange verbal ou réglant celui-ci) est jugé convenable, la correction linguistique du message importe moins que son intelligibilité. Ce bilinguisme change de nature lorsqu'il est généralisé, c'est-à-dire lorsqu'une même langue étrangère vient à figurer dans le répertoire d'un nombre suffisant de membres de la communauté, surtout si ces derniers constituent au sein de celle-ci une fraction socialement significative : la majorité des jeunes, par exemple, ou la plupart des habitants d'une certaine portion du territoire, ou encore un groupe d'expatriés. Une telle généralisation d'emploi ne s'explique pas (sauf parfois dans le dernier cas envisagé) par les seules contraintes de l'intercommunication. Il y faut d'autres motivations, d'autres attentes qu'on a coutume de subsumer sous le terme de "prestige". Les locuteurs du wolof constituent 80% de la population du Sénégal (Dumont, 1983) ; pour beaucoup d'entre eux, le wolof est une langue acquise et tend à devenir la langue principale, non pas seulement à cause des commodités d'intercompréhension qu'elle offre, mais en raison des représentations attachées à son usage : modernité d'une part, fidélité aux valeurs particulières à la forme locale de l'islam d'autre part. Nous appellerons "langue dominante" une telle langue, susceptible d'acquérir des locuteurs aux dépens des parlers dont elle envahit le domaine. L'adhésion commune au système de valeurs dont elle est le symbole crée naturellement chez ses usagers un sentiment de solidarité qui se manifeste par le fait même de son emploi. En ce sens, elle sert effectivement à la communication interethnique, mais cette fonction est en quelque sorte secondaire, dérivée de la fonction principale qui est d'intégration. Il est vrai que là où les facteurs qui fondent le prestige de la langue dominante n'ont pas de pertinence reconnue, au marché par exemple, celle-ci peut assumer un rôle purement véhiculaire ; mais il demeure toujours le risque que l'un des interlocuteurs impose par sa stratégie une interprétation de la situation qui réintroduit le facteur de prestige. L'usage des locuteurs "natifs" redevient alors une référence normative : celui qui a le sentiment de parler moins bien que l'autre se trouve en situation d'infériorité. Cette virtualité suffit à entraver les processus qui aboutissent normalement, dans les variétés où domine la fonction référentielle, à une "optimalisation" (au sens que Hjelmslev [1938] donne à ce terme) ou du moins à une fonctionnalisation de la grammaire. Une langue dominante se présente comme une nébuleuse d'usages approximatifs, variables selon les individus et chez un même individu selon les occasions, centrée sur l'idiome tel que l'utilisent les locuteurs "authentiques" ou tel qu'ils sont censés l'utiliser. L'éloignement géographique peut ôter toute signification à cette référence et libérer les mécanismes précités ; à la limite, l'existence même de la communauté d'origine n'est plus connue. On est alors dans un autre cas de figure qui est celui de la stricte véhicularité.

**2.2.** — Ressortit également à la généralisation d'un mode particulier de communication interpersonnelle la formation de ce qu'on appelle communément une "koinè". Les acceptions de ce terme sont nombreuses ; nous prendrons pour thème de notre propos la définition qu'en donne J. Siegel (1985 : 363) : "Koine is the stabilized result of mixing linguistic subsystems, such as regional or literary dialects. It usually serves as a lingua franca among speakers of the different contributing varieties and most often by reduction or simplification in comparison". Cette formule récapitulative ne nous semble pas être tout à fait adéquate ; elle marque cependant nettement ce qui distingue la koinè de la langue dominante : son aire d'extension couvre une mosaïque de "sous-systèmes linguistiques", c'est-à-dire de parlers génétiquement et typologiquement apparentés, et non les domaines de langues distinctes. En outre, alors que l'adoption d'une langue dominante implique une conversion aux valeurs dont elle est l'expression, l'usage de la koinè est compatible avec une totale fidélité au patrimoine culturel de la communauté d'origine. Le principe de la "koinéisation" est simple : il n'y a rien de surprenant à ce que des gens conversant entre eux établissent, pour la durée de leur entretien, une sorte de norme provisoire (Nicolaï, 1986) qui est en effet un compromis entre leurs usages respectifs, et éventuellement ceux de leurs auditeurs. La notion de "mélange" ("mixing") ne nous paraît pas convenir ici : il n'y a pas combinaison aléatoire de traits empruntés aux différentes variétés mises en jeu, mais effort de chaque locuteur pour éliminer les traits qu'il juge susceptibles de désorienter son partenaire. Bien entendu, le tri n'est pas fondé sur une évaluation du statut linguistique des éléments en question et le résultat de l'opération n'est pas l'émergence d'un "diasystème". Ce ne sont pas les caractéristiques objectivement différentielles qui sont effacées, mais celles dont le maintien dans l'interaction accuserait la disparité des interlocuteurs. Le nivellement concerne les traits socialement marqués, ce qui explique que la koinè puisse conserver des éléments dont l'origine dialectale est identifiable, mais qui ne sont pas perçus comme tels parce qu'ils ne sont pas tenus pour significatifs. C'est par référence à de tels éléments que Fehderau (1966) a cru pouvoir localiser le foyer d'origine du kituba (ou monokutuba), koinè kongo parlée au Congo et au Zaïre. Cette interprétation ne rend évidemment pas compte de la généralisation et de la stabilisation de compromis provisoires et sans cesse renouvelés, quoiqu'elle implique du moins une sorte de consensus quant aux traits à éliminer. La fixation des usages n'est concevable que dans la mesure où se développe le sentiment d'appartenance à une entité socioculturelle plus vaste que la communauté locale et dont le parler neutre, exempt de marques différenciatives, devient en quelque sorte l'expression. La formation de la koinè éponyme, ionienne-attique, est corrélative de l'expansion de l'hellénisme en Méditerranée. Stabilisée, la koinè peut-être, comme la langue dominante, utilisée hors de son domaine géographique propre en tant que langue de communication inter-ethnique ; c'est probablement à ce stade que se produisent la "simplification" (régularisation analogique) et la "réduction" (perte d'efficacité référentielle ou stylistique) mentionnées dans la définition de J. Siegel et dans celles de la plupart des auteurs cités par lui.


**2.3.** — Quel que soit le principe de cette unification des usages bilingues, réponse à un besoin spécifique de communication inter-ethnique ou formation d'une langue commune dans un cadre sociocul-turel élargi, il est manifeste que la mutation correspond à un changement d'échelle. La nécessité d'un moyen d'intercommunication n'est plus ressentie seulement par les individus, mais par la communauté en tant que telle. En d'autres termes, le répertoire collectif s'enrichit d'une variété dont la fonction propre, institutionnelle, est de permettre au groupe d'en-trer en relation aussi souvent qu'il est nécessaire avec d'autres groupes dont le répertoire, autrement composé, comporte du moins cette partie commune. Dans les deux cas, le changement de statut se traduit par une structuration de la matière linguistique, mais différemment orientée selon que la variété "intergroupe" est destinée à fonctionner dans des situations délibérément privées de toute référence à l'identité ethnique des interlocuteurs, ou au contraire que son emploi constitue une allusion directe à une appartenance communautaire naissante. Dans la seconde hypothèse, le "parler neutre" acquiert une variabilité, socialement signi-ficative et contrôlée, reflétant les relations et les valeurs constitutives de la communauté en voie de formation. Dans l'éventualité inverse se développe le procesus de "véhicularisation" c'est-à-dire l'organisation d'un code étroitement adapté à la fonction référentielle telle que la décrit Jakobson (1963 : 209 *sq.*) et permettant au moindre coût une communication efficace dans les conditions normales d'emploi d'une telle variété. La langue véhiculaire idéale serait celle dont l'économie satisferait totalement à cette double exigence ; pour autant que l'état actuel de la recherche permette de l'imaginer, elle comporterait une grammaire exempte de contraintes fonctionnellement vaines, une syntaxe "transparente" traduisant sans complexification inutile les structures élémentaires du langage humain, un lexique composé de termes génériques et multivalents, propres à se combiner sans limite et à assumer n'importe quelle fonction dans la constitution de l'énoncé, un phonétisme ne mettant en jeu que les articulations les plus faciles à réaliser et les sons les plus aisément perceptibles. Une telle langue serait évidemment "monostratale", inapte à toute variabilité stylistique et strictement inutilisable hors du domaine de sa spécialité. Le fanagalo d'Afrique du Sud, ou ce que l'on croit savoir du Beach-la-Mar tel qu'il était pratiqué au XIXe siècle dans le sud du Pacifique, correspondent très approximativement à ce schéma. Il est loisible de supposer que la lingua franca des ports méditerranéens, le pidgin portugais disparu des côtes de Guinée, les "langues du fleuve" qui semblent avoir existé en Afrique Centrale avant la colonisation étaient également de cette sorte. Le propre de ces formes est, comme le dit Wald (1984), d'être vulnérables, destinées à disparaître en même temps que les besoins qui les ont suscitées. Celles qui ont survécu le doivent à une extension de leur domaine fonctionnel : sans cesser d'être véhiculaires, elles assument dans l'organisation langagière de certaines au moins des communautés qui en font usage des tâches qui concernent le fonctionnement interne de celles-ci. Les exemples les plus manifestes sont ceux du lingala au Zaïre et au Congo et du sango en Centrafrique dont l'expansion semble être à la fois l'effet et l'agent d'une lente refonte des sociétés locales s'intégrant progressivement à des communautés plus vastes. Simultanément, ces langues acquièrent une sorte d'armature normative, valable pour la seule communauté qui les a prises en charge et en viennent à présenter une configuration analogue à celle des langues dominantes et des koinès ci-dessus évoquées : une aire focale où le parler présente à la fois la plus ample gamme de fonctions et le plus haut degré de différenciation stylistique (l'une et l'autre pouvant demeurer fort modestes, mais néanmoins pertinentes pour les usagers) et une zone marginale où prévaut la fonction véhiculaire.

**3.1.** — Il en va de la tentative de classification que nous venons d'esquisser comme toutes les autres taxinomies sociolinguistiques des parlers africains : claires dans leur principe, tant que l'auteur se réserve la maîtrise du choix des critères et de leur hiérarchie, elles deviennent confuses dans leur application et difficilement conciliables avec la complexité des situations attestées. Elles consistent en fait à attribuer à tel parler, par une généralisation hasardeuse, une étiquette correspondant à la principale fonction qui lui est reconnue dans la région où il a été le mieux observé ; s'y ajoute le présupposé implicite que s'il assume une telle fonction, c'est qu'il est fait pour l'assumer. Peut-être vaudrait-il mieux prendre pour objet de l'étude le tout plutôt que la partie et admettre que tout parler est apte à participer à n'importe quel complexe socio-linguistique répondant aux besoins d'un groupe social à un moment donné, et qu'il tire à la fois sa définition fonctionnelle et ses attributs linguistiques de la position qu'il occupe par rapport aux autres composants du complexe en question. Cette démarche cependant s'avère décevante en ce qui concerne le français qui semble toujours être hors du champ de l'analyse, en quelque sorte surajouté, et il reste à déterminer pourquoi il demeure avec tant de constance extérieur à la configuration linguistique de communautés auxquelles son usage s'est pourtant imposé.

**3.2.** — La situation est relativement claire dans les territoires naguère sous tutelle belge, Zaïre, Rwanda et Burundi, où le domaine d'emploi du français est bien délimité, en relation de complémentarité avec celui des langues nationales. La ligne de démarcation est visible dans l'institution scolaire où, sommairement, l'enseignement primaire, en principe ouvert à tous, est donné en langues africaines et l'enseignement secondaire et supérieur, réservé à un petit nombre, en français. Il y a deux sortes de savoir, un savoir commun dont l'expression est africaine, et un autre, spécialisé, indispensable à la gestion des affaires administratives, économiques et politiques, qui a pour véhicule le français. Hors de ce domaine technique, ce sont les dispositifs précédemment décrits qui opèrent, différemment, certes, au Rwanda et au Burundi, états linguistiquement homogènes, et au Zaïre où les quatre grandes langues nationales (kikongo, lingala, ciluba, swahili) s'interposent selon des modalités diverses (*cf.* Nyembwe-Ntita, 1980) entre le niveau des innombrables communautés linguistiques et celui où se règlent les affaires d'Etat. Il y a ainsi superposition de la langue étrangère à l'organisation sociolinguistique endogène, comme il y a eu superposition d'un appareil étatique et économique importé au réseau des relations intra- et intercommunautaires. On pourrait concevoir à la limite que par décision gouvernementale on subtituât au français, pour en assumer les fonctions, une autre langue de diffusion internationale. Quelque chose d'analogue s'est passé en Ethiopie où un changement de régime politique s'est traduit par l'éviction progressive du français au bénéfice de l'anglais, ou encore en Somalie où l'arabe a remplacé les langues de colonisation, anglais et italien, avant de l'être lui-même par le somali.

**3.3.** — Ce schéma "macro-sociolinguistique" ne rend pas compte, bien entendu, de la complexité des relations interindividuelles. Les locuteurs du français y détiennent une position privilégiée : "Avoir le français à son répertoire verbal, c'est aussi posséder un certain monopole de la parole, posséder le contrôle du changement de code, de l'objet de la conversation et des limites de celle-ci. C'est donc un pouvoir absolu qui confère à son détenteur le statut de modèle exemplaire que lui renvoient d'ailleurs ceux qui sont exclus de cette aisance linguistique". Cette remarque de Fr. Jouannet (1984 : 23) concerne le Rwanda ; elle s'applique également au Zaïre, sous cette réserve que la stratégie du discours doit y prendre en compte non seulement le français et la langue locale, mais en outre ces codes à fonction de pouvoir ou de prestige que sont aussi les langues nationales. Seuls les bilingues sont des citoyens complets, aptes à se mouvoir dans l'univers de la modernité et à occuper une position dominante dans celui de la tradition dont ils ne sont pas exclus, mais dont ils ne sont pas, comme les unilingues, prisonniers. Ils ont toujours la possibilité de se dérober à ses contraintes, par une simple commutation de code qui les place en quelque sorte hors d'atteinte. Un tel privilège est contesté dans les territoires où s'est développée la politique coloniale française et où, conformément à ses principes, la connaissance du français est virtuellement le bien de tous. Le statut du français n'y est pas ou du moins pas seulement celui d'une langue technique, mais celui d'une langue dominante, impliquant conversion à un système de valeurs différentes de celles de la tradition et largement incompatibles avec elles. De ce point de vue, la ligne de partage n'est plus, comme dans le cas précédent, entre deux domaines de la vie sociale, celui de la haute politique (au sens étymologique de ce terme) et celui de l'existence quotidienne, mais entre deux conceptions de celle-ci, symbolisées respectivement par l'usage du français et par celui des langues africaines. Ainsi marqué, le français n'est évidemment pas intégrable, même à titre de registre spécialisé, au répertoire des communautés linguistiques. Il ne comporte pas cette frange d'usages instrumentaux, principalement véhiculaires, qui caractérise, nous l'avons vu, les langues africaines conquérantes. La seule exception connue est le "français populaire ivoirien" (F.P.I.) qui s'est constitué dans le milieu très cosmopolite des grandes villes du sud de la Côte d'Ivoire où les immigrés sont nombreux, selon le processus de "pidginisation" évoqué ci-dessus et dans des conditions qui ne sont pas sans analogie avec celles qui, selon toute vraisemblance, ont déterminé la formation du West African Pidgin English parlé plus à l'Est. Encore s'agit-il d'un moyen de communication interindividuel et non pas intercommunautaire.

**3.4.** — En tant que langue dominante, le français présente une autre singularité : il n'acquiert pas de locuteurs, en ce sens que s'il est pour bien des gens (surtout en ville) un bagage utile à l'exercice de leur profession et un attribut de prestige indispensable à l'acquisition d'un statut social honorable, il n'est la langue maternelle que d'une infime minorité. On ne voit pas jouer, en ce qui le concerne, ce mécanisme d'assimilation par lequel la langue dominante occupe, de génération en génération, une part toujours croissante du répertoire fonctionnel de la communauté. On ne connaît pas de groupes ethniques qui aient abandonné leur idiome au bénéfice du français, mais seulement des individus qui parlent de plus en plus mal la langue de leur groupe. Le fait est surprenant si l'on tient compte de l'adhésion massive aux modes de vie "occidentaux" et plus généralement aux valeurs de la modernité qui eût dû se traduire, comme dans le cas du wolof par exemple, par une généralisation d'emploi de la langue qui en est le symbole reconnu. Il faut, semble-t-il, invoquer ici l'importance que revêtent, du fait même du mode de propagation scolaire du français et de l'idéologie qui l'anime, les représentations normatives liées à son emploi. Ainsi qu'il a souvent été dit, c'est la forme écrite, littéraire, qui est enseignée ou qui sert du moins de référence à l'enseignement et, compte tenu du rôle assigné au français dans l'organisation socio-politique des états africains, il ne peut guère en être autrement. Toute production langagière en français est donc évaluée, ou évaluable, par raport à cette norme qui, de surcroit, n'est pas la projection d'un consensus temporaire de la communauté des usagers, mais une entité à la fois réelle et intemporelle, ayant la pérennité et la précision d'un code juridique, et tout aussi impropre à évoluer et à se différencier. Le français en Afrique, mis à part le cas particulier du F.P.I., ne comporte pas de variétés ayant des caractéristiques et des fonctions reconnues, mais seulement des variantes, des approximations individuelles. Celles-ci sont tenues pour diversement fautives et ne sauraient faire système. Les jugements en cette matière sont toujours binaires : ceci est ou n'est pas français ; ils sont portés dans l'absolu, hors de toute référence à la situation de communication, et le français dont use le locuteur en un moment donné et par rapport auquel un statut social lui sera éventuellement assigné est toujours supposé être le meilleur dont il puisse disposer. Cette situation a une double conséquence : sur le plan de la langue telle qu'elle est pratiquée, une absence d'élasticité stylistique qui la rend impropre à satisfaire les besoins communicationnels d'une communauté, et en ce qui concerne les usagers, un sentiment constant d'insécurité : on ne s'adresse pas sans inquiétude en français à un interlocuteur qui peut-être le parle mieux. Plus qu'un moyen de communication, le français est pour l'individu l'indice d'appartenance à une catégorie qui transcende les structures traditionnelles de la société.

**3.5.** — Il y a cependant deux groupes qui échappent partiellement à cette contrainte paralysante de la norme. L'un, déjà évoqué, est celui des "marginaux", provisoirement ou définitivement détachés de leur communauté d'origine et insérés dans une société urbaine de structure très lâche où le français, à défaut d'un moyen de communication mieux approprié, joue un rôle véhiculaire. Sitôt intégrés à cette société, ils se retrouvent dans la situation de locuteurs incompétents du français et justiciables des jugements portés sur cette incompétence. Ils ne sont que les usagers provisoires d'une forme atypique de la langue et non les agents de sa propagation. L'autre groupe est constitué par "l'élite", ou plus précisément par l'ensemble des gens auxquels leur statut de "lettrés" confère en matière de langue une légitimité que ne sauraient compromettre d'éventuels écarts. Ces lettrés ne remettent pas en cause l'orthodoxie dont ils sont les desservants et les bénéficiaires, mais dans leur usage privé ils restituent fréquemment au français la variabilité qui lui fait défaut en le combinant librement aux autres variétés (ce terme incluant ici les langues) de leur répertoire. Il s'agit du discours "métissé" (Bal, 1976) fréquent dans les milieux intellectuels, qui répond toujours à des intentions communicatives et qu'il ne faut pas confondre avec le mélange accidentel et involontaire auquel ont recours par nécessité des locuteurs pressés de se faire comprendre. Ces lettrés agissent d'autre part de façon subtile et, sauf parfois en ce qui concerne des professionnels de la parole et de l'écriture, inconsciente sur la norme ou plus exactement sur la forme orale en laquelle elle est censée se manifester. Il ne s'agit pas ici d'interférences, lexicales, phoniques, voire morphologiques ou syntaxiques, toujours susceptibles d'être reconnues pour telles et dénoncées par les conservateurs et les puristes, mais d'un processus opérant au niveau "sémantactique" et investissant les catégories grammaticales du français d'un contenu sémantique qu'on peut croire commun à la plupart, sinon à la totalité des cultures négro-africaines (cf. ci-après : III. Appropriation). C'est cette réinterprétation qui confère au français pratiqué en Afrique par des Africains lettrés une spécificité difficile à définir, mais néanmoins perçue. L'expression sociale de cette reconnaissance est la revendication d'un français africain dont certains intellectuels ivoiriens ont cru discerner l'émergence dans les formes basilectales du F.P.I. (*cf.* les textes parus dans *Ivoire-Dimanche* et réunis par Lescutier, 1985 : 2, 84-101) ; qu'une telle interprétation soit contestable n'en affaiblit en rien la signification. On pourrait concevoir qu'un français ainsi naturalisé connût un meilleur succès que le français métropolitain pris pour archétype. Ce serait certes par certains côtés une clé fausse pour l'accès à la "culture française", mais probablement un mode d'expression plus adéquat aux valeurs culturelles de l'africanité. Comme le dit un jeune écrivain ivoirien interrogé sur les licences qu'il s'accorde en matière de style : "Il faut savoir ce que l'on veut, on ne peut pas être Africain et classique à la fois" (Lafage, 1983 : 54).

4. — Les deux obstacles majeurs à la diffusion spontanée du français en Afrique sont la signification symbolique qui lui est communément reconnue et qui le situe à l'opposé des modes d'expression de la tradition, et la pesanteur d'une norme externe qui lui interdit toute variabilité et le prive par là-même du dynamisme que devrait lui conférer son statut d'attribut de la modernité. La régionalisation qui s'amorce, laissant intact le code linguistique (l'auteur précité insiste sur le fait que sa langue ne comporte pas d'erreurs de syntaxe), ne met pas en question la transmission d'informations neutres du point de vue socioculturel ni par conséquent sa fonction d'instrument de communication internationale ; un "français d'Afrique" se trouverait sur ce plan dans la même position que celui de France, de Belgique, de Suisse ou du Canada. Plus apte à traduire ce qui, dans le domaine affectif et intellectuel, fonde la cohérence culturelle de l'Afrique, il s'intégrerait sans doute plus aisément au répertoire des usagers ; ainsi "banalisé", il y jouerait un rôle analogue à celui qui y est dévolu aux autres variétés et il en partagerait les potentialités d'expansion au gré des circonstances.

# 3.

# Le français en Afrique
# de tradition coloniale française
## (statut sociopolitique, usages et caractéristiques) [1]

**1.** — Le français parlé en Afrique noire un siècle après le début de la conquête coloniale et trente-trois ans après l'indépendance demeure pour le linguiste comme pour le sociolinguiste un objet de perplexité. Employé par les Européens, il n'est qu'une variété régionale, remarquable surtout pour son vocabulaire et terrain d'élection de la recherche lexicologique (travaux du CELTA et du CIS à Lubumbashi, de l'AELIA, Projet IFA[2]). Dans la bouche des Africains, il acquiert en outre une saveur provinciale due surtout aux habitudes de prononciation et à une phraséologie particulière ; il est, comme le dit P. Dumont (1983 : 202) stylistiquement "bizarrement coloré", il présente en outre, du point de vue grammatical, des singularités généralement explicables par l'inégale compétence de ses locuteurs ; mais sa caractéristique la plus nette est la curieuse impression de facticité qu'il donne à l'auditeur ou au lecteur métropolitain : très souvent, le discours paraît être en porte-à-faux par

---

[1] D. Kremer, (éd.), *Actes du XVIII° Congrès International de Linguistique et de Philologie Romanes*, Université de Trèves, 1986, Max Niemeyer Verlag, Tübingen, 1992.

[2] Le Groupe de Recherches sur les Africanismes, crée à Lubumbashi par S. Faïk, a produit de nombreux travaux lexicologiques sur le français au Zaïre, d'abord dans le cadre du CELTA (Centre de Linguistique Théorique et Appliquée), puis dans celui du CIS (Centre International de Sémiologie). L'Association d'Études Linguistiques Interculturelles Africaines, dont le principal champ d'action est la linguistique appliquée, s'intéresse également aux effets du contact des langues dans le domaine du vocabulaire ; elle a activement collaboré au Projet IFA, patronné par l'AUPELF et l'ACCT, qui a abouti à la rédaction d'un ensemble de dictionnaires régionaux, publiés ou en instance d'édition (Côte d'Ivoire, Sénégal, Mali, Tchad, Niger, Cameroun, Benin, Burkina Faso, Togo, Zaïre) et à la publication d'un ouvrage de synthèse : *Inventaire des particularités lexicales du français en Afrique noire*, Paris, AUPELF, 1983.

rapport à la situation de référence. L'"adéquation contextuelle", même dans le cas où la langue est grammaticalement correcte, n'y est jamais qu'approximative, l'écart s'accentuant lorsqu'on passe, selon la typologie proposée par S. Lafage (1985 : 98) pour la Côte-d'Ivoire, du français des "élites", généralement châtié, à celui des "lettrés", puis au "français élémentaire", variété familière du précédent, et enfin à celui des non lettrés qui ne doit rien au cursus scolaire. Cette classification est certainement pertinente en ce qu'elle rend compte de la réalité ivoirienne, et, dans une large mesure, de la réalité africaine, perçue par le chercheur européen. Le français y apparaît tel qu'il a été dès l'origine, une langue superposée (Bal, 1975) au répertoire de communautés linguistiques dont le fonctionnement ne le requérait pas. Notre hypothèse est que cette interprétation ne rend pas pleinement compte de la situation présente, que le français pratiqué par les Africains n'est plus seulement superposé, mais partiellement intégré à leur usage quotidien, et qu'il répond, par ses caractéristiques sociolinguistiques et linguistiques, à une logique qui est celle des sociétés en voie d'édification dans les états africains modernes.

**2.** — La première singularité du français en Afrique, et à notre sens la principale, est d'être transmis par l'école, c'est-à-dire par une institution totalement étrangère à la tradition négro-africaine ; ce qui, dans celle-ci, y ressemble le plus est l'école coranique dont la finalité est toute différente, instrumentale en quelque sorte, puisqu'il s'agit d'y apprendre des formules efficaces (telle est aussi la signification accordée au catéchisme, généralement bien accepté). Le français n'a pas cette utilité pratique ; il n'est pas non plus un parler comme les autres, un moyen naturel de s'exprimer et de communiquer ; sauf situations exceptionnelles, et en tout cas extra-coutumières, son emploi n'est jamais pragmatiquement indispensable. Il est un savoir dont la propriété est d'ouvrir l'accès à l'univers de la modernité. Qui le détient peut légitimement prétendre à exercer dans cet univers des fonctions de responsabilité. D'où cette opposition, contestable du point de vue linguistique, mais décisive aux yeux des Africains, entre "lettrés" et non-lettrés dont il a été question plus haut, entre ceux qui ont, ou sont censés avoir, une connaissance immédiate de la norme et ceux qui ne l'atteignent qu'indirectement, par l'intermédiaire des premiers.

Le français fonctionne ainsi en Afrique comme instrument de sélection, à la manière du latin en Europe au début de ce siècle : il en partage d'ailleurs les caractéristiques : langue littéraire, célébrée pour sa perfection (Makouta-Mboukou, 1973 : 88) et sa rigueur (Senghor, 1962 : 480), référence à une culture défunte (en l'occurrence celle du siècle des

Lumières) mais exemplaire. Ce décalage entre le recours à un mythe suranné et la civilisation technologique, revendiquée, civilisation fondée sur des valeurs différentes, sinon opposées à celles qui constituaient la tradition humaniste, n'est pas une des moindres étrangetés de l'Afrique moderne. Inadapté, ce mythe n'en est moins efficace : il lie indissolublement le savoir — la connaissance du français — au pouvoir, du moins sous sa forme la plus manifeste, tel qu'il exerce dans le domaine social et politique. Ce qui n'est plus en Europe qu'un critère secondaire, la correction du parler, demeure en Afrique fondamental.

Cet amalgame de la compétence linguistique et de l'aptitude à assumer des responsabilités publiques crée une situation particulière que Ph. Poutignat et P. Wald (1979), puis à nouveau P. Wald (1984 : 51 *sq.*) ont précisément analysée : si la capacité de s'exprimer en français authentifie le droit qu'a un individu de prétendre aux privilèges attachés au statut de "lettré", sa manifestation n'est tenue pour légitime que pour autant que le locuteur atteste, par son apparence ou son comportement, son appartenance au groupe privilégié ; sinon, il sera taxé de "vantardise". D'autre part, l'emploi du français impliquant une revendication de pouvoir, il peut être outrecuidant d'y recourir dans une situation où l'on n'est pas en mesure de soutenir son rôle, en présence d'un supérieur par exemple. Enfin, compte tenu de ce que la qualité de la langue utilisée sert à juger si la compétence du locuteur est à la hauteur de ses prétentions, il y a toujours un risque de voir celles-ci contestées par des interlocuteurs plus savants. D'où des pratiques langagières "anxieuses" rendues telles par l'importance de l'enjeu qu'elles comportent et par l'absence de repères susceptibles de les guider. Hors des situations institutionnellement réglées où, en vertu de la complémentarité qui s'établit entre le français, variété "haute", et les autres langues du répertoire, le choix de celui-ci est imposé ou exclu, il appartient, à chaque occasion, d'évaluer l'opportunité ou l'inconvénient qu'il y a à en user. Quant à la correction de la langue, elle est en général appréciée par référence à la "norme locale" dont parle S. Lafage, représentée par l'usage des évolués, hommes d'affaires, politiciens et surtout journalistes, mais cette norme n'est elle-même constituée que d'approximations communes à la norme scolaire, représentation imparfaite de la norme académique et recoupée par celle, fort différente, qui semble se dégager des dialogues de films, des légendes de bandes dessinées et des romans policiers. Dans l'un et l'autre cas, il s'agit de modèles étrangers sur lesquels l'élite même n'a ni prise ni contrôle, d'interprétation difficile en ce qui concerne le premier (ce n'est certes pas l'usage des résidents européens qui peut en éclairer le fonctionnement), fort imprécis quant au second.

On conçoit que dans de telles conditions, où la vigilance du locuteur doit être sans cesse en éveil, l'obligation de parler français engendre un intense sentiment d'insécurité. Beaucoup plus que la parole toujours fluctuante et imprévisible des locuteurs natifs, la langue littéraire, proposée en exemple et vénérée à tous les niveaux de l'enseignement, offre une référence stable et incontestable. Elle transparaît dans tous les usages empreints de formalisme à quelque degré. Au plus haut niveau de compétence, l'emploi de la langue écrite dans des situations d'oralité où nombre de ses procédés sont du point de vue de l'efficacité de la communication parfaitement redondants confère au discours cette apparence de préciosité, voire de pédantisme, que signale S. Lafage. Chez des locuteurs moins experts et moins cultivés, l'étroitesse du substrat littéraire a pour corollaire celle de la variation stylistique : la langue paraît à la fois rigide et ampoulée. Elle peut, sous sa forme littéraire, élaborée, se réduire à un enchaînement de formules hétéroclites portées par une syntaxe généralement fort correcte, voire recherchée[3]. La fréquence des stéréotypes et l'imprévu des hypercorrections ou des élégances de langage s'accroît en proportion inverse de la confiance que le locuteur a en la qualité de sa langue[4].

Langue de pouvoir et de promotion sociale, le français est doté de certains attributs : correction grammaticale (surtout en ce qui concerne l'emploi des verbes), richesse du vocabulaire, stricte application des règles morphophonologiques et exactitude de la prononciation. Il apparaît cependant fréquemment sans ces attributs dans des situations où le statut social des interlocuteurs n'est manifestement pas en cause, soit

---

[3] On en trouvera un exemple dans ce texte d'un journaliste ivoirien annonçant la réapparition d'une chronique en "français de Moussa" (français populaire ivoirien) : "C'est avec un enthousiasme non feint qu'aurait un écrivailleur en mal de motifs de masturbation intellectuelle que je veux saluer l'arrivée dans les colonnes d'*Ivoire Dimanche*, de la parole de Moussa. De cette parole que l'analphabétisme en langues d'emprunt et les politiques qui le sous-tendent, ont confisquée à des millions de Moussa qui interpellent le ciel pour que les pluies nourricières se heurtent quotidiennement à ces égoïsmes de nantis" (Lescutier, 1985, 2 : 88).

[4] Voici en quels termes un employé du chemin de fer Dakar-Niger se plaint, dans une lettre adressée à son supérieur hiérarchique, de l'indifférence de l'administration à l'égard du personnel subalterne : "Les agents de la ligne sont les plus mal vus, les arrivés les plus mal notés, mais les plus laborieux tenant haut le pavé au service du Chemin de Fer. Certains agents de la ligne ont le regard brouillé, le corps purigineux, les vibrisses tombées, les paupières dénudées de cils, la stature avachie, l'instinct érotique, tous ceux-là sont dus aux excés de souffrances résignées. Un agent qui a quitté la ville pour la brousse au bout de deux mois est dégénerée, désorienté".

qu'elles impliquent une relation égalitaire entre les participants, soit au contraire que la distance hiérarchique soit suffisamment évidente pour qu'on n'ait pas à l'attester. Tout se passe alors comme si l'important n'était pas que le message fût formulé en français, mais qu'il en portât explicitement la marque. Le français, par référence sans aucun doute à sa fonction sociale, mais hors des limites où s'exerce normalement celle-ci, confère un surcroît d'autorité à tout énoncé où il est représenté. Le cas le plus net est celui du métissage intentionnel où les expressions ou locutions valorisantes sont insérées dans une trame syntaxique africaine. Le procédé est abondamment représenté dans les discours que le Président Mobutu prononce en lingala, une des quatre langues nationales du Zaïre et la principale : "*Lokola nalobaki na N'Sele, faites-moi confiance, elingi koloba na nkombo ya discipline révolutionnaire nakope sa orientation ya sika, landa ngai, yoka ngai*" ("*Comme je l'avais dit à la N'Selé, faites-moi confiance, c'est-à-dire au nom de la discipline révolutionnaire je donnerai une nouvelle orientation, suis-moi, écoute-moi*" cité par Sesep N'Sial, 1978 : 324). Répondant à un tout autre souci, mais également efficace, est l'usage des jeunes paysans non-lettrés et non francophones qui, faisant la cour aux filles, enrichissent leur propos du plus grand nombre possible de mots français. À la limite extrême, les mots français sont énumérés tels quels, pour eux-mêmes, sans que leur succession soit significative ni ne suggère une structure syntaxique sous-jacente : tel est le principe des joutes de langage où le prestige acquis est à la mesure de l'abondance et de la technicité du vocabulaire produit sur un thème donné ou plus simplement de la volubilité et de l'aisance avec lesquelles les lexies sont mobilisées et combinées[5]. À un tel degré d'abstraction, le français devient signifiant en lui-même, en tant que tel, et ne conserve plus qu'une fonction strictement symbolique.

---

[5] P. Renaud (1976 : 6) décrit le procédé : "Cela s'observe à tous les niveaux de la société, mais tout de même plus souvent en milieu lettré. Soudain, le fil du contenu se brise et l'on assiste à un dialogue à la Ionesco où, faute de s'affronter à coups de proverbes et de dictons comme ce serait le cas dans la langue maternelle entre "frères" on s'affronte à coups d'enchaînements de mots, par association de sonorités ou jeux de mots sur le mode "comment vas-tu...yau de pipe" etc. ... J'ai remarqué cela entre de hauts fonctionnaires au cours d'une soirée amicale, mais interethnique, si l'on peut dire, rassemblant une quinzaine de personnes. Je l'ai observé aussi à la poissonnerie entre deux femmes, dans une file d'attente". Il s'agit ici du Cameroun, mais le phénomène est également attesté en Côte d'Ivoire et en Centrafrique et vraisemblablement ailleurs aussi (Wald, 1984 : 99).

**3.** — L'analyse qui précède n'a d'autre objet que de justifier la manière, pour nous souvent déconcertante, dont les Africains usent du français ; à supposer qu'elle soit valable, elle ne rend pas compte des caractéristiques internes de la langue, et en particulier de la différence sensible entre le français pratiqué par les lettrés maliens par exemple, ou par ceux des états naguère sous tutelle belge, et celui qu'on entend en Côte d'Ivoire et ailleurs. Ce qui est en question ici n'est pas la correction grammaticale (on trouve partout des gens qui parlent bien, voire très bien le français et d'autres dont la compétence est médiocre), mais la nature et l'étendue de la variabilité admise, étroite dans le premier cas, fort ample dans le second. Le principe de cette discordance n'est plus à chercher sur le plan des comportements langagiers, mais sur celui de l'articulation des répertoires. Selon une hypothèse émise par P. Wald, J. Chesny, M.-A. Hily et Ph. Poutignat en 1973 et qui s'est révélée féconde, il y a lieu de distinguer, dans le cas qui nous occupe, deux types de situations sociolinguistiques : celles où le français se trouve en relation de complémentarité, selon le schéma classique de la diglossie, avec une langue africaine dominante, et celles où les domaines des langues locales et du français s'interpénètrent, comme c'est le cas en Côte d'Ivoire. Là où il y a discontinuité entre les langues africaines et le français, celui-ci se présente comme un ensemble cohérent de règles et d'usages qui en délimitent la pertinence, les unes et les autres transmises par l'école. En raison de l'enjeu social qui y est attaché, cette norme est appliquée de façon rigoureuse par ceux qui en ont une connaissance suffisante, et le mieux possible par les locuteurs moins instruits ou moins doués. Cela ne signifie évidemment pas que le français soit, même chez les locuteurs réputés compétents, exempt d'imperfections. Il est une langue seconde épisodiquement pratiquée, et comme tel soumis aux aléas de l'apprentissage. Le haut degré d'élaboration et d'arbitraire de la grammaire française rend son acquisition difficile pour des sujets dont les langues premières sont également complexes, mais très différemment ordonnées. Outre les détours imprévus qu'imposent les stratégies d'apprentissage, la construction de "systèmes approximatifs" de communication (Valdman, 1974), le parler des apprenants porte la marque de leurs scrupules (hypercorrections), de leur confiance excessive en la généralité des règles (régularisations analogiques) et des lacunes de leur compétence que viennent combler les ressources offertes par la langue maternelle. Ce sont là des problèmes qui ressortissent, d'une manière générale, à la linguistique contrastive et à la didactique des langues. D'un point de vue plus étroitement sociolinguistique, il est intéressant d'examiner où se concentrent les "fautes" et, *a contrario*, ce qui dans la langue est le mieux appris. S. Lafage (1985 : 392 *sq.*) l'a fait de façon très précise pour les lettrés du sud-Togo. Elle constate que dans le corpus étudié, les écarts lexicaux (30%) sont beaucoup moins abondants que les écarts morphosyntaxiques (70%) et que parmi ces derniers, deux sur dix seulement concernent la morphologie. Ainsi donc, les locuteurs font porter leur principal effort sur l'acquisition des mots et des formes (y compris les règles de flexion et d'accord), c'est-à-dire sur ce qui différencie le plus explicitement le français des autres langues de leur répertoire, et leurs insuffisances en matière de syntaxe s'expliquent autant par la spécialisation fonctionnelle du français, qui limite les occasions d'emploi et par là-même la familiarité avec l'arbitraire des usages, que par la maîtrise insuffisante des structures grammaticales : "l'éwéphone, peu assuré de ses compétences en français, préfère... s'exprimer dans sa langue maternelle, même dans les situations réservées d'ordinaire à la langue officielle" (Lafage, 1976 : 82). Le français des non-lettrés, infiniment divers dans ses réalisations, n'est pas fonda-mentalement différent : les règles connues sont moins nombreuses, les erreurs plus fréquentes, les zones d'ignorance varient selon les individus, mais tout ceci est question de degré et non de structure ; le français d'un analphabète, à son meilleur stade d'acquisition, vaut celui d'un élève médiocre et il s'améliorera si les circonstances sont favorables. Son indigence est fonction de l'usage qui en est fait : l'inférieur s'en sert par nécessité pour communiquer avec son supérieur, sans que la réciproque soit vraie.

Cette unilatéralité dans l'emploi d'un français approximatif est un des facteurs qui oppose la situation de type "togolais", que nous venons d'évoquer, où les domaines d'emploi de la langue locale dominante et de la langue, officielle importée sont nettement délimités, à celle du type "ivoirien" où ces limites sont floues, voire inexistantes. Dans un milieu plurilingue comme peut l'être une agglomération urbaine, une usine ou une grande exploitation agricole, le français, en l'absence de langue véhiculaire commune, est amené à jouer le rôle de moyen de communi-cation interethnique. Son champ fonctionnel se trouve étendu jusqu'à embrasser tous les aspects de la vie sociale — ou du moins de la vie publique, car les langues premières demeurent employées en famille ou entre gens de même origine — et s'il conserve son statut prestigieux dans les circonstances où les relations hiérarchiques sont en cause, il est de nombreux cas où la nécessité de se comprendre l'emporte sur le souci de bien dire. La pression de la norme s'affaiblit et ce relâchement libère des mécanismes de fonctionnalisation dont certains, tels que l'analogie, sont perceptibles déjà, en contexte diglossique, dans les tâtonnements des ap-prenants scolarisés ou non, mais qui se développent ici sans contrainte et qui rendent le français populaire africain si semblable, dans sa structure, aux variétés véhiculaires de grandes langues ethniques appliquées aux mêmes fonctions (Manessy, 1977). On y constate, à des degrés divers et dans des proportions variables selon les locuteurs et les circonstances de l'acte de communication, l'ensemble des traits qui caractérisent les parlers dominés par la fonction dénotative et dont l'économie tend à réduire le coût de l'intercompréhension. Les procédés employés pour cela visent à alléger le fardeau de la mémoire, à expliciter autant que possible le contenu référentiel du message, aux dépens des fonctions expressive et intégrative prédominantes dans les langues "maternelles", à privilégier l'intention sémantique par rapport à l'appareil grammatical. Les phrases, dont la succession reproduit l'enchaînement des idées ou le déroulement des événements évoqués, sont construites sur un modèle uniforme, par juxtaposition de propositions répondant elles-mêmes à un petit nombre de schèmes syntaxiques, d'où l'impression de monotonie énumérative que donne souvent le discours : **boj la i vole tro, vole se pa bɔ̃ fo ty rãvwaje lui** : "ce boy vole beaucoup, voler est mal, il faut le renvoyer". Une très nette préférence est accordée aux constructions analytiques ; cela est particulièrement manifeste dans le système verbal où la conjugaison est indigente et approximative et où les modalités sont le plus souvent portées par des lexèmes annexes, circonstants ou "auxiliaires" (**ʒə va vwajaʒe kã ʒə va ris** : "je voyagerai quand je serai riche" ; **lə dyri i buji se fini** : "le riz a bouilli", cité dans Lescutier, 1985), mais ce l'est également dans le domaine du nom où un quantificateur se substitue fréquemment à la marque du nombre : **kɔmãse gañe ãfã boku** si elle commence a avoir des enfants (plusieurs enfants)" (Hattiger, 1981 : 90). Les formes tendent donc à l'invariabilité, chaque signifié se trouvant porté par un signifiant toujours semblable à lui-même. En systématisant (indûment, car la variabilité des usages est grande), on aboutirait à une situation proche de celle que Hjelmslev (1939 : 373) considère comme optimale en matière d'expression des catégories grammaticales : "univocité paradigmatique (manque de "déclinaisons" et de "conjugaisons" différentes) ; univocité syntaxique (chaque morphème a son expression à lui) ; ordre des mots pourvu d'une valeur grammaticale".

Le recours à des stratégies d'expression fondées sur des caractéristiques inhérentes au langage humain procure une référence commune aux locuteurs contraints de communiquer dans une langue en laquelle ils sont diversement compétents. Les structures très élémentaires sur lesquelles ils prennent appui peuvent servir de base à une forme linguistique proche de ce que l'on désigne habituellement par le terme de "pidgin". Une telle forme s'est développée en Côte d'Ivoire où elle porte le nom de *français populaire d'Abidjan* (F.P.A.) ou de *français populaire Ivoirien* (F.P.I.). Objectivement, il s'agit d'une collection de variantes "basilectales" isolées par l'analyse dans l'usage très variable d'individus capables d'émettre, si les circonstances l'exigent, des approximations moins lointaines par rapport à la norme locale ; personne, sinon par jeu, ne parle uniquement le F.P.I., mais tout citadin ivoirien peut y recourir et pour certains, ce recours est plutôt la règle que l'exception. D'autre part, il peut y avoir concordance de hasard entre les constructions très "fonctionnalisées" du F.P.I. et celles, parfaitement grammaticales, de langues de substrat du type que M. Houis (1970 : 65) dit "économique", à morphologie simple et structure analytique, comme le sont nombre de langues kwa et mandé ; il est alors difficile de tracer la limite entre ce qui est du français et ce qui n'en est pas. L. Duponchel (1974b : 8) donne un exemple de cette dérive qui conduit du français le plus châtié à l'énoncé en langue africaine : 1. "il serait nécessaire de déplacer ce véhicule" ; 2. "Il faut pousser l'auto" ; 3. "Faut l'pousser, c'te bagnole" ; 4. "Faut pousser camion-là" ; 5. "Na ka pousser camion-là ; 6. "A ka mobili pousser" ; 7. "A ka mobili nyoni" ; 8. "**ke gi le ké ɛɛ**". Les cinq premiers énoncés sont français, le cinquième du niveau du français populaire africain, le septième est en dioula véhiculaire, le huitième en alladian ; le sixième forme transition, avec un lexique mixte et l'inversion du complément d'objet. S. Lafage qui reprend cet exemple (1985 : 95) observe qu'au Sud-Togo, l'énoncé 3, en langue familière et les énoncés 6 et 7 seraient absents. Le domaine du français y est, comme nous l'avons vu, strictement délimité, alors que ses frontières sont imprécises en Côte d'Ivoire, dans la réalité linguistique comme dans la conscience de ses utilisateurs. Cette confusion dommageable au linguiste confère au F.P.I., sur le plan socio-linguistique, une authencité qu'on a peine à lui reconnaître autrement. Pour certains intellectuels, c'est la langue "confisquée" au colonisateur et à la classe dirigeante qui s'y est substituée, "pliée à l'esprit de nos langues maternelles", voire "traduction pure et simple de nos dialectes" (Lescutier, 1985 : 84 *sq.*) ; c'est en tout cas un facteurs d'unité, constitutif de la nationalité ivoirienne : "C'est le français du peuple. C'est celui qui réellement nous identifie et brise les barrières tribales et les particularismes. Ce français met le ministre au niveau du manœuvre et tout Ivoirien le comprend sans même l'apprendre" (Lafage, 1983 : 53). Il est manifeste que ces assertions reposent sur un malentendu : la langue à laquelle ces lettrés font allusion est celle des chroniques humoristiques, des bandes dessinées, des émissions de variétés à la télévision et à la radio et de la publicité, c'est-à-dire : "une langue artificielle, reconstruite à partir de la généralisation de particularités effectivement attestées" (Duponchel, 1974b : 12) et non pas celle qui est pratiquée dans la rue. Elle n'en constitue pas moins une sorte de contre-norme qui autorise la généralisation et la fixation des habitudes de langage (Manessy, 1981) : il n'y a probablement pas, ou pas encore, de français ivoirien, mais il y a une manière ivoirienne de parler français.

**4.** — Les ambigüités que recèle la notion de "français africain" ont des implications diverses. Certaines sont pédagogiques : les raisons qu'ont les Africains d'apprendre le français ne sont que très partiellement analogues à celles qui motivent habituellement l'acquisition d'une langue seconde ; ce qui est en jeu n'est pas l'extension du champ de la communication, mais l'accès à un statut social privilégié. Le principal souci des apprenants est donc d'être initiés au bon usage, à la variété normative, plutôt qu'au maniement d'un français utile. Cependant les voies de leur apprentissage sont différentes selon qu'il s'effectue en situation de diglossie, où existe une claire distinction entre ce qui est français et ce qui ne l'est pas, ou bien dans un milieu où la norme scolaire se dilue dans des réalisations incorrectes mais efficaces. Ce facteur sociolinguistique n'est certainement pas sans importance pour l'élaboration des méthodes didactiques. Fondé sur un modèle importé, le français ne peut pour autant être considéré dans les états de l'Afrique francophone comme une langue étrangère, ni même comme une simple langue officielle propre à faciliter le fonctionnement d'un appareil gouvernemental et administratif toujours hautement centralisé. Il est au contraire solidement intégré à la structure sociopolitique de ces états, en tant que composante de leur répertoire linguistique, et composante essentielle puisqu'il fonde la légitimité du pouvoir qu'exercent ceux qui le savent bien sur ceux qui le savent mal ou ne le savent pas. Tous les citoyens ne parlent pas français, mais tous aspirent à le parler et considèrent sa connaissance à la fois comme un préalable normal à toute promotion sociale et comme un sûr moyen d'y parvenir. Si le français qu'on entend en Afrique donne parfois aux Européens l'impression de "sonner creux", c'est que leur propre système d'interprétation est inadéquat. Son emploi n'est jamais tout à fait neutre ; le fait d'y recourir, quand un choix différent serait possible, et la forme imposée au message sont par eux-mêmes chargés de significations intelligibles à l'interlocuteur africain, mais insaisissables pour l'étranger. Ce qui est vrai des paramètres sociologiques ne l'est pas moins des coordonnées socioculturelles. Étudiant "l'implicite" qui accompagne le mot "vieux" dans l'usage des Ivoiriens, S. Lafage (1984 : 108) décrit le mécanisme par lequel s'opère l'appropriation du lexique : "un mot français employé en contexte ivoirien conserve ses sèmes nucléaires (i.e. éléments de signification qu'il apporte à tout contexte quel que soit celui-ci) mais les sèmes contextuels (i.e. les éléments de signification qui, parmi toutes les possibilités d'un mot donné, sont révélés par le contexte) peuvent se trouver altérés de façon subtile, de telle sorte que les rapports que le mot entretient avec les autres mots de la langue, par exemple, dans les champs associatifs, divergent sensiblement en contexte ivoirien et en contexte français". L'univers de connotations où se meuvent les locuteurs du français d'Afrique n'est pas celui auquel le métropolitain, employant les mêmes constructions et les mêmes mots, fait implicitement référence. si l'on entend par "expansion", comme le fait Mülhäusler, (1979 : 3) "those additions to an existing linguistic system that lead to an increase in the referential or non-referential potential", le français d'Afrique, dans le domaine du "non-référentiel" du moins, est en voie d'expansion. Le sentiment vague de ce renouvellement du contenu de la langue, alors même qu'on s'efforce d'en maintenir intacte la forme, nourrit la revendication par nombre d'intellectuels africains d'un français "national" auxquels ils tentent, avec plus ou moins de bonheur, de donner une expression littéraire. À cela s'ajoute le fait qu'en l'état actuel des choses l'usage du français est ce qui permet à des sociétés plurilingues, hétérogènes, nées des hasards de l'histoire qui n'y a pas effacé les antagonismes, de se constituer en communautés nationales. Il arrive que les représentations et les attentes liées à cette langue et les comportements langagiers qu'elles déterminent soient tout ce qu'ont de commun les citoyens d'un même état. On s'explique bien que les gouvernements hésitent à remettre en cause un si fragile équilibre.

**4.**

# Français d'Afrique : élements de diagnostic [1]

Le titre donné à cet exposé pourra paraître présomptueux et inadéquat. Présomptueux, il l'est sans aucun doute parce qu'un diagnostic présuppose un examen clinique et qu'en ce qui concerne le français tel qu'il est pratiqué en Centrafrique notre information est extrêmement réduite ; elle se limite aux quelques indications phonologiques et lexicales fournies par L. Bouquiaux (1969), aux trois versions françaises d'un conte ngbaka recueillies et publiées par P. Roulon (1972) et aux échantillons qui figurent en annexe de l'étude de P. Wald dans notre ouvrage commun de 1984[2]. D'autre part la métaphore médicale peut laisser croire que nous tenons le français africain en général et celui de Centrafrique en particulier pour une manifestation pathologique, pour une variété aberrante du français métropolitain, ce

---

[1] *Espace francophone*, n° 2 - 1989, 165-183 : Actes du Colloque international "Etat de la langue française en Afrique Centrale", Bangui 23-25 janvier 1989, réunis par H. Krief et F. Gbénimé-Sendagbia (Département de Lettres modernes — Université de Bangui).

[2] J.-P. Caprile (1979) a consacré un article à la situation du français dans l'Empire Centre-Africain et au Tchad. Dans la section III de la bibliographie annexée à cet article (daté de 1974) figurent trois titres : Cloarec-Heiss, F. et Thomas J.M.-C., à paraître : "Le français parlé en R.C.A., phonologie, syntaxe, lexique, variantes ethniques, variantes sociologiques, transcriptions et commentaires de textes" (Paris : S.E.L.A.F.) ; E.R. 74 du C.N.R.S., à paraître : "Étude contrastive des principaux groupes linguistiques de R.C.A. et du français" (Paris : S.E.L.A.F.) ; P. Roulon, à paraître : "Étude sur le français et le sango parlés par les Gbaya de la région de Bouar".
L. Bouquiaux (dans Barreteau, éd., 1978) dans la notice intitulée "L'empire centrafricain" signale, sous la rubrique "Recensement des études déjà entreprises" (p. 472) : Luc Bouquiaux, France Cloarec-Heiss, Jacqueline M. C. Thomas : collecte de documents destinés à l'étude du français en Centrafrique.
Il semble donc qu'existe au Lacito un corpus de français centrafricain inédit jusqu'à ce jour.

qui est après tout une opinion assez largement répandue, aussi bien chez ceux qui ont pour mission d'enseigner la langue que chez ceux qui souhaitent en acquérir la maîtrise. Tel n'est pas, bien entendu, notre point de vue ; nous ne croyons pas qu'en ce qui concerne le code linguistique, la structure grammaticale, il y ait de différence fondamentale entre le français de France et le français d'Afrique, sauf peut-être en ce qui concerne le français populaire ivoirien dans la mesure où ce dernier paraît être le siège d'un processus de vernacularisation. Il ne faut pas se laisser duper par le pittoresque lexical[3] ni par les usages approximatifs des semi-lettrés dont les écarts de langage ne sont guère différents en nature de ceux que l'on constate chez leurs homologues métropolitains. Il faut, nous semble-t-il, chercher ailleurs les caractéristiques de ce francais : dans les modalités de son emploi et dans le fait, fort évident, qu'il est parlé en Afrique par des Africains. Cette thèse prend assise sur deux hypothèses fondées sur l'observation. La première est que la forme d'un parler, le degré d'élaboration de sa grammaire, la complexité de ses mécanismes morphologiques et syntaxiques, l'organisation de son lexique sont largement déterminés par les fonctions qui lui sont imparties ; c'est là le principe même de la différenciation d'une langue en variétés. Or il se trouve que le français centrafricain est beaucoup mieux connu dans ses dimensions socio- et psychosociolinguistiques qu'il ne l'est du point de vue proprement linguistique. L'exercice périlleux auquel nous allons nous livrer en un premier temps, sans filet puisque l'indigence de notre corpus nous prive d'éléments de preuve, consistera à tenter de définir sommairement la configuration sociale dans laquelle ce français se trouve inséré, de manière à en faire apparaître "en creux" les caractéristiques probables. Notre seconde hypothèse est qu'on n'a pas tout dit lorsqu'on a mis au jour la structure grammaticale d'une langue. Le linguiste se trouve toujours déconcerté par la discordance entre les prévisions qu'autorisent les résultats de son analyse et la richesse souvent anarchique des réalisations effectivement constatées. Il nous paraît nécessaire, pour rendre compte de l'originalité d'un parler à un moment donné de son évolution, de prendre en considération ce qui est en deçà et au delà du code linguistique : l'univers conceptuel dans lequel se meuvent ses locuteurs et les singularités de leur performance. Nous croyons toucher là ce qui constitue la spécificité réelle du français africain. Il restera à confronter ces conjectures à la réalité ; ce sera l'affaire des praticiens, de ceux qui ont une expérience directe des régularités et des inco-

---

[3] J. Schmidt a publié dans les *Mélanges Willy Bal* (1984) un "récit en aofien", c'est-à-dire en français colonial, à peu près inintelligible sans le secours d'un glossaire, mais d'une syntaxe limpide.

hérences du français local, à qui il appartiendra d'évaluer la pertinence du modèle proposé et d'en construire un autre, le cas échéant.

## LANGUE ET LANGAGE

Le fait le plus banal, le moins contestable, est que, sauf exceptions, le français centrafricain n'est la langue maternelle d'aucun de ses usagers et qu'il est principalement transmis par l'école. Cela pose le problème très général de l'apprentissage d'une langue seconde et en particulier de l'interprétation des interlangues que peuvent construire les élèves à partir de leurs acquis préalables ou peut-être de leur "bioprogramme". C'est là une question qui concerne les didacticiens et qui n'est pas spécifiquement africaine, encore moins centrafricaine. Ce qui l'est, en revanche, c'est que la grande majorité des francophones, du moins en milieu urbain, sont aussi des locuteurs du sango. Cela était déjà vrai il y a vingt ans (Bouquiaux, 1969) et les enquêtes récentes de M. Wenezoui-Déchamps et de J. Gerbault montrent que le mouvement d'expansion n'a pas cessé de s'accélérer, aux dépens des langues ethniques aussi bien que du français. Il s'est ainsi établi entre français et sango une relation ambiguë qui a été signalée par P. Roulon (1976) puis analysée du point de vue psycho-sociologique (Poutignat et Wald, 1979 ; Wald, 1984), et dont on peut supposer qu'elle n'est pas sans effets sur le plan linguistique. Ce sont ces effets probables que nous voudrions d'abord examiner.

Grâce aux travaux que nous venons d'évoquer, nous sommes bien renseignés sur la place qu'occupe le sango dans le répertoire des locuteurs centrafricains, du moins en milieu urbain. Elle y est prépondérante en ce sens que sauf dans les situations où un autre choix, celui du français ou celui de la langue vernaculaire, est expressément requis, c'est l'emploi du sango qui est normal et attendu. L'usage du français n'y est pas exclu, mais il est en quelque sorte subordonné à celui du sango, en ce qu'il atteste la capacité du locuteur à pallier à des inaptitudes référentielles, réelles ou supposées, de ce dernier par recours aux ressources offertes par la langue seconde ; considéré sous cet angle, le français se présente, selon une expression de P. Wald, comme un registre du sango. Cette manipulation stylistique ne porte que sur les éléments isolés, locutions, membres de phrases ou phrases complètes, nécessaires à l'obtention de l'effet recherché. Il se crée donc, entre ce qui est sûrement identifiable pour du sango et ce qui l'est sûrement pour du français, une "zone d'indétermination" où il n'est pas toujours possible de savoir si l'on parle sango ou français (Poutignat et Wald, 1979 : 212). C'est le fransango étudié sous l'angle du métissage par M. Wenezoui-Déchamps (1987,

1988) dont nous aurons à reparler. Nous voudrions au préalable explorer les espaces qui demeurent concédés au français et où il est reconnu pour tel.

Il paraît établi qu'en Centrafrique, comme semble-t-il, partout en Afrique francophone, la maîtrise du français (quelle qu'en soit la qualité effective) est un attribut du pouvoir, légitimant la prétention de qui peut s'en prévaloir à exercer celui-ci, ou du moins à bénéficier des avantages qu'il procure. Compte tenu de ce qu'enseignent les travaux précités et de ce qu'on observe ailleurs, on peut prévoir que le français, dans les domaines où il est encore utilisé, se présentera sous trois formes : une forme rituelle, une forme conviviale et une forme utilitaire. Le fait qu'en Centrafrique l'usage du français ne réponde qu'exceptionnellement à la nécessité de se faire comprendre (ce qui doit être communiqué pouvant généralement l'être tout aussi bien, et souvent mieux par le canal du sango) réduit d'autant la fréquence de ses occurrences. Il a donc peu de chances d'être acquis par la pratique du moins sous une forme sociale-ment rémunératrice, et cela concourt certainement à accentuer son image de savoir scolaire, privilège d'un groupe auquel il ouvre l'accès à un autre univers. D'autre part (et ceci en revanche réintègre le français dans la tradition africaine), il apparaît moins comme un moyen de communi-cation que comme un mode de profération, au sens que M. Houis (1971) donne à ce terme ; ce qui est transmis par le français et qui ne saurait l'être autrement, c'est une information sur la signification qu'il convient d'attribuer au discours, sur les paramètres qui, au sein de la commu-nauté, en déterminent l'exacte interprétation ; on peut concevoir que cette information subsiste seule et que le discours soit vide de contenu ; c'est ce qui se produit effectivement dans les joutes de langage et qui jus-tifie le métissage par "copie", où une expression en langue africaine est glosée par son équivalent français. En tant qu'instrument et qu'expres-sion d'une liturgie sociale, le français vaut par l'étroitesse de sa confor-mité à la norme. Le locuteur n'a ni la possibilité, ni le désir d'y manipuler des registres selon les hasards de la communication, puisque la référence est précisément à ce qui est tenu pour invariant. Cette transcendance de la norme a des effets qui ont été souvent décrits : la rigidité stylistique, la fidélité aux modèles littéraires, l'enchaînement hasardeux de formules stéréotypées, une variabilité limitée aux incertitudes des locuteurs et surtout marquée par l'hypercorrection. Tel est le tableau que dresse S. Lafage pour le français écrit et parlé dans le sud du Togo (1985 : 93) où l'ewe, vernaculaire et véhiculaire, occupe par rapport au français une position semblable à certains égards à celle du sango en Centrafrique. Il serait bien sûr intéressant de déceler d'éventuelles divergences dans les effets déterminés par des situations apparemment comparables et d'en rechercher les causes : le français châtié tel qu'il est pratiqué à Cotonou n'est pas nécessairement identique à celui de Bangui.

Un autre objet d'étude pourrait être le français tel qu'il est parlé "entre amis". Poutignat et Wald (1979 : 220) ont décrit cet usage, propre à des gens (des "lettrés") qui, en vertu de leur statut social, sont censés avoir une exacte connaissance de la norme et qui se trouvent par la même autorisés à prendre avec elle, dans leur usage privé, quelques licences : "se libère ainsi un espace hors du champ fonctionnel du français, où le rapport à la norme est en quelque sorte second, mis entre parenthèses à l'intérieur du groupe parce que subsumé sous leur identité commune". Cet espace de liberté est doublement limité, par le risque de se déconsidérer, donc de s'exclure, par des manifestations trop patentes d'incompétence grammaticale, et par celui de s'isoler du groupe en faisant montre hors de propos d'une virtuosité qui serait imputée au désir immodéré de se faire valoir. Il serait fort instructif d'examiner ce qui se passe, du point de vue de la langue, à l'intérieur de cet espace : quels sont les traits démarcatifs qui définissent les seuils de tolérance au-delà desquels on pèche par excès ou par défaut ? Dans quels domaines, phonétique, morphophonologique, syntaxique, sémantique, la variabilité s'exerce-t-elle ? Dans quelle mesure s'établit-il des habitudes ou des conventions de langage qui pourraient constituer l'amorce d'une verna-cularisation ? S'il est un français centrafricain dont les caractéristiques ne soient pas seulement déterminées par la pression de la norme et par les inévitables imperfections d'une langue apprise, c'est probablement là qu'il convient de le chercher.

Il reste ce que nous avons appelé le français utilitaire, celui auquel on a recours par nécessité plus que par choix, pour comprendre et être compris. C'est celui qu'utilisent les "non-lettrés" et les "semi-lettrés", par obligation professionnelle surtout, là où le sango est inopérant. Cette variété de français, où qu'on la rencontre, a généralement mauvaise répu-tation ; elle décourage à la fois les enseignants qui en décèlent la conta-gion dans l'usage scolaire de leurs élèves sans savoir comment en neu-traliser les effets, et les linguistes dont les outils d'analyse sont sans prise sur cette matière fluctuante et hétérogène. S'agissant du français parlé par "la majorité de la population centrafricaine", L. Bouquiaux (1969 : 64) le définit comme une langue "qui est à peu près, la transposition du sango avec un vocabulaire de base [c'est-à-dire fort limité], une syntaxe souvent calquée sur celle du sango et une morphologie rudimentaire". La seconde caractéristique mériterait un examen attentif : si réellement la syntaxe sango réapparaît dans le discours spontané des locuteurs non-lettrés, on devrait probablement constater une différence entre le français des ruraux, pour qui l'emploi du sango est occasionnel, et celui de citadins, qui en font un usage quotidien, et corrélativement chez ces derniers une certaine régularité dans le choix des constructions syn-taxiques. La très mince documentation dont nous disposons ne nous permet pas d'en juger. Les deux autres caractéristiques, en revanche, sont banales en ce sens qu'elles s'appliquent, pour autant que nous puissions en juger, à toutes les attestations de cette forme de français, où que ce soit en Afrique (*cf.* Lafage, 1985 pour le Togo ; Manessy, ci-après, II, 7. pour le Cameroun ; Prignitz-Ouedraogo, 1982 pour le Burkina-Faso). Il s'agit tout d'abord de l'abondance des mots "passe-partout" (W. Bal, 1975), de termes couvrant un champ sémantique étendu (comme "faire", "gagner", ou encore "manière" cité par Bouquiaux) et qui sont diversement combinés de telle sorte que la désignation est construite par périphrase dans l'acte même de discours. La "morphologie rudimentaire" répond à l'exigence d'univocité (Hjelmslev, 1938 : 284), d'exacte correspondance entre le signifié et un signifiant invariable et par là-même d'autant plus facile à identifier et à conserver en mémoire ; ainsi se trouve justifiée en particulier la préférence accordée à l'emploi de l'infinitif ou du participe passé (indistincts dans la première conjugaison). Ces traits, et beaucoup d'autres encore ressortissent à ce que nous appelons la fonctionnalisation de la langue, soit un ensemble de processus qui tendent à en accroître l'efficacité communicationnelle, au moindre coût pour le locuteur comme pour l'auditeur. Cette optimalisation n'est partiellement atteinte que dans les variétés pidginisées, au prix d'un appauvrissement stylistique extrême. On a d'autant plus de peine à en déceler les effets dans le français populaire africain que celui-ci n'est jamais tout à fait à l'abri des pressions de la norme, que celle-ci se manifeste par des réminiscences scolaires ou par l'imitation d'usages tenus pour prestigieux : ainsi dans cet échantillon recueilli à Bouar par P. Wald "très caractéristique du français appris sur le tas" : "ce c'étais depuis longtemps / mais ce que je viens parce que ce pas moi seul qui vient c'est ma mère qui vient / et puis ma mère mais elle m'amène ici / et puis je grandis / ce n'est pas moi qui penser pour venir ici / mais je suivre ma famille / et quand je serai grand je essayer de travailler moi-même je tenter le travailler comme ça / hein comme ça". Ce texte, malgré sa brièveté, illustre la combinaison, en proportions infiniment variables selon les locuteurs et les moments, de formes et de constructions "correctes" ("c'est ma mère qui...", "ce n'est pas moi qui...", "je grandis...", "quand je serai grand...") et de traits basilectaux ; le "ce" explétif ("ce c'étais depuis longtemps mais ce je viens") est très probablement la marque d'assertion qu'on trouve fréquemment ailleurs en petit-français sous la forme "c'est" ou "c'est que" (Manessy-Wald, 1984 : 32) ; la modalité temporelle est indiquée une fois pour toute en début de phrase ("c'était depuis longtemps") et toutes les expressions verbales qui suivent sont en fait aoristiques, qu'elles portent la marque du présent ou celle de l'infinitif, à l'exception de "quand je serai grand" qui est un bel exemple de futur dans le passé (le locuteur est âgé de 35 ans) ou plus exactement d'ultérieur, car il n'a de sens que par référence au segment précédent ("j'ai suivi ma famille, et plus tard, une fois devenu grand...") ; "je tenter le travailler" se justifie par la double valence prédicative et substantive qui, à ce niveau de compétence, est reconnu à un grand nombre de lexèmes. On est ainsi tenté de définir le français populaire africain comme un compromis instable entre une variété quasi-pidginisée du français (dont le français d'Abidjan serait la meilleure approximation connue) et les usages imposés par la norme scolaire. Cette interprétation n'est probablement pas fausse, mais il n'est pas sûr qu'elle soit suffisante et ne corresponde pas à une vue trop étroitement "gallocentrique" du problème. Si l'on prend pour référence non le bon français tel qu'il est censé être transmis à l'école, mais le français tel qu'il est pratiqué en Afrique par des locuteurs compétents, la dichotomie entre lettrés et non-lettrés s'estompe ; non pas, certes, que l'on trouve dans le parler de l'élite rien de semblable aux écarts que nous venons d'examiner, mais il y a dans la manière d'utiliser la langue quelque chose qui confère au discours africain, à quelque niveau qu'il se situe, une certaine spécificité dont l'analyse grammaticale ne paraît pas devoir rendre compte.

## FAITS DE PAROLE

Un moyen de discerner ce que peut être ce quelque chose est d'inverser la question et de se demander ce qui peut justifier l'imputation d'inauthenticité souvent portée par les locuteurs compétents de langues africaines sur le discours des acculturés. Un bon spécimen de ce dernier est fourni par le fransango, ou franc-sango des étudiants de Bangui auquel M. Wenezoui-Déchamps a récemment consacré une étude déjà évoquée. Il semble bien que, du moins dans l'usage de ces derniers, le fransango constitue, comme le "kinyafrançais" signalé au Rwanda par J. Garafanga (1987), un registre familier du français ("la variété non-standard du français", dit Garafanga)[4] ou qu'il soit perçu, d'un autre point de vue comme du sango de francophones. Il serait probablement vain de prétendre opter pour l'une ou l'autre de ces deux définitions : on ne gagne rien en sociolinguistique à traiter les langues comme des entités discrètes ; elles ne sont telles que pour le linguiste qui construit son objet par un effort d'abstraction méthodologique, mais les frontières tendent à s'effacer dans l'usage que les bilingues font de leur répertoire et il est des situations où, comme le suggère P. Gardner-Chloros (1987), la règle conversationnelle pourrait bien être : "si tu partages deux langues avec ton interlocuteur, mélange-les à ta guise dans les limites du compréhensible". C'est le résultat de ce mélange que M. Wenezoui-Déchamps (1987) désigne par le terme d'"interlecte", emprunté, semble-t-il, à L. F. Prudent. Les définitions qu'en donne ce dernier ne sont pas d'une parfaite limpidité : "un paquet de réalisations linguistiques d'une communauté qui reconnaît peu ou prou deux langues de statut inégal" (1982 : 38) ou plus précisément, s'agissant de la zone interlectale : "l'ensemble des paroles qui ne peuvent être prédites par une grammaire de l'acrolecte ou du basilecte" (1981 : 31). Il s'agit en tout cas de quelque chose d'intermédiaire entre les deux langues en question. Dans le cas des étudiants banguissois, ce langage intermédiaire comporte soit une alternance d'énoncés ou de segments d'énoncés en français et en sango, soit des énoncés "dans lesquels les mot français sont présents et portent les marques morphologiques du sango" (Wenezoui, 1988 : 97) : soit pour les noms les marques **á**- du pluriel et **nî** (postposée) de détermination, pour les verbes **kè** préposé, à l'inaccompli, **awè** postposé, à l'accompli, voire même le dérivatif **-ngɔ** qui forme en sango des "participes" ; la forme verbale française infinitive employée en fonction prédicative est régulièrement précédée du pronom sujet apposé **à** obligatoire en sango. L'utilisation des mots français ne répond apparemment pas au souci de pallier les insuffisances du vocabulaire sango et d'ailleurs ils ne s'y incorporent pas : "l'usage des mots français se limite à la durée de l'acte de production langagière et l'usage de mots français intégrés dans la langue est rare" (Wenezoui, 1987 : 2). Tout est fait, semble-t-il, pour que ces termes français soient reconnus pour tels : les verbes modaux sont fléchis en français : "**mɔ̀ doit**", "**mɔ̀ devrais**" (tu dois, tu devrais). Les calques sont nombreux. Il est vraisemblable qu'un tel discours est partiellement inintelligible à un sangophone unilingue ; mais serait-il épuré de

---

[4] Il n'y a pas contradiction entre cette formule et celle que nous avons empruntée plus haut à P. Wald ("le français registre châtié du sango"). Cette dernière concerne le statut respectif des deux langues chez les locuteurs "ordinaires" ; il s'agit ici du groupe restreint de "l'élite francophone".

ces emprunts directs à la langue seconde qu'il le demeurerait probablement, car son armature même est empruntée à celle-ci. M. Wenezoui (1988 : 98) constate que dans le corpus étudié, les deux tiers des énoncés mixtes commencent par un mot français ; il s'agit le plus souvent (7 fois sur 9) de termes servant à introduire le discours ("mais", "et puis", "bon", etc...) éventuellement utilisés comme "mots-charnières" : "Bien souvent, ils servent au locuteur pour clarifier sa pensée, apporter des précisions", c'est-à-dire, pensons-nous, pour adapter le message à la situation d'énonciation. Le sango dispose de mots équivalents (7 expressions sont citées), mais il n'y est apparemment guère fait appel. Il semble que s'institue une sorte de complémentarité : le message est construit en sango, par application des règles grammaticales de la langue, mais il est actualisé, mis en œuvre, énoncé par référence au français et au moyen des procédés procurés par celui-ci. Le fransango (ou du moins cette forme de fransango) est du sango parlé "à la manière française". Mme J. Gerbault a interrogé en 1988, 174 personnes représentatives de la population de Bangui sur leur perception de la variation, de l'évolution et de la correction de la langue sango ; elle note que 84 % de celles-ci "estiment que le sango des personnes ayant été à l'école n'est pas le même que celui des personnes qui n'y ont pas été. De plus, 61 % des étudiants (Gerbault, 1987) croient pouvoir deviner le niveau de scolarisation de quelqu'un suivant sa manière de parler sango. Ceci n'est pas surprenant, si l'on considère que la fréquentation de l'école met en contact des enfants de milieux et d'origine ethniques différentes, et que la pratique du sango à l'école, avec l'apprentissage du français langue seconde, aurait un impact sur le vocabulaire et la construction des énoncés de ces locuteurs" (Gerbault, 1988). On trouve peut-être là, sur un plan plus général, la réponse à une question posée par B. Makeli (1983 : 8) pourquoi utilise-t-on le discours mixte "même lorsque la communication a pour destinataires des personnes monolingues ?". Boguo Makeli observe que dans ce cas, il n'y a pas d'intercalation dans le discours de phrases construites dans la langue 2, mais insertion de termes français comme *bon, donc, d'ailleurs, alors, parce que, enfin, c'est pourquoi*... Selon nous il ne s'agit pas pour le locuteur de suppléer une prétendue "carence lexicale ou syntaxique de la seule langue connue de ses auditeurs" puisque le phénomène se produit même lorsque le sujet de la communication ressortit à un domaine généralement exploité par la langue 1 (*ibid.* : 9). Il est plus vraisemblable que ce comportement s'explique par la perte, chez le locuteur acculturé des techniques d'énonciation propres à sa langue maternelle :  des étudiants mossi nous ont avoué être incapables de s'exprimer en moore sans employer des mots français et, a fortiori, de construire un exposé en situation traditionnelle "formelle".

Il est curieux de constater que l'interlecte franco-créole analysé par L. F. Prudent (1981) présente des caractéristiques tout à fait analogues à celles du fransango étudié par M. Wenezoui-Déchamps ; il comporte des "énoncés français non-problématiques", des "énoncés créoles grammaticaux", la combinaison des deux et l'intrusion de termes tels que "tandis que", "alors comme", "ah bon !", "paske" qui jalonnent le discours. Il s'agit d'une conversation entre une étudiante et une commerçante, l'une et l'autre martiniquaises et créolophones ; l'interprétation que donne Prudent de ce discours bâtard ne diffère guère de la nôtre : "l'obligation où se trouve la marchande de poisson de répondre à l'étudiante par un discours argumenté conditionne une formulation préalable de certaines propositions selon une rhétorique française avant qu'elle ne soit à même de l'assumer dans son vernaculaire". En d'autres termes, le message produit en créole dans une situation perçue comme ressortissant à l'univers socio-culturel "moderne" (il s'agit d'une enquête, "sans aucun masquage du magnétophone à cassettes", sur les sentiments des Martiniquais à l'égard du français et du créole) est coulé dans un moule énonciatif français. Le discours interlectal n'est donc pas l'effet d'une aberration passagère déterminée par un bilinguisme mal maîtrisé, mais la manifestation d'un processus qui se déclenche lorsque "les normes langagières et discursives" propres à une communauté linguistique viennent à être appliquées à un "matériau linguistique" d'autre provenance. R. Nicolaï (1988) à qui nous empruntons ces expressions y voit, dans une perspective diachronique, le principe de la contamination du songhay septentrional par les parlers touareg et du dendi par les langues voltaïques. Notre hypothèse est que ce pourrait bien être là un des principes de cette spécificité que nous avons cru devoir reconnaître au français africain.

Un début de preuve nous est fourni par l'expérience à laquelle s'est livré F. Gandon (1987) : il a fait entendre puis répéter à un usager du "français-façon" de Ouagadougou, "analphabète n'ayant avec les étrangers ou les Burkinabé d'un certain rang social que des contacts sporadiques" (un gardien de deux-roues âgé de 20 ans, de langue dioula), un récit en "français de Bouanga" dit par un lettré capable, lui, d'utiliser aussi bien la variété approximative que la variété standard de la langue 2. "Le coin de Bouanga" (Bouanga est l'âne, en moore) est le titre d'une chronique de l'hebdomadaire satirique *L'Intrus* rédigée, à l'imitation de la "Chronique de Moussa" d'*Ivoire-Dimanche*, en français populaire local. Le parler de Bouanga "reflète assez correctement le "français façon" utilisé à Ouagadougou" (*op. cit. :* 19) ; il est donc familier au sujet qui, sauf exceptions, identifie exactement les termes employés. En revanche, il apparaît clairement qu'il n'accède à la compréhension partielle du texte qu'au prix d'une reconstruction selon des principes fort différents de ceux qui en ont déterminé l'élaboration : "ses réactions face au texte scripto-oral témoignent d'une 'compétence' caractérisée par une réorganisation en profondeur du système de la personne, des relations entre énonciation et énoncé, de la phrase. Par surcroît le mode de signifiance 'sémantique' (E. Benveniste) apparaît comme lourdement déficitaire, comme si l'organisation du sens s'opérait de façon strictement indépendante de la logique narrative occidentale" (*op. cit.* : 20). Fr. Gandon signale, à propos de l'emploi dans le texte du "vous épistémique" (**cé sa parfin ti rentre d'abord vous souler tout lé monde**) "[la] propension générale du français d'Afrique noire à associer les actants de l'énonciation (ici le destinataire) à l'énoncé" (*ibid.* : 9) ; cette propension, chez le "façon-francophone", va jusqu'à substituer le **tu** au pronom de la 3e personne du singulier, comme s'il s'adressait directement aux protagonistes du récit (la femme de mauvaise vie et l'homme enamouré) au lieu de rapporter ce qui en est dit, usage interprétable, selon Fr. Gandon, par "la prééminence de l'instance d'énonciation qui se projette dans l'énoncé et participe directement à l'action rapportée" (*ibid.* : 15). L'autre caractéristique majeure de la restitution effectuée par le sujet non-lettré est l'interprétation du sens des mots non pas en fonction du contexte où ils sont insérés, mais par référence à la situation telle qu'il l'imagine et dans laquelle il s'est en quelque sorte transporté ; les expressions figurées, même usuelles ("lever marcher" au sens de "faire des démarches", voire "recourir aux marabouts" ; "casser la maison" pour "briser un ménage" ; "finir" postposé à l'expression verbale pour marquer l'accomplissement du procès) sont prises au pied de la lettre et servent à construire un scénario compatible avec l'expérience personnelle du locuteur (ce que Gandon appelle son "co-texte") mais qui n'a que de lointaines relations avec le contenu de la chronique. G. Prignitz opérant dans une tout autre perspective lors d'une enquête menée en milieu scolaire centrafricain sur l'expression et la compréhension des relations logiques entre propositions ou éléments d'un énoncé (français ou sango) constatait de même la nécessité de tenir compte pour l'interprétation des tests "des implicites culturels et psychologiques que sous-entend la situation de discours" (1979 : 10) et de la référence constante de ce discours aux circonstances qu'il évoque, expliquant ainsi la préférence accordée à la parataxe sur l'emploi de connecteurs perçus comme redondants.

La version française du conte ngbaka étudiée par P. Roulon (1972), donnée par un homme de 32 ans "qui a appris le français au village sans avoir jamais fréquenté l'école", présente des caractéristiques analogues : la structure énumérative du récit (les phrases sont juxtaposées sans mots de liaison) et son caractère allusif. Le thème en est un défi lancé par L'escargot (**mbɛ́ɛ̀mbɛ́**) à l'antilope (**mbòkò**) en réponse à une réflexion ironique sur la lenteur de sa marche : ils s'affronteront en une course d'endurance cinq jours plus tard. L'escargot profite de ce délai pour échelonner des congénères tout au long du parcours, de telle sorte que l'un d'eux se trouvera nécessairement plus loin que l'antilope quand celle-ci, épuisée, devra s'arrêter. Ce dispositif est évoqué en une phrase : "le **mbɛ́ɛ̀mbɛ́** fait toute la famille" où 'faire' a sa pleine valeur générique[5]. Puis l'auditeur est placé d'emblée au cœur de l'évènement : "le **mbòkò** il a couru très loin. Le **mbòkò** y vous appelle **mbɛ́ɛ̀mbɛ́**: "**mbɛ́ɛ̀mbɛ́**!", "oui !" ; "**mbɛ́ɛ̀mbɛ́**" "oui" !"; "**mbɛ́ɛ̀mbɛ́** !" "oui !". Le **mbòkò** couru très loin. Le **mbòkò** il a tombé par terre. Le **mbɛ́ɛ̀mbɛ́** a dit : "**mbòkò** mon enfant, tu n'es pas assez couru avec moi". Cet extrait est la traduction quasi littérale du texte ngbaka : le "matériau linguistique" est français, mais le procédé narratif est proprement africain. Le même récit, dans la bouche d'un autre locuteur âgé de 26 ans et qui a fréquenté quelque peu l'école comporte tout le lourd appareil des mots "balises" ou "charnières" (*bon, d'après, maintenant, depuis, voilà*) et le mélange de constructions approximatives, de calques interférentiels et de formes correctement fléchies propre au français des semi-lettrés. Quant à la version procurée par un élève du C.E.2 (13 ans), énoncée au présent de narration, elle est grammaticalement correcte à quelques détails près (une erreur dans la conjugaison du verbe "boire", des impropriétés de vocabulaire), mais il est impossible d'y retrouver le fil du récit, comme si l'enfant avait dû choisir entre raconter l'histoire (ce qu'il aurait certainement été capable de faire s'il s'était exprimé spontanément) et produire du bon français.

## SÉMANTAXE

Cette apparente incompatibilité entre la forme et le contenu met en cause une autre caractéristique de ce "bon français" : son inaptitude maintes fois affirmée à rendre compte exactement, en dehors du domaine de la communication référentielle, de ce qui différencie les civilisations africaines de la civilisation "occidentale", et qui fait que celle-ci, trans-

---

[5] Voir l'article "Faire" dans l'*Inventaire des particularités lexicales du français en Afrique noire* (AUPELF-ACCT, 1983 : 182-184).

posée dans celles-là, cesse d'être identique à elle-même. Le sentiment de cette inadéquation nourrit la revendication d'un français "africain", voire national, et justifie le travail de remaniement que certains écrivains effectuent sur la langue littéraire. C'est en général à la complexité du code linguistique, à la précision de l'inventaire des catégories grammaticalisées, à l'étroite spécification des relations syntaxiques admises que l'on impute cette rigidité de la langue française ; celle-ci aurait atteint, à l'instar de certains organismes, un degré de spécialisation tel qu'il la rendrait incapable de s'adapter à un autre univers conceptuel que celui dans lequel elle s'est constituée. Réciproquement, les langues africaines seraient mal armées pour rendre compte de modes de pensée "modernes". Boguo Makeli (1983 : 9) y voit l'explication de certaines attestations déconcertantes du discours mixte : "Dans certains cas, même s'il existe effectivement un désir de communiquer, le locuteur fera quand même usage de mots étrangers et du discours mixte dont le sens peut totalement échapper à ses auditeurs. Le locuteur bilingue s'y voit astreint par la carence lexicale ou syntaxique de la seule langue connue de ses auditeurs. Il faut supposer, dans ce cas, que le sujet de la communication relève du domaine de la vie moderne qui réclame des précisions linguistiques et une formulation inconnues de la langue 1". Cette opinion est apparemment partagée par les étudiants centrafricains interrogés par Mme Gerbault (1988 : 26) : l'enquête "indique... que la difficulté qu'éprouvent les étudiants à parler sango sans utiliser de mots français est due au fait que certains concepts ne peuvent être exprimés en sango (60,17 % d'entre eux ont donné cette réponse)". De telles observations, très probablement exactes, n'autorisent pas à verser dans un déterminisme excessif. Il paraît normal qu'un locuteur puise dans les variétés de son répertoire les formes linguistiques les plus propres à exprimer ce qui lui vient à l'esprit. En revanche, rien ne permet d'affirmer que la réflexion d'un unilingue soit à ce point canalisée par les structures de sa langue que les conclusions en deviennent dans une certaine mesure prévisibles, comme l'implique par exemple la doctrine de Whorf. Le corollaire d'une telle thèse est évidemment que le changement de langue, la substitution d'un code à un autre, ouvre à la pensée des voies nouvelles. C'était là le principe même de la politique linguistique coloniale qui évaluait le progrès des lumières au nombre des francophones. Dans les faits, la corrélation n'a pas toujours été évidente. Nous serions tenté de rechercher la clé de l'énigme très en amont, dans les processus cognitifs qui président à la mise en forme et à l'organisation de l'information et que ne saurait suffire à mettre en cause une substitution de codes linguistiques. Des professeurs de mathématiques ivoiriens, intrigués par la difficulté qu'éprouvaient leurs élèves à maîtriser les notions de "plus que" et "moins que", et cela jusqu'à un niveau de compétence scolaire relativement élevé, se sont intéressés au mécanisme de la comparaison en français et dans les langues africaines "de substrat". Il est apparu d'une part que ces langues ne comportaient pas de catégories morphologiques analogues à notre "comparatif" ou à notre "superlatif" et qu'elles usaient de moyens syntaxiques et lexicaux, et d'autre part que le principe même de l'évaluation comparative était fondamentalement différent de celui qui nous est familier. S'appuyant sur des énoncés en baoulé, en pidgin-english et en français populaire ivoirien, J. Timyan (1982) a montré de façon très claire en quoi consistait cette différence. Nous situons les deux termes de la comparaison, A et B, sur un axe orienté du "moins" au "plus" ; A peut occuper par rapport à B trois positions : il peut se trouver du côté du "moins" (comparatif d'infériorité : A est moins beau que B), du côté du "plus" (comparatif de supériorité : A est plus beau que B ou au même point que B (comparatif d'égalité : A est aussi beau que B). En baoulé, l'un des termes est pris pour origine de l'axe d'évaluation et il ne peut y avoir par rapport à lui que deux positions : coïncidence (A vaut B en beauté) ou dépassement (A l'emporte sur B en beauté). Pour marquer l'infériorité de A sur B en la matière, il faut inverser soit l'ordre des termes comparés (B l'emporte sur A en beauté), soit la valeur de référence (A l'emporte en laideur sur B). J. Timyan précise que ce procédé est attesté "dans la plupart des langues ivoiriennes" (*op. cit.* : 112) ; il aurait fallu, pour pouvoir généraliser, évoquer une autre tournure, attestée par exemple en senoufo (langue voltaïque), mais qui ressortit à la même logique : A est beau (ou laid) par rapport à B. Les langues ivoiriennes sont nombreuses (une soixantaine) et appartiennent à quatre groupes génétiques (et typologiques) distincts : kru, kwa, voltaïque et mandé ; mais elles sont en contact, et probablement depuis fort longtemps : on pourrait à la rigueur invoquer une "aire d'affinité". Par prudence, nous avons effectué un sondage sur des langues tout aussi diverses et géographiquement beaucoup plus éloignées : le margi, langue tchadique du Nigéria septentrional, le peul, langue ouest-atlantique, dont l'aire clairsemée s'étend sur toute la zone sahélienne, de l'Atlantique au lac Tchad, le swahili, langue bantou d'Afrique orientale, le ngbandi et le sango, langues oubanguiennes, le mandingue (bambara-malinké-dyula) d'Afrique occidentale. L'inventaire demeure identique et tout aussi limité : X est grand quant à Y ; X est grand, surpasse Y ; X l'emporte sur Y en grandeur ; X égale Y en grandeur. Il est remarquable que des gens utilisant des systèmes linguistiques largement incompatibles (il n'y a pas grand chose de commun entre le swahili et le mandingue, ni entre le baoulé et le margi) aient extrait des ressources offertes par la syntaxe et le lexique de leurs langues respectives les éléments nécessaires à la réalisation d'un modèle qui n'est certainement pas universel, mais qui paraît leur être commun. On a peine à imputer cette concordance au hasard, d'autant plus qu'elle se vérifie dans d'autres domaines. Nous avons tenté ailleurs (*cf.* 3e partie sous 10) de montrer qu'un certain nombre de traits qui confèrent aux langues africaines un certain "air de famille" pouvaient être imputés à une "sémantaxe" commune ou, plus simplement, selon l'expression de R. Allsopp (1977), à des manières africaines de voir les choses et de catégoriser l'expérience[6] : conception du temps et de la durée, importance de la distinction entre dynamique et statique, extension de la notion de parole (à la fois pensée, profération, action)[7], prééminence du générique sur le spécifique... Peut-être est-ce par des traits de cette sorte, plutôt que par un inventaire des coutumes, des croyances et des réalisations techniques que l'on pourrait définir une civilisation. Dans la mesure où le français, importé depuis plus d'un siècle, est devenu une des composantes de la civilisation de l'Afrique contemporaine, on doit s'attendre à ce qu'il reflète à quelque degré la "manière africaine de voir les choses". Un certain nombre d'usages populaires peuvent s'expliquer par là : l'emploi de "que" pour expliciter la "parole" d'autrui (qu'il s'agisse d'une déclaration, d'une intention ou d'une simple arrière-pensée), l'abus de verbes vagues ("faire", "gagner") ou ambigus ("prêter", "pardonner") spécifiés "en surface" par le contexte, l'indistinction du futur et de l'éventuel. Il est possible d'autre part que le sentiment d'"inadéquation" que l'on éprouve parfois à l'audition du discours de certains francophones, discours au demeurant grammaticalement et lexicalement irréprochable, tienne non seulement à la discordance des présupposés socio-culturels (*cf.* Lafage, 1984), mais au fait qu'il a été conçu et élaboré selon des principes différents de ceux qui nous sont familiers. Il y a là un mode d'appropriation difficile à déceler, dont le locuteur ne saurait sans

---

[6] "There are Africain (and a priori non-European) ways of looking at things, or categorizations of sense-data at a very deep level, which are reflected linguistically, that is which surface in native language speech chain in a number of non-contiguous Africain cultures".

[7] La valeur "performative" de la parole est attestée selon Nazam Hallaoui (1983 : 77) par un usage fréquemment constaté chez les locuteurs de parlers mandingues : "l'utilisation par le locuteur du prédicatif verbal indiquant un accompli [yé] pour désigner une action en train de s'accomplir ou, paradoxalement, une action dont l'accomplissement est seulement projeté et n'a pas encore commencé". Le féticheur qui requiert l'aide de son fétiche, le pieux musulman qui récite une bénédiction, le conteur qui prononce la formule liminaire de son récit, le négociateur qui cède aux exigences de son interlocuteur emploient ainsi l'accompli, l'énonciation étant tenue pour indissociable de l'action.

doute avoir une conscience directe, mais dont il perçoit la nécessité par la constatation même de l'inaptitude de la langue importée, telle du moins qu'elle lui a été transmise par l'école, à rendre exactement compte des démarches de sa pensée.

## PRONOSTIC

S'il est difficile de définir ce qui fait l'originalité du français d'Afrique par rapport au français de France et aux autres variétés régionales, c'est que le produit de surface résulte du cumul de particularités qui se situent elles-mêmes à des niveaux différents de la langue et qui ne sont pas justifiables du même traitement, didactique ou épilinguistique. Lorsque des élèves de 2e C demandent s'il y a une différence entre les expressions "au moins" et "au plus" et, si oui, laquelle (Koehl, 1983 : 134), c'est là certainement un problème pédagogique, mais auquel les exercices structuraux ou toute autre technique d'enseignement de la langue n'apporteront pas de solution. Il en va probablement de même pour la confusion entre "il mangera", et "il mangerait" qui n'est point une simple affaire de conjugaison, mais bien de signifiés, distincts pour le locuteur "métropolitain", indifférenciés dans la conception qu'ont nombre de locuteurs africains du futur : non pas projection du présent dans l'avenir, mais simple potentialité. Il se trouve d'autre part que ce français est parlé par des Africains porteurs d'un patrimoine culturel qui nous est difficilement accessible et que nous devons nous attendre à ce que les procédés de mise en fonctionnement du code linguistique obéissent à des conventions différentes des nôtres et par là-même déroutantes, mais non pas illégitimes. Tout ceci est vrai de l'ensemble des variétés de français pratiquées en Afrique. S'il est une spécificité nationale, un ensemble de caractéristiques propres par exemple au français centrafricain et qui le distingueraient d'autres formes de la langue utilisées dans d'autres états, c'est au niveau sociolinguistique qu'elle se situe, dans le statut qui lui est reconnu et dans les relations qu'il entretient avec d'autres langues inscrites dans le même répertoire. Il se trouve qu'en Centrafrique le français, pour demeurer efficace, doit être aussi proche que possible du modèle scolaire. Il en résulte que selon toute vraisemblance, on constatera chez tous les locuteurs, en proportions variables selon leur degré de compétence, un mélange de formes exactes, approximatives, voire basilectales, et hypercorrectes ; il manque au français centrafricain l'exutoire qui s'est offert au français populaire ivoirien : la légitimité d'un emploi strictement véhiculaire qui tend à autoriser l'instauration d'une contre-norme (le "français de Moussa") et à organiser le continuum entre deux pôles définis. Il ne semble pas qu'il y ait d'emploi vernaculaire du français hors des "groupes de pairs" constitués par des lettrés ni que cet usage ait chance d'excéder les limites de ce cercle étroit puisque tout l'espace qu'il pourrait éventuellement occuper l'est effectivement par le sango, lui-même en voie de "normalisation" — la normalisation étant, selon l'école sociolinguistique catalane, la phase ultime de résolution du conflit entre une langue jadis dominante et une langue dominée en voie d'émancipation (Kremnitz, 1981). Le français en Centrafrique est dans une phase de transition ; la place qui lui est faite dans l'éventail des variétés dont dispose la communauté linguistique en voie de formation est de plus en plus réduite. Par un curieux retour des choses, il est en passe de subir le même processus de "fétichisation" (Gardy-Lafont, 1981 : 76) qui affecte en France les langues minorées : il s'agit moins, pour ses usagers, de s'en servir à des fins pratiques que de l'exhiber, de le faire fonctionner avec virtuosité conformément à l'image idéale ("la langue de Voltaire et de Rousseau") qu'en propose l'école. On peut prévoir le temps où, sans qu'il soit besoin d'aucune décision gouvernementale, le français sera devenu une langue étrangère, affectée à des tâches précises et limitées, et où il ne conservera, au sein de la communauté centrafricaine, que la fonction fragile d'attribut du pouvoir. Du moins la tâche des enseignants s'en trouvera-t-elle simplifiée : elle ne sera plus foncièrement différente de celle qui incombe à tous ceux qui doivent initier des élèves aux langues vivantes et aux civilisations étrangères.

D E U X I È M E   P A R T I E

# CORPUS

# 5.

# Le français d'Afrique noire, français créole ou créole français ? [1]

**1.1.** — Le français d'Afrique noire est pour le linguiste un objet étrange dont l'existence, affirmée par de nombreux auteurs et rarement mise en doute (Duponchel, 1974a, 1974b), paraît évidente à distance, mais dont la substance s'évanouit dès qu'on prétend la définir et l'analyser. Il est indubitable que les variétés utilisées en Mauritanie (Blachère, 1972), au Sénégal (Blondé, 1977), en Côte d'Ivoire (Roggero, 1970), au Togo (Lafage, 1976), au Cameroun (Hagège, 1968), en Centrafrique (Bouquiaux, 1969 ; Roulon, 1972), dans les anciennes possessions belges (Bal, 1975) et probablement dans la totalité des États francophones de l'Afrique subsaharienne présentent des ressemblances manifestes dont V. Y. Mudimbe (1976) a dressé un tableau sans complaisance : " (...) prononciation approximative, syntaxe réprimée, vocabulaire boursouflé ou supplicié, intonation, rythme et accent englués à l'écoulement de la langue originelle du locuteur africain ; en tout cas des "africanismes" phonétiques, morphologiques, syntaxiques et lexicaux". La formule est brutale, mais elle marque à la fois l'importance des modifications qu'a subi le français implanté en Afrique depuis moins d'un siècle (sauf au Sénégal, qui justement ne fait pas exception), en principe par voie scolaire, et d'autre part l'uniformité des effets (les "africanismes") de cette différenciation sur un territoire qui s'étend du rivage atlantique aux Grands Lacs. Ce dernier trait ruine d'avance toute tentative d'explication par un substrat vernaculaire dont la diversité est extrême. On a invoqué souvent l'action unificatrice d'un français colonial propagé par les agents subalternes, militaires, administratifs et commerciaux, de la colonisation (Caprile, 1979 ; Roggero, 1970 : 126) ; ce "français vulgaire" a en effet été très couramment employé, avant l'indépendance, par les Européens, entre eux comme dans leurs rapports avec les indigènes, et il se perpétue sur les chantiers et les plantations

---

[1] *Langue française*, 1978, n° 37, pp. 91-105.

(Duponchel, 1971c : 17) ; son apport paraît être surtout lexical (*bouffer, foutre, démerder*), sa structure grammaticale demeurant celle du français parlé et ne comportant pas les particularités de la variété africaine. Un autre principe d'explication fonde les travaux des Instituts de Linguistique Appliquée : les écarts constatés résultent pour une part d'interférences, soit avec les langues maternelles, pour les plus singulières, soit avec les grandes langues véhiculaires locales. D'autres sont dues à la complexité des règles de la grammaire française qui en rend l'apprentissage difficile pour tous les étrangers, Africains ou non. Enfin les méthodes pédagogiques elles-mêmes, à peu près partout semblables, seraient génératrices d'erreurs communes : la langue enseignée est, selon une expression très répandue en Afrique, "la langue de Voltaire", c'est-à-dire une variété littéraire depuis longtemps désuète dans l'usage courant, et l'enseignement consiste en un discours sur cette langue plutôt qu'il ne tend à l'acquisition de mécanismes de production. Ainsi L. Duponchel (1971a : 35) impute-t-il à l'intérêt excessif porté en classe aux "familles de mots" la prolifération des verbes dénominatifs : *gréver* (faire grève), *torcher* (éclairer avec une torche électrique), *flécher* (percer d'une flèche), *enceinter* (engrosser), qui sont panafricains ; à trop insister sur les procédés de dérivation, on laisse croire aux élèves que celle-ci est libre, et que la compatibilité grammaticale entre radicaux et affixes n'a d'autres limites que celles qu'imposent leurs sens respectifs.

**1.2.** — Il est vraisemblable que, dans chaque cas particulier, l'une ou l'autre de ces interprétations, ou plusieurs à la fois, sont recevables. Ainsi *cadeauter* et *gréver* sont probablement des formations analogiques, calques ou "artefacts" scolaires, mais le premier appartient aussi à la langue populaire du XIXème siècle et le second est considéré par J. Blondé (1976 : 16) comme l'effet d'une interférence indirecte : réinsertion dans le français du Sénégal d'un équivalent du wolof *gerew*, lui-même issu de français "grève", mais investi, selon la règle générale en wolof, d'une double valence verbale et nominale. Nous admettrons volontiers avec C. Hagège (1968 : 121 et 129) que "des motivations différentes peuvent conduire à un résultat identique" et que le linguiste doit demeurer conscient "de la complexité des faits de langue et de la non-unicité des raisons qui en rendent compte". Il n'en reste pas moins remarquable que des "motivations" si diverses aboutissent à des résultats pratiquement identiques en tous les points du domaine négro-africain, et même au-delà, à en croire notre auteur. Une telle uniformité ne peut pas être imputée à des convergences de hasard, ni à une quelconque "tendance" de la langue française, encore que les analogies parfois signalées avec d'autres français créoles (au sens littéral du terme) et même avec des créoles français (Lafage, 1976 : 627) ne laissent pas d'être troublantes. Le principe de cette relative unité a été cherché dans une adaptation aux réalités socio-culturelles africaines : "Il est... bien compréhensible que le français utilisé dans un contexte socioculturel très différent de son contexte d'origine ait subi un certain nombre de transformations tendant à l'adapter aux besoins de communication des sociétés africaines" (Blondé, 1977 : 13). La proposition paraît raisonnable, mais peu explicite : il n'y est point précisé en quoi consistent ces besoins de communication, en quoi ils se distinguent de ceux de la communauté linguistique métropolitaine, ni comment les transformations constatées sont susceptibles de les satisfaire. Le phénomène n'est immédiatement intelligible que dans le domaine lexical, où la référence à des réalités différentes implique évidemment une réorganisation profonde des champs lexicosémantiques (Bal, 1975 : 342) ; il l'est beaucoup moins en ce qui concerne la grammaire, à moins qu'on ne se risque à établir un parallèle hasardeux entre "mentalités" et structures linguistiques. Notre propos est précisément de rechercher les facteurs communs aux différentes situations d'emploi du français en Afrique Noire et de tenter de montrer comment leur action détermine à la fois ce qui fait la singularité de ce parler par rapport aux autres dialectes du français central et les affinités qu'il présente à l'égard des créoles qui en sont issus.

**2.1.** — La difficulté qu'on éprouve à décrire le français d'Afrique provient pour une bonne part de ce qu'on le considère par hypothèse comme l'équivalent du français belge, romand ou canadien, alors qu'il se présente dans la réalité comme un continuum dont un des pôles est la langue très pure de nombreux écrivains ou intellectuels africains et dont l'autre se perd souvent dans une zone indécise où l'on a peine à distinguer ce qui est la réalisation approximative des structures françaises de ce qui ressortit aux langues de substrat (Duponchel, 1974b : 13 ; Bouquiaux, 1969 : 64 ; Makouta-Mboukou, 1973 : 73). L'étude de ce continuum par les méthodes qui ont été appliquées aux situations "post-créoles" (Bickerton, 1975) reste à faire. Nous ne nous y hasarderons pas ici. Notre point de vue étant plus étroitement sociolinguistique, nous prenons pour appui une distinction proposée par W. Bal (1975 : 340) et fondée sur le mode d'introduction du français en Afrique noire : "Celui-ci a été double : *importation et superposition.* J'entends par *importation* d'une langue en territoire alloglotte la constitution d'îlots linguistiques et par *superposition,* le fait qu'une langue étrangère soit amenée à assurer, dans une société donnée, l'exercice de certaines fonctions considérées comme supérieures, telles que la fonction politique, juridique, administrative, didactique, scientifique, technique, etc.". Il ne fait aucun doute que le français, langue officielle, langue littéraire et langue d'enseignement (quoique son monopole dans ce dernier domaine commence à être contesté) dans la totalité des États africains francophones soit une variété "superposée" ; la relation qu'il entretient avec les langues locales n'est cependant pas partout la même. Il peut s'agir d'une stricte diglossie telle que l'évoque W. Bal, c'est-à-dire d'une répartition des fonctions qui n'autorise guère de chevauchements : les circonstances de la communication désignent sans ambiguïté au locuteur bilingue ou plurilingue la variété qu'il doit choisir dans son répertoire, le français en classe, au tribunal, dans les boutiques élégantes ou dans les bureaux de l'administration, telle langue de communication interethnique au marché ou dans les réunions publiques, l'idiome de son village en milieu coutumier. Une telle complémentarité fonctionnelle favorise en principe chez le locuteur la constitution d'un bilinguisme coordonné "qui se caractérise par le taux restreint de l'interférence et, du point de vue psychologique, par le traitement des deux codes comme systèmes de références séparés" (Wald, 1973 : 39). Le français employé dans ces conditions ne s'écarte le plus souvent du bon usage métropolitain, sur le plan grammatical, que par un excès d'exactitude dans l'emploi des modes et des temps, et n'est réellement marqué, comme l'est tout français régional, que par des habitudes de prononciation et un vocabulaire particuliers. Les premières ont fait l'objet d'innombrables descriptions destinées à fonder des exercices d'orthoépie : neutralisations indues d'oppositions phonologiques, notamment entre voyelles arrondies et non-arrondies ; réalisations phonétiques insolites ; syllabation "ouverte" favorisant la mise en relief de voyelles normalement élidées ; transposition fréquente des schèmes tonals ou accentuels de la langue maternelle, qui modifie profondément l'intonation. Les singularités lexicales ne s'expliquent pas toutes par la "néologie de nécessité" : sans doute le vocabulaire "central" n'offre-t-'il pas d'autre ressource que la périphrase pour nommer par exemple le *néré*[2], mais beaucoup d'étudiants africains sont surpris d'apprendre à leur arrivée en France que *canari* désigne autre chose qu'un pot, qu'un *gendarme* n'est pas un

---

[2] Sorte d'acacia très commun ; dans de nombreuses langues africaines, la pulpe jaune de ses gousses sert de référence pour désigner la couleur en question ; ses graines fermentées sont utilisées pour la confection d'un condiment appelé "soumbala".

petit oiseau et que *quitter* ne signifie pas exclusivement "abandonner ses études".

**2.2.** — La situation est tout autre là où le français se trouve, dans certaines de ses fonctions du moins, à égalité de statut, donc en concurrence de fait, avec une ou plusieurs langues locales. M. Calvet, arrivant au Cameroun après avoir longtemps dirigé le Centre de Linguistique Appliquée de Dakar, se déclarait surpris "par la qualité du français pratiqué entre eux par les Camerounais même de condition modeste", affirmant d'autre part que "le français pratiqué par les élèves sénégalais à tous les niveaux est bien moins correct (car grevé de multiples interférences négatives) que le français des élèves camerounais" (communication personnelle). La compétence des instituteurs sénégalais n'est pas ici en cause, mais le Cameroun compte deux cents langues dont aucune n'est dominante, alors que huit Sénégalais sur dix comprennent et probablement emploient le wolof, et cela dans de nombreuses circonstances de la vie publique où l'usage du français est également possible et serait ailleurs requis. Ainsi que le remarque E. Haugen (1977 : 76) : " (...) bilinguals whose contacts alternate between monolingual communities have a stronger motivation to approach the norms of those communities than those who form bilingual communities of their own. The latter know that they will be undestood in either language and are hence less motivated to maintain traditional norms. Code switching will therefore be more common, whether unconscious through simple forgetting or conscious for stylistic purposes. Switching in turn reacts on the speakers' competence by causing them to disregard the marking ("tags") that distinguish the languages, i.e. the language norms will converge". Les effets de cette concurrence varient pourtant, en Afrique du moins, en fonction du statut social des locuteurs, de leur profession, du degré d'acculturation et donc de compétence en français que l'un et l'autre impliquent. Le respect de la norme ne présente pas le même intérêt selon qu'il atteste ou non la capacité à assumer le rôle revendiqué. Chez des sujets qui ont les meilleures raisons de conserver intacte leur aptitude à parler correctement le français se produit fréquemment, dans des situations qui n'exigent pas qu'une attention particulière soit portée à la forme du discours, une alternance qu'on désigne par le terme de "métissage linguistique" (Bal, 1976 : 21). Cette alternance n'est pas liée au choix du sujet, ni au style d'élocution, ni à l'attitude du locuteur vis-à-vis de son auditoire. Ce n'est pas non plus un fait de vocabulaire analogue au "franglais" décrit par Étiemble. Sans motif apparent, une phrase commencée en langue A se poursuit en langue B pour se terminer éventuellement en A, selon des modalités qui tiennent aux caractéristiques structurales de l'une et de l'autre, sans intention délibérée de la part du locuteur et souvent sans que l'auditeur y ait lui-même prêté attention. Ce phénomène est bien attesté au Sénégal, apparemment aussi en Centrafrique (Bouquiaux, 1969), et au Zaïre où quatre grandes langues "nationales", le kikongo, le lingala, le ciluba et le swahili, sont employées concurremment avec le français, langue officielle, dans la plupart des cas où l'usage des idiomes vernaculaires n'est pas possible ou recommandé. On doit s'attendre à la constater partout où se rencontrent des conditions analogues. Pour autant que les travaux en cours[3] permettent d'en juger, ce "métissage", malgré son nom en l'occurrence fort impropre, n'implique aucune hybridation : les structures des langues alternantes ne sont pas affectées et le sujet qui en use habituellement demeure toujours capable, s'il le faut, de produire un discours cohérent en l'une ou l'autre des langues de son répertoire.

**2.3.** — Un tel exercice exige une dextérité dans le maniement des codes qui n'est pas à la portée de tous les usagers. Pour la plupart d'entre eux, le mélange ne dépasse pas le niveau de l'emprunt lexical et l'énoncé demeure homogène ; mais il présente des traits particuliers. Le plus frappant est sans conteste l'importance des interférences, signalée par M. Calvet (*loc. cit.*). Nous entendons par interférence, selon la définition proposée par L. Duponchel (1971b : 38) "tout phénomène de distorsion qui apparaît dans une langue donnée quand ce phénomène est dû à un contact de langues". Ces distorsions, constatées à tous les niveaux, phonétique, phonologique, morphologique, syntaxique, ne sont certes pas absentes dans le cas précédemment évoqué de stricte séparation des codes ; mais il ne semble pas qu'elles y jouent un aussi grand rôle (Lafage, 1985 : 547). L'équivalence fonctionnelle, en de nombreuses situations, du français et d'une langue africaine de statut analogue favorise au contraire le transfert des usages linguistiques et des schèmes structuraux d'un système à l'autre. Plutôt que convergences ( au sens où l'entend E. Haugen), il y a accommodation des normes, soit, chez l'individu, instauration d'un bilinguisme "composé" (Wald, 1973 : 39). Ces phénomènes ont été bien étudiés par les différents instituts africains de linguistique appliquée, et tout particulièrement par le Centre de Linguistique Appliquée de Dakar qui jugeait le problème urgent : " (...)

---

[3] Une thèse sur le métissage français-lingala a été soutenue en 1978 à l'Université de Nice par un chercheur zaïrois, M. Sesep N'Sial.

toutes les conditions [étant] réunies pour aboutir au Sénégal comme ailleurs, et à brève échéance, à une créolisation de la langue française, c'est-à-dire au Sénégal à une sorte de "franlof", mélange de français et de wolof, se répandant par les centres urbains, mais aussi par les écoles et par les maîtres qui n'hésitaient pas à se servir du wolof en classe, malgré les instructions coloniales toujours en vigueur, l'usage du wolof étant le seul moyen qui leur permît de communiquer avec leurs élèves." (Calvet, 1968 : 75). Parlant, du français d'Afrique en général, W. Bal dénonçait déjà en 1967 (p. 127) "les interférences, les contaminations, la formation d'un langage hybride, une sorte de processus de créolisation qui, hélas ! est déjà en train de se produire". Il est équitable de signaler que le processus n'est pas à sens unique et que, dans les circonstances évoquées, la langue africaine subit des distorsions tout à fait comparables à celles du français (Duponchel, 1971b : 40) et certainement beaucoup plus durables, car elles n'y sont évaluées que par rapport à leur efficacité dans la communication, alors qu'elles le sont, dans le cas du français, par référence à une norme : la langue scolaire telle qu'elle devrait être, c'est-à-dire conforme au modèle classique. Ce qui devient très rapidement en wolof et dans de nombreux parlers africains un fait de langue, parce que la variété "à interférences" est celle que parlent les "lettrés" qui participent au prestige des valeurs nouvelles, demeure en ce qui concerne le français un phénomène individuel et en principe transitoire. L'analyse ci-dessus présentée par M. Calvet a abouti à l'élaboration d'une méthode pédagogique destinée à prévenir et éventuellement à corriger les effets de l'interférence. Cette prédominance du modèle scolaire protège efficacement le français des lettrés contre les distorsions, ou plus exactement empêche la fixation de ces dernières en un usage qui pourrait se constituer en norme locale. La rançon en est un phénomène bien connu : le français est acquis comme un savoir plutôt que comme un instrument de communication, les élèves en trouvant de plus commodes dans leur propre répertoire. On a souvent observé que ceux-ci étaient beaucoup plus habiles à mener à bien une analyse grammaticale ou logique qu'à produire des énoncés. Le font-ils correctement que ces énoncés demeurent inadéquats, caractérisés par ce qu'on a appelé improprement la confusion des registres (Dumont, 1977 : 35 ; Roulon, 1972 : 156) et qui consiste plutôt en l'absence de ces derniers. Le sujet mêle avec la plus grande indifférence locutions littéraires ou poétiques et mots familiers, constructions syntaxiques complexes propres à la langue écrite et expressions "relâchées" caractéristiques du style oral. La persévérance des enseignants épure peu à peu cette langue trouble, au bénéfice principal, d'ailleurs, de la variété littéraire écrite ; l'élève, peu assuré de bien connaître les "exceptions", c'est-à-dire les contraintes qui pèsent sur l'application des règles grammaticales qu'on lui a enseignées, se réfugie dans l'imitation de tournures de bon aloi, authentifiées par l'usage des auteurs scolaires ou, parfois, par celui de personnalités prestigieuses, hommes politiques, vedettes ou écrivains. D'où l'abondance lassante des stéréotypes dans le discours de nombreux Africains. L'école, d'autre part, requise d'enseigner un "bon français", n'accorde que peu d'attention aux traits de prononciation, de grammaire, de lexique et de style qui, à l'intérieur de la communauté linguistique, définissent les formes de langage adaptées aux diverses situations de communication. Le français scolaire, le seul dont disposent les Africains que leur profession ou leur statut social ne mettent pas en contact fréquent avec des locuteurs "métropolitains" (français, suisses, belges ou canadiens), apparaît ainsi comme une variété certes non "créolisée" mais plate, rigide, chargée de formules, souvent entachée d'hypercorrection, utilisable seulement dans le petit nombre de situations où une langue châtiée, ou supposée telle, est exigible, et confinée pour le reste à des fonctions marginales : en Centrafrique où "le français, langue officielle, a une pratique courante extrêmement limitée", où "seule l'élite en fait un petit usage", et où son emploi hors de propos peut faire figure de provocation (Roulon, 1976 : 10), on ne l'utilise guère que sous sa forme écrite, ou bien en tant qu'ornement pittoresque, dans les chansons ou les échanges d'insultes, ou encore comme moyen de valorisation personnelle. Du point de vue du locuteur comme de celui de la communauté, le français demeure une variété "superposée".

**3.1.** — Les "îlots linguistiques" qu'évoque W. Bal dans le texte cité sous 2.1 ont été constitués par les établissements stables de la colonisation, missions, garnisons, postes administratifs, chantiers, plantations, exploitations minières ou industrielles, autour desquels se sont agglomérées des populations hétérogènes de catéchumènes, de recrues, de plantons, de commis, de commerçants, d'écoliers, de domestiques et de manoeuvres. Le "français importé" qui s'est répandu à partir de ces centres est fort différent de celui que nous avons examiné jusqu'ici et ses connotations sociales demeurent vivaces : "Le français phonétiquement et morphologiquement corrompu et sémantiquement divergent est le fait non de l'élite sociale et culturelle, mais de la catégorie sociale non instruite et en contact direct avec le Blanc : domestiques et main-d'oeuvre ouvrière" (Rubango, 1977 : 7). Cette définition sommaire a le mérite de résumer assez bien les caractéristiques de la variété en question. Elle est fondée non sur le modèle académique, mais sur le "français vulgaire" évoqué par L. Duponchel (1971c, *loc. cit.*), ou du moins sur le français parlé. Elle est acquise en tant qu'instrument de communication et non point comme un savoir scolaire, la catégorie sociale non instruite étant évidemment celle qui n'a été que peu ou peu scolarisée. Enfin cette variété est affectée à des fonctions particulières et bien précises : les relations avec les Européens et, dans certains cas, avec "l'élite sociale et culturelle", et donc intégrée (et non pas surajoutée) au répertoire linguistique de ceux qui l'emploient. Toutes les conditions se trouvent réunies pour en faire un objet propre à déconcerter des linguistes habitués à raisonner en termes de règles ou de structures. L'étiquetant "sabir franco-africain", L. Duponchel l'exclut du champ de la recherche : "Il ne relève selon nous ni de la linguistique négro-africaine, ni de la linguistique française. Son instabilité et son hétérogénéité enlèvent à la fois toute possibilité et tout intérêt à la description. Le trait dominant de ce "petit nègre" ou "petit-français" est d'être essentiellement fluctuant, et difficile à circonscrire autrement que par des traits négatifs : ce n'est ni français, ni négro-africain" (1974b : 11). "Instabilité" n'est peut-être pas un terme très bien choisi ; en 1904 déjà M. Delafosse observait qu'on n'obtenait pas du "petit-nègre" en "abîmant" au hasard le bon français et qu'il y avait des règles à respecter. Les caractéristiques principales qu'il décrit sont celles-là mêmes que S. Lafage (1985 : 405) relève dans le parler des "non-lettrés" au Togo et dont les pédagogues, un peu partout en Afrique, déplorent la résurgence dans le langage et les copies de leurs élèves : " (…) l'emploi des verbes à leur forme la plus simple (infinitif pour les verbes de la première conjugaison, participe passé ou impératif ou encore infinitif ramené à la 1ère conjugaison pour les verbes des 2e, 3e, 4e, conjugaisons) : je parler, je fini, je voi, je vouler, je permis, je défendu ou je défender ; — négation exprimée simplement par le mot "pas" placé après le verbe : il partit pas... — suppression des distinctions de genres et de nombres ; suppression de l'article ou son maintien perpétuel, en faisant une sorte de préfixe du nom : son maison ou son la-maison ; usage considérable du verbe "gagner" et de l'expression "ya " ou "y en a"... comme particule verbale : moi y a gagné perdu (j'ai perdu), lui ya gagné crevé (il est mort), il a gagné gros (il est devenu gros), femme là il a gagné ventre (cette femme est enceinte), il a gagné petit (elle a eu un enfant) ; — .... emploi du mot "là" comme démonstratif ; — suppression fréquente des "à" et "de" ou leur remplacement par leur préposition "pour" : moi parti village (je vais au village), le fusil mon camarade, ou mon camarade son fusil, ou le fusil pour mon camarade (le fusil de mon camarade) " (Delafosse, 1904 : 265). Le "Moi garder patron" (je garde [la voiture], monsieur) du petit Zaïrois (Gilliard, 1974 : 8) et la phrase même que cite L. Duponchel : "Dié i défendé bouffer, si tu bouffer tu va mort" appartiennent à la même sorte de langue. L'extension géographique du phénomène ne confirme guère d'autre part l'interprétation qu'en donne cet auteur : "Un Africain illettré tente de parler français alors qu'il n'a dans cette langue qu'un bagage lexical réduit, et qu'il ignore les règles de combinaison qui régissent la phrase française : il calque la phrase qu'il veut française sur la structure spécifique de sa langue" (1974b : 9). Les structures spécifiques sont trop différentes pour engendrer une telle uniformité. Il reste que ce "petit-français" n'est "ni français, ni africain", qu'il est autre chose ; la question est de savoir si cette autre chose peut-être légitimement considérée comme l'indice ou l'effet d'un processus de créolisation.

3.2.0. — Le terme de créolisation revient souvent, comme on l'a vu, et généralement avec une connotation péjorative sous la plume des auteurs qui traitent des modifications subies par le français en Afrique noire. Il y est pris dans l'acception très large que lui donne De Bose (1975 : 107) : "Creolization... may the thought of as accepting "broken X" as imput and producing a new X-based pidgin or creole as output". Le "broken X" en l'occurrence est toute variété de français non conforme à la norme scolaire ; quant au processus lui-même, il ne consiste pas en une contamination analogue à celle qu'implique le contact des langues, mais en un remaniement profond des structures du parler en question, dès lors que celui-ci se trouve détaché de l'entité linguistique à laquelle il appartenait. Cette discontinuité peut résulter d'un état de fait lorsque les usagers du "broken X" n'ont pas accès à la norme reçue (ce qui est le cas de la plupart des locuteurs du "petit-français"), d'un refus délibérée de cette dernière, ou plus simplement d'une différenciation fonctionnelle qui exclut la référence au bon usage : les variétés véhiculaires des langues négro-africaines coexistent, souvent dans le répertoire des mêmes locuteurs, avec leurs variétés vernaculaires. Quant à la "restructuration" qui en résulte, elle est susceptible de s'effectuer selon deux orientations opposées : efficacité accrue de l'outil linguistique, s'il est principalement affecté à la transmission d'informations objectives (fonction référentielle) ; perfectionnement du code linguistique conçu comme l'expression d'une tradition culturelle et comme l'indice d'appartenance au groupe qui en est le détenteur privilégié (Manessy, 1976). Un exemple très sommaire d'élaboration du code est fourni par les "javanais" abondants en Afrique, tel le "français **zə-zə**" du Cameroun, découvert par C. de Féral (comm. pers.) employé en ville par des marginaux et caractérisé à la fois par l'insertion de "**zə**" après chaque syllabe et par une intonation particulière, toute syllabe autre que "**zə**" étant accentuée.

**3.2.1.** — Du fait de son caractère utilitaire, le "petit-français" ressortit sans aucun doute à la première des deux orientations précitées. Il est affecté principalement à la communication interethnique, ce terme désignant à la fois les relations entre Européens et Africains et entre Africains de langues différentes lorsqu'ils n'ont pas d'autre moyen de se comprendre (Duponchel, 1977 : 3), dans des circonstances où, généralement, le contenu référentiel du message importe beaucoup plus que sa forme. Telle est aussi la fonction des langues africaines véhiculaires et le parallélisme est frappant, en ce qui concerne les caractéristiques structurales, entre celles-ci et celui-là (Manessy, 1977). On y constate la même variabilité, selon les lieux, les individus et, chez un même individu, selon les moments, dans les domaines de la prononciation et du lexique ; les mêmes régularisations morphologiques, assignant aux constituants de l'énoncé une forme unique et stable ; la même prédominance des constructions analytiques où à chaque signifié correspond un signifiant distinct et explicite ; la même fréquence des termes génériques, à polysémie élevée ; l'émergence enfin des mêmes catégories fondamentales : celles d'animé et d'inanimé, de défini et d'indéfini et, dans le domaine verbal, celles de temps et d'aspect. Une bonne description du français des "non-lettrés" togolais a été donnée par S. Lafage (1985 : 405 *sq.*). Une telle convergence entre des variétés de langues typologiquement très différentes (car il n'y a guère plus de ressemblance entre le swahili d'Afrique Orientale et le sango centrafricain, par exemple, qu'entre l'un ou l'autre et le français) ne peut s'expliquer que par ce qu'elles ont de commun : leurs fonctions et leurs conditions d'emploi. On comprend mieux ainsi qu'il soit parfois impossible de distinguer, chez un locuteur qui dispose à la fois d'une langue véhiculaire africaine et du "français parlé" ce qui dans son discours appartient à l'une ou à l'autre. L. Bouquiaux (1969 : 64) et L. Duponchel (1971a : 24) y voient un phénomène d'interférence, entre le "français parlé" centrafricain et le sango pour le premier, entre le dioula et le "français populaire" ivoirien pour le second. On n'aurait guère de peine à mettre en lumière des analogies tout aussi frappantes entre le sango et le français du Togo, dans le système verbal par exemple, qui comporte une forme aoristique, "forme nue" en sango, locution [sɛ] + forme invariable en français ("lui c'est travaillé trois heures"), un futur indiqué par un adverbe en sango (**fàdɛ** "bientôt", **ngbàndā** "plus tard"), par [va] ou [sáva] en français "des clous c'est fini, je s'en va payer encore" : il n'y a plus de clous, j'en rachèterai) et un passé exprimé en sango par **àwɛ̀** "c'est fini" et en français par [avá] ("avant lui c'est travaillé jardinier") (Bouquiaux, 1969 : 63 ; Lafage *loc. cit.*). L'interférence n'est certes pas exclue du processus ici considéré, mais il semble bien que ses effets ne se fassent sentir que dans la mesure où ils concourent à la fonctionnalisation de la variété véhiculaire[4] . L. Duponchel (1971a : 57) observe que le dioula et le moore n'emploient qu'une forme pour le pronom de la 3e personne du singulier (respectivement **á** et **à**) là où le locuteur français doit choisir entre *il, elle, lui, le, la, son, sa, ses.* On pourrait s'attendre à ce que les élèves ivoiriens ou voltaïques, au début de leur apprentissage, emploient au hasard les formes du français. Or il n'en est rien. Ils disent certes : "il lui a poussé" ou "il a poussé lui", "je lui regarde" (ou "la chemise pour lui"), mais jamais "le donne" pour "il donne" ni "je il vois" pour "je le vois". "Tout se passe comme si l'élève reconstruisait un système des pronoms français dans lequel *il* et *elle* sont sujets, lui étant le pronom complément correspondant aux autres formes remplaçant en particulier *le, la* et *elle* (complément)" (Duponchel, *op. cit.* : 58).


**3.2.2.** — Le terme important, dans ce texte, est "reconstruire". Comme on le voit, la reconstruction, ou plus exactement la construction ne dépend pas du système de la langue première, et elle s'effectue dans le sens d'une plus grande conformité au principe d'univocité ("univocité paradigmatique" [manque de "déclinaisons" et de "conjugaisons" différentes] ; univocité syntagmatique [chaque morphème a son expression à lui]") dont Hjelmslev (1939 : 373) considère l'opération comme caractéristique des langues créoles. Le processus en cause est vraisemblablement celui que A. Valdman (1974) définit lorsqu'il décrit les "systèmes approximatifs" que le sujet apprenant une langue étrangère construit successivement pour transmettre de manière de plus en plus efficace ses "intentions sémantiques" aux locuteurs de la langue apprise, systèmes autonomes en ce qu'ils sont "indépendants de la langue-source et de la langue-cible et [que] leur analyse ne peut être effectuée qu'en fonction de leurs propres éléments" (Lafage, 1985 : 422). Il ne semble pas d'autre part y avoir de différence de nature entre les structures linguistiques qui apparaissent lors des premières tentatives d'apprentissage d'une langue étrangère et celles qui caractérisent les variétés véhiculaires des langues africaines et du français. L'analogie est si manifeste qu'on a pu penser que les "pidgins" n'étaient rien d'autre, en leur état premier, que des versions simplifiées à l'usage des étrangers ("foreigner talk") des langues dont ils sont issus, la simplification étant

---

[4] L. Duponchel signale expressément le rôle de filtre, et de résonateur, que joue la variété véhiculaire par rapport aux langues premières : "Personnellement, nous inclinons à penser que le français populaire médiatise et réactive les interférences dues aux langues africaines" (1971c : 14).

opérée partout de la même manière et aboutissant donc à des produits semblables (Ferguson, 1971). Si vraiment "pidginisation" (selon nous "fonctionnalisation") et systèmes approximatifs de communication mettent en jeu les mêmes mécanismes élémentaires, l'hypothèse proposée par S. Lafage acquiert un haut degré de vraisemblance. Le "petit-français" des non-lettrés, comme le dioula véhiculaire de Côte-d'Ivoire, le fanagalo d'Afrique du Sud, le Up-Country Swahili d'Afrique Orientale et toute autre *lingua franca*, correspondraient à l'abandon des tentatives de remaniement des variétés approximatives de la langue-cible au niveau où l'efficacité de ces dernières se révèle suffisante pour les fonctions qui leur sont assignées, soit, en général, l'échange d'informations simples dans des situations sans ambiguïté (Lafage, 1985 : 391). Fixée à ce niveau, la variété véhiculaire peut se perpétuer et s'étendre. Si les besoins de la communication changent ou se diversifient, l'évolution reprend, en direction de la norme lorsque celle-ci est présente : tel est le cas des écoliers africains qui, au cours de leurs études, produiront des approximations de plus en plus satisfaisantes du français qui leur est enseigné, surtout après le baccalauréat, lorsque l'éventail des possibilités d'utilisations de la langue s'élargit (Lafage, 1976 : 586). Si, pour quelque raison que ce soit, le contact avec la norme est perdu ou refusé se déclenche le processus communément appelé "créolisation", au sens étroit du terme cette fois.


**3.2.3.** — Les modalités de ce processus sont mal connues. Il consiste apparemment en la fixation des traits de prononciation, en l'organisation de paradigmes de morphèmes grammaticaux, en la systématisation de distinctions sémantiques dont l'expression devient obligatoire, en l'institution de contraintes délimitant "arbitrairement" le domaine d'application des règles grammaticales, en la prolifération des unités lexicales à contenu complexe (dénotation et connotations) différentiellement défini (Manessy, 1976), soit d'une manière générale en la réduction du champ de variabilité et en une codification des particularités que la communauté des usagers tient pour caractéristiques de son parler. C'est en effet la constitution d'une communauté, conçue comme "l'ensemble des locuteurs qui se conforment aux règles de l'usage et qui évaluent autrui selon l'observation de ces règles dans les actes de parole" (Wald, 1974 : 19), qui nous paraît décisive dans le déclenchement du processus, beaucoup plus que la diversification des besoins de communication à laquelle des individus plurilingues, comme le sont la plupart des Africains, peuvent toujours faire face par un élargissement de leur répertoire linguistique. Il n'est ni nécessaire, ni suffisant que le parler en question devienne la langue maternelle d'un certain nombre de ses usagers. Le Pidgin-English est au Nigéria une langue véhiculaire employée à de multiples fins (communication interethnique, enseignement, télévision, presse, théâtre, chansons) ; il est certainement la langue maternelle de nombreux enfants ; mais ce n'est pas un créole : ".... as long as we tie the questions of native-speaker-ship to the existence of an identifiable groupe (cultural/political) it would be impossible to have native speakers of Nigerian Pidgin. This is because despite its indispensable role in communication, the attitude to NP is still one of condescension" (Obilade, 1977 : 3).


**3.2.4.** — Le statut d'une variété de langue dépend en effet beaucoup moins de ses caractéristiques intrinsèques que l'attitude des usagers à son égard. Le français des non-lettrés togolais, comme en général le "français à interférences" évoqué ci-dessus (sous 2.3.), ne sont, au sentiment même de ceux qui les emploient, que des pis-aller ou, au mieux, des instruments de communication commodes dans des circonstances où la forme du discours est sans importance. Il n'en va pas de même du "français populaire" de Côte d'Ivoire qui semble être devenu dès maintenant pour une partie de la population cosmopolite des grands centres urbains et industriels à la fois un moyen d'intercompréhension et un signe de reconnaissance : "Il s'utilise à peu près comme s'utilise aux Antilles le créole, auquel il ressemble assurément d'après nos lointains souvenirs de Guyane. S'il n'est la langue maternelle de personne (ce qui, dans certains quartiers d'Abidjan reste à prouver), il semble cependant en avoir l'aisance. En outre, il reste stable. Même si le locuteur est scolarisé et progresse dans l'acquisition du français standard, le français populaire demeure comme une possibilité parallèle" (Lafage, 1985 : 419). L'existence même de chroniques humoristiques en "français populaire", même si elles sont rédigées par des intellectuels dans une langue artificielle et caricaturale (Duponchel, 1974b : 12 ; 1979 : 405), implique qu'une partie des Ivoiriens s'identifient eux-mêmes et sont identifiés comme membres d'une certaine communauté par leur capacité à employer et à comprendre le français populaire. Cette interprétation donne tout son poids à une observation de M. Calvet (comm. pers.) : "Au Sénégal, il est de bon ton d'affirmer sa négritude en évitant de parler français avec un accent "neutre", senti comme étant "parisien" ". Il existe, au moins chez les jeunes intellectuels africains, un désir diffus de parler "un français bien à eux" (Duponchel, 1974b : 13 ; Lafage, 1985 : 77), voire un français national. Cette revendication, dans les conditions socio-politiques et socio-économiques qui prévalent actuellement en Afrique, ne saurait conduire qu'à la formation de français régionaux ou, si l'on veut, de français créoles marqués par une prononciation et un vocabulaire particuliers, mais dont la singularité même demeurerait ressentie par référence au français métropolitain. Plus insidieux est le processus décrit par P. Renaud (1976) au Cameroun : à côté du français standard de l'élite et du français commun employé par les gens qui ont bénéficié d'une scolarité normale s'est constituée une variété "libérée par rapport aux français.... de la norme scolaire ou du "bon usage" " et qui se caractérise "au niveau de la forme linguistique par un fort taux d'interférences et de réfections de tous ordres ; au niveau du contenu, par un fort taux de références, explicites ou implicites, à la culture traditionnelle du "village". L'expérience montre que tout Camerounais — au moins ceux du sud....— identifie tout locuteur de français commun et/ou régional ("de village") comme appartenant à l'un des quatre grands groupes : littoral, bamiléké, Centre Sud et Est, Nord".


**4.** — Ce phénomène de réinterprétation d'une langue seconde comme indicateur d'appartenance à une communauté plus vaste que le groupe ethnique, mais moins ample que l'État, n'est probablement pas propre au français. Il a été observé, chez les étudiants tchadiens à l'Université de Nice, que ceux d'entre eux qui disposaient à la fois de l'arabe, du français et du peul comme langues véhiculaires employaient dans leurs conversations privées la troisième, langue de leur pays (le Mayo-Kebbi, au sud-ouest de la République du Tchad), de préférence aux deux autres, dépourvues de connotations socio-culturelles (S. Goracci, comm. pers.). S'il y a une chance, ou un risque de créolisation, c'est-à-dire de formation d'une langue à base lexicale française, mais qui serait dans le même rapport au français "central" que, par exemple, le "gros créole" de la Réunion, c'est dans ce mode d'appropriation qu'il réside. Paradoxalement, la faveur récente accordée par les gouvernements africains à l'introduction de langues locales, nationales ou régionales, dans l'enseignement primaire constitue la meilleure garantie contre une telle créolisation du français, dans la mesure où cette réforme le confinerait définitivement dans son statut de variété "superposée".

**6.**

# Français tirailleur
# et français d'Afrique [1]

**1.** — Il y a abondance de travaux sur le français d'Afrique noire. Le Professeur W. Bal (1980) en a dressé le tableau dans son Rapport introductif à la Quatrième Table Ronde des Centres de Linguistique Appliquée (Lomé, 14-17 mars 1979) et une ample bibliographie établie par Madame S. Lafage figure en annexe à l'*Inventaire des études linguistiques sur les pays d'Afrique noire d'expression française et sur Madagascar* (Barreteau, 1978). On y trouvera la liste, arrêtée en 1977, des études que le Professeur Bal a consacrées à ce sujet. Comme il est naturel, compte tenu de la perspective pédagogique dans laquelle se situent la plupart des recherches sur le français d'Afrique, les articles et ouvrages jusqu'ici publiés analysent ou décrivent, sur le plan linguistique ou sociolinguistique, l'état présent de la langue. Les références au passé évoquent la politique de la puissance colonisatrice en matière de langage, et plus particulièrement l'histoire de l'institution scolaire (Faïk, 1979 : 441-449). Il faut faire exception pour le lexique qui a fait l'objet de recherches étymologiques précises (Bal, 1968, 1975 ; Flutre, 1958, 1961, 1965 ; Mauny, 1952) ; mais nous ne savons rien de la grammaire du français importé, au sens que Bal (1975 : 340) donne à ce terme, c'est-à-dire du français pratiqué par les Européens et les Africains dans leurs rapports mutuels aux premiers temps de la colonisation, cela pour l'excellente raison qu'il n'en subsiste pratiquement aucun document connu. Compte tenu de l'importance du rôle qu'a joué au début du siècle l'autorité militaire dans l'administration des territoires coloniaux (enseignement compris) et du peu d'empressement que manifestaient alors les Missions à assurer la propagation du français (*cf.* ci-dessus I, 1.), on peut tenir les officiers de l'armée coloniale pour de bons témoins des usages linguistiques du temps. En fait, le seul texte publié par un lin-

---

[1] *Langues et cultures. Mélanges offerts à Willy Bal. 2. Contacts de langues et de cultures, Cahiers de l'institut de linguistique de Louvain*, 9, 3-4 (1984), 113-126.

guiste et traitant de ce français militaire est l'exposé que Delafosse (1904 : 263-265) a consacré au "petit-nègre". Dans la bibliographie qui clôt le volume où figure ce texte, on trouve sous la rubrique "X. Pigeon-English et petit-nègre" un seul mot : "Néant".

**2.1.** — Pour brève qu'elle soit, l'analyse de Delafosse n'en est pas moins fort suggestive : la plupart des traits qu'il donne pour caractéristiques du petit-nègre sont de ceux qui paraissent être communs à la majorité, sinon à la totalité des variétés pidginisées en Afrique et ailleurs (Mühlhaüsler, 1974) ; cette proposition est illustrée par le curieux parallélisme qui s'établit, dans le texte même de Delafosse, entre le "Pigeon-English" (*op. cit.* : 262-263) parlé sur la côte du Golfe de Guinée et le petit-nègre. Dans l'un et l'autre parler, le verbe est employé sous sa forme la plus simple (en général celle de l'infinitif) : *he be sick* (il est malade), *he leave to-morrow* (il partira demain), "je parler", "je fini", "je vouler" ; la négation est indiquée par un morphème invariable préposé au verbe en "Pigeon-English", postposé en petit-nègre : *he no come* (il ne vient pas), "il parti pas" (il n'est pas parti) ; pour le passé, le "Pigeon-English" utilise le mot *done* : *he done go* ( il est parti), le petit-nègre la particule *ya* : " lui ya gagné crevé" (il est mort) ; comme le montre ce dernier exemple, le petit-nègre fait "un usage considérable du verbe "gagner", le "Pigeon-English" "un grand usage du mot *get ou got : I got sick,* je suis tombé malade". Ni dans l'un ni dans l'autre parler il n'existe de marques du genre ni du nombre : "*he* veut dire à la fois 'il, elle, ils, elles' au masculin, au féminin et au neutre" ; *cf.* "femme là il a gagné ventre" (cette femme est enceinte). Le démonstratif est uniformément là postposé au nom en petit-nègre, *them* préposé au nom en "Pigeon-English" : *them thing*, cette chose, *them man*, cet homme ; la préposition la plus communément employée est dans le premier "pour" : "le fusil pour mon camarade (le fusil de mon camarade), dans le second *for* : *he live for come* (il est sur le point de venir) ; l'un et l'autre en font l'économie devant un terme locatif : *he go town* (il va au village), "moi parti village" (je vais au village) ; l'un et l'autre enfin se singularisent par un vocabulaire insolite : "mirer" (regarder), "amarrer" (attacher), *save* (savoir, connaître), *chop* (manger), *dash* (cadeau).

**2.2.** — Les traits saillants recueillis dans cet inventaire ne font pas système ; ils ne s'en sont pas moins perpétués dans les publications humoristiques, les journaux illustrés, les bandes dessinées, la publicité, et constitués en un stéréotype que nous avons tendance à tenir pour représentatif du français colonial. Aussi nous a-t-il paru intéressant d'analyser un ouvrage qui se présente explicitement comme une grammaire, c'est-à-dire comme l'exposé d'un ensemble de règles permettant de produire des énoncés acceptables par le locuteur compétent. Il s'agit d'un fascicule de 35 pages, d'auteur anonyme, publié à Paris en 1916 par l'Imprimerie Militaire Universelle L. Fournier et intitulé *Le français tel que le parlent nos tirailleurs sénégalais*[2]. L'auteur définit comme suit son propos : "De même que dans l'Afrique du Nord le contact des Arabes avec les Français, les Italiens et les Espagnols a engendré une langue spéciale, le *sabir*…, de même nos tirailleurs noirs au contact de leurs instructeurs européens ont créé un langage que l'on a appelé le "petit-nègre", et qui, bien que parlé par des indigènes d'origines et de dialectes différents (Bambaras, Ouoloffs, Dahoméens, etc.), semble avoir obéi pour sa formation à des règles fixes. Nous allons essayer de dégager ces règles" (*op. cit.* : 5), et, le résumant dans sa conclusion : "Ce modeste travail… tend uniquement à donner quelques directives pour la formation de la phrase dans le langage de nos tirailleurs" (*ibid.* : 32). Comme on pouvait s'y attendre, le cadre de l'exposé est fourni par la grammaire du français, référence commune à l'auteur et à ses lecteurs ; mais, extraites de ce cadre, les données décrites manifestent une cohérence suffisante pour qu'on puisse les soumettre à l'analyse. Sur le plan de l'expression, les caractéristiques les plus manifestes de ce "langage" sont la stabilité de la forme et l'univocité. Toute variation morphophonologique en est absente : qu'il s'agisse du nom ou du verbe, seule a été retenue la variante non-marquée en français, celle du masculin dans le premier cas ("mon case"), de l'infinitif ou du participe passé dans le second ("moi parti [r]") ; les pronoms personnels, sujets ou compléments, n'ont qu'une seule forme, celle du pronom "absolu" : "lui ya faire trou" (il creuse un trou), "toi donner lui ça papier" (tu lui donneras ce pli). L'ordre des constituants syntaxiques est invariable ; toute proposition est de structure binaire : sujet + prédicat, l'un et l'autre exprimés, même dans les phrases injonctives ("Bedary toi faire agent de liaison…") ; la phrase interrogative est calquée sur la phrase assertive, à l'intonation près : "toi ya mangé le riz" (tu as mangé le riz), "toi ya mangé le riz ?" (as-tu mangé…?). Le complément suit le complété ; cela est vrai du complément du verbe aussi bien que du déterminant du nom : "ça tirailleur dix" (ces dix tirailleurs), "cheval moi y en a gagné" (le cheval que j'ai), "tirailleur y en a genou" (le tirailleur qui est à genou), "case pour lui" (sa maison). Il y a correspondance bi-univoque entre le signifiant et le sig-

---



**113**

nifié, correspondance qui se traduit par un mode d'expression stricte-ment analytique. Ainsi le genre sexuel féminin est-il marqué par l'adjonction de "femme" : "cheval-femme" (jument), "chien-femme" (chienne), le nombre par un quantitatif, adverbe (trop, un peu) ou numéral ("si ennemi ya gagné blessés trop, tués trop, section ya moyen avancer bien" : si l'ennemi a eu beaucoup de blessés et de tués, la section peut progresser). L'auteur (*op. cit. :* 17) préconise de "réduire le plus pos-sible le nombre des mots employés et par conséquent, d'éviter d'exprimer la même idée par plusieurs mots différents, ce qui dérouterait l'indigène" ; c'est là constater la prééminence du principe d'univocité ; mais les exemples produits ("lentement" se dira "pas vite", "accélérer" se dira "marcher plus vite") illustrent en outre une autre manifestation de ce principe : la décomposition des signifiés complexes en leurs constituants sémantiques et l'attribution à chacun de ceux-ci d'un signifiant propre ; ainsi la conjonction "comme" est-elle analysée en "même chose" ou "même manière". Un effet inverse est la suppression de la redondance : un complément dont le sens implique localisation ne requiert pas de préposition ("porter outil ceinturon", "appuyer deux mains la terre", "outil lui en a tenir main droite"). Enfin la correspondance immédiate entre signifiant et signifié implique la différenciation des homonymes et la réduction des ambiguïtés : "paré" sera préféré à "prêt" (qui évoque soit la proximité : près, soit le salaire du soldat, le prêt) ; "posséder" se dit "gagner" et non "avoir", auxiliaire verbal ; une distinction est opérée entre "ya", marque d'accompli ou de statif, et "y en a" copule : tirailleur y en a maladie ya venir" (le tirailleur qui est malade est venu ; *cf.* Delafosse, 1904 : 264 : "tirailleur là il dit : Moi ya pas moyen faire ça, ou : Moi y a pas connaît, ou : Moi y en a malade...").

**2.3.** — La forme interne du français-tirailleur présente également des caractéristiques remarquables. Si l'on tient pour grammaticale toute catégorie sémantique dont l'expression est obligatoire, quels que soient le contenu du message et l'intention du locuteur, on doit admettre que le nombre de ces catégories (celles du moins qu'on peut déceler par l'analyse du corpus disponible) est fort limité ; ainsi, en ce qui concerne les modalités de la prédication : le procès, l'état, le devenir. Ces trois catégories ont pour indices des termes génériques, d'extension maximale et de compréhension minimale : "faire" (procès) : "faire manière" (agir de telle ou telle façon), "faire saluer" (saluer), "faire bataille" (combattre), "faire baïonnette canon" (mettre la baïonnette au canon), "faire couchez-vous" (se coucher) ; "ya" (état) : "ya besoin" (devoir), "ya moyen" (pouvoir), "ya content" (vouloir) ; "gagné" (devenir) : "moi ya gagné caporal" (j'ai été nommé caporal), "lui y a gagné mort" (il est mort), "ya moyen gagné blessé, gagné tué" (on peut être blessé ou tué). Le système verbal est fondé sur l'opposition entre une forme non-marquée et une forme marquée pour l'accompli, qui n'est autre que la construction stative en "ya", les modalités temporelles étant éventuellement portées par des circonstants ; *cf.* "moi ya parti hier" (je suis parti hier) et "encore deux jours toi partir" (tu partiras dans deux jours). Le système nominal ne comporte pas de distinction entre défini et indéfini, d'où la soudure de l'article au subtantif : "mon latête" ; en revanche la détermination est indiquée par préposition au nom de "ça" : "ça tirailleur" ou "tirailleur y en a là" : (le tirailleur en question), procédé analogue à celui que signale Delafosse pour le "Pigeon-English" : 'them man" (*cf.* ci-dessus 2.1), mais qu'il n'impute pas au petit-nègre ; il mentionne en revanche la construction "tirailleur là" également démonstrative et très largement représentée aujourd'hui en français d'Afrique. Nous avons parlé jusqu'ici, par commodité, de verbes et de noms. Il y a là quelque impropriété ; les constituants de la phrase manifestent en effet un degré de polyvalence syntaxique qui ôte beaucoup de sa pertinence à la notion de "partie du discours". Comme le montrent les exemples cités plus haut, des unités que nous serions portés à considérer comme nom ("besoin"), adjectif ("content") ou verbe ("partir") sont également compatibles avec l'opérateur verbal "ya" ; de même dans "moi ya maladie" (je suis malade), "maladie" a fonction prédicative et non pas attributive ; on aurait dans ce dernier cas la copule "y en a" ; *cf.* "tirailleur y en a bon" (le bon tirailleur). Le même élément ("vite") peut fonctionner comme déterminant d'un prédicat (au sens de "rapidement") ou d'un substantif (au sens de "rapide"). Tout se passe comme si le lexème faisait uniquement référence à la catégorie sémantique qu'il dénote, sa fonction étant indiquée par la position qu'il occupe dans un énoncé où la succession linéaire des termes, immuable, exprime les relations syntaxiques primaires. Il faut prendre garde que cet énoncé comporte fréquemment un segment extraposé qui exprime le thème dont le syntagme prédicatif fournit le commentaire : "tirailleur y en a bon lui toujours obéir" (le bon tirailleur obéit toujours). Une dernière caractéristique du parler ici étudié est l'importance qu'y revêt la motivation du signe linguistique ; nous l'avons déjà constatée à propos de la dissolution des amalgames ("pas vite" et non "lentement") ; on peut attribuer à la même tendance la fréquence du redoublement expressif, indiquant soit l'intensité ("lui y a besoin charger [son fusil] vite, vite, vite trop"), soit la continuité ("tirailleur ya besoin tirer, tirer, tirer toujours").

**3.1.** — Nous n'aurions aucune peine à montrer que tous les traits qui viennent d'être décrits se retrouvent, abondamment attestés, dans le français pratiqué aujourd'hui par les "non-lettrés" un peu partout en Afrique. Il suffit pour s'en convaincre d'examiner les documents procurés par W. Bal (1975), J.-L. Hattiger (1981), S. Lafage (1985), J.-M. Lescutier (1982), P. Roulon (1972) ; on y constatera les effets du principe d'univocité, la décomposition des signifiants à signifiés multiples, l'utilisation préférentielle de lexèmes à valence élevée, la pauvreté des spécifications syntaxiques dans la définition de ces derniers, la structure énumérative de l'énoncé, la rareté des transformations. L'inventaire sera cependant beaucoup plus riche et plus divers. On aura remarqué que l'analyse proposée ci-dessus ne concerne que la proposition simple. La phrase complexe, telle qu'elle apparaît dans la traduction de "quelques-uns des passages [des règlements militaires] dont la connaissance est nécessaire au soldat", traduction qui constitue la seconde partie du manuel, est d'une désespérante monotonie : les propositions sont uniformément juxtaposées, avec pour seules articulations les conjonctions "quand" et "si" : "tirailleur y a besoin faire bien manière entendre tout ça chef y en a commander quand y en a faire bataille fusil : lui ya besoin obéir tout ; lui ya besoin faire tout ça règlement y en a dire" (Les tirailleurs doivent observer la plus exacte discipline dans l'exécution des feux). Il en va tout autrement dans la réalité actuelle où le discours, même dans des variétés fortement "pidginisées" (et très semblables par leur structure au français-tirailleur) comme l'est le français populaire d'Abidjan, est caractérisé par "la fluidité et l'aisance de la parole, la complexité des phrases produites, l'extension des sujets de communication possibles" (S. Lafage, comm. pers.). Il faut tenir compte de ce que le français-tiraileur pratiqué par les officiers des troupes coloniales était avant tout une langue de commandement, délibérement constituée de formules aisément apprises et dont le prototype est l'ordre auquel l'auteur recommande d'ailleurs de conserver sa forme réglementaire. Ainsi conçu, le "langage tirailleur" est un code hautement spécialisé ; il est vraisemblable que l'usage des soldats et des sous-officiers indigènes était moins exact, dans la mesure au moins où l'objet de la communication ne concernait pas la stricte application de "tout ça règlement y en a dire".


**3.2.** — Une autre différence entre cette langue militaire et le français africain d'aujourd'hui consiste dans leur relation respective au français "correct". Il s'agit dans le premier cas de deux variétés distinctes, et l'officier nouvellement affecté à une unité coloniale doit en apprendre la langue, comme il apprendrait une langue étrangère - d'où l'utilité de notre manuel ; Delafosse, dès 1904, insistait sur ce point : parler petit-nègre, "cela ne consiste pas à abîmer le bon français en mettant simplement le verbe à l'infinitif et en disant "moi" au lieu de "je" (*op. cit.* : 264). Ce qui, dans le français africain, évoque le plus précisément le "langage-tirailleur" est en réalité constitué par le pôle basilectal d'un continuum dont l'"acrolecte" est la langue qu'on enseigne, ou qu'on est censé enseigner, à l'école. La conséquence en est que ce basilecte manifeste une variabilité qui rend vaine toute tentative d'analyse structurale : ce que découvre le linguiste n'est pas un système, mais un ensemble de traits grammaticaux et lexicaux dont chacun est commun à une majorité de locuteurs et absent chez d'autres, ou en certaines occasions, et qui entrent dans des combinaisons infiniment diverses. S'il y a une structure sous-jacente, elle est d'une telle généralité qu'on peut la tenir pour élémentaire. Il est vraisemblable que, comme tout grammairien soucieux de fixer une norme, l'auteur anonyme du manuel a systématisé l'emploi de traits qui, dans le parler des soldats, lui paraissaient les plus fréquents et les plus caractéristiques, c'est-à-dire les traits les plus déviants par rapport au français métropolitain.

**4.1.** — Si l'on admet que le français-tirailleur, tel qu'il apparaît dans cet ouvrage, est la projection schématisée d'une réalité beaucoup plus complexe, mais analogue en ses constituants à celle que l'on constate actuellement dans l'usage des francophones non-lettrés, il reste à rendre compte de cette stabilité, après plus de quarante ans de colonisation as-similatrice (du moins sur le plan du langage) et près de trente cinq ans d'indépendance. Une première explication, désuète sous sa forme la plus naïve, met en cause les capacités intellectuelles des Africains et par conséquent la structure des langues qui en sont l'expression. Delafosse (1904 : 264) est très clair sur ce point : "Comment voudrait-on qu'un Noir, dont la langue est d'une simplicité rudimentaire et d'une logique presque toujours absolue, s'assimile rapidement un idiome aussi raffiné et aussi illogique que le nôtre ? C'est bel et bien le Noir —ou, d'une manière plus générale, le primitif— qui a forgé le petit-nègre, en adaptant le français à son état d'esprit" ; l'auteur du manuel tire la conclusion pratique de cette évidence : "Pour arriver à se faire comprendre rapidement des noirs, il faut… couler sa pensée dans le moule très simple de la phrase primitive" (An., 1916 : 17). Il va de soi que ce moule est identique quel que soit l'idiome du locuteur ; cet axiome fonde la règle énoncée dans les "Préliminaires" : "Donner toujours à la phrase française la forme très simple qu'a la phrase dans tous les dialectes primitifs de notre Afrique française" (*ibid. :* 5). Dépouillée de ses connotations évolutionnistes et péjoratives et cantonnée au domaine linguistique, cette doctrine survit dans l'hypothèse du substrat dont l'interférence expliquerait les analogies entre le français-tirailleur et l'usage actuel des "non-lettrés". Le petit-nègre ayant été, selon le témoignage de l'anonyme, commun aux Bambaras, aux Ouolofs, aux Dahoméens (*op. cit. :* 5). c'est-à-dire à des gens parlant des langues mandé, ouest-atlantiques et (probablement) kwa typologiquement très différentes sous tous leurs aspects, et le français d'Afrique étant, du moins chez les locuteurs peu ou pas scolarisés, sensiblement le même dans tous les territoires francophones, on est conduit à postuler l'existence de structures communes à l'ensemble des langues qui y sont parlées, structures qui affleureraient dans le français local, mais qui seraient d'autre part si profondément enfouies qu'aucun linguiste africaniste n'a jamais pu les mettre en évidence, quelle que fût l'étendue de sa compétence et de son information. Réciproquement, les caractéristiques du français d'Afrique n'offrent aucun secours pour l'analyse des idiomes africains, sinon peut-être en ce qui concerne les variétés pidginisées qui ressortissent à un tout autre type d'interprétation (*cf.* ci-après).


**4.2.** — Une autre hypothèse est celle de la parenté : le français des non-lettrés ne serait que l'aboutissement de l'évolution du français-tirailleur, celui-ci s'étant perpétué dans les masses peu touchées par la scolarisation, mais en contact avec le personnel subalterne de la colonisation, d'origine métropolitaine. Cette explication ne serait recevable que si ce français populaire constituait une variété distincte de celle qui demeure enseignée à l'école et utilisée par la classe dirigeante. Comme nous l'avons vu, tel n'est pas le cas : tous les intermédiaires existent, souvent dans le parler d'un même sujet, entre les formes les plus aberrantes et le style le plus châtié. Il n'y a nulle part solution de continuité. Tout au plus peut-on admettre que le français-tirailleur s'est en quelque sorte dilué en un continuum, à mesure que s'affermissait l'emprise coloniale et que se développait la scolarité. Un fait en revanche nous paraît significatif : ce que nous avons dit du français-tirailleur et du français d'Afrique pourrait l'être, pour l'essentiel, du français populaire métropolitain (Guiraud, 1965) et même de ceux des français régionaux qui ont évolué hors du contrôle de la norme centrale, en Amérique notamment (Conwell et Juilland, 1963 ; Highfield, 1979) : on y retrouve la même tendance à la correspondance univoque entre forme et sens, à la décomposition analytique des signifiants et des signifiés complexes, à l'attribution aux lexèmes de fonctions syntaxiques multiples, la prédominance de l'opposition d'aspect sur les distinctions chronologiques, la préférence accordée aux marques génériques (*cf.* ci-dessus "faire", "pour"), la fixité de l'ordre des mots dans la proposition et, en ce qui concerne celle-ci, la simplicité et la stabilité de la structure fréquemment fondée sur la dichotomie thème-commentaire. Il ne saurait être question de justifier ici ces allégations ; nous avons tenté de le faire ailleurs (*cf.* ci-après sous 9.). Tous ces processus ressortissent à ce que H. Frei (1929 : 27) appelle des "constantes", c'est-à-dire "les besoins fondamentaux qui commandent le fonctionnement du langage" ; ces besoins "sont en nombre relativement restreint et varient en somme assez peu d'une langue à l'autre ou d'une époque à l'autre d'une même langue". Ce sont, dans la terminologie de Frei, l'analogie et sa contre-partie, la différenciation ou clarté, l'économie l'invariabilité et l'expressivité. Mis à part ce dernier besoin, qui ne nous concerne pas ici (surtout s'agissant du français-tirailleur), tous les autres relèvent d'une même nécessité, celle de disposer d'un outil de communication efficace, assurant pour le moindre effort le meilleur rendement ; le parallèle suggéré par Delafosse entre "Pigeon-English" et "petit-nègre" prend ici tout son sens. La nécessité inverse : garantir la cohésion de la communauté linguistique, dont les exigences sont satisfaites par la fonction symbolique du langage, est assurée dans l'Afrique contemporaine comme dans l'Afrique coloniale par la variété standard dont l'école assure la transmission et la pérennité. Le français des non-lettrés se trouve ainsi aujourd'hui par rapport au français scolaire dans la même relation que les variétés véhiculaires des langues africaines par rapport aux idiomes correspondants, et il partage avec celles-ci suffisamment de traits communs pour que l'hypothèse d'une interférence ait pu s'imposer à certains ; l'erreur réside dans la signification attribuée à ces traits dont nous avons tenté de montrer qu'ils ne sont pas spécifiquement africains. Ainsi conçue, la parenté entre le français-tirailleur, pris pour échantillon de ce qu'a pu être le français colonial, et celui que pratiquent actuellement les non-lettrés est sociolinguistique plutôt que généalogique ; elle résulte de la permanence des conditions d'emploi et de l'analogie des fonctions imposées à l'un et à l'autre. Le français-tirailleur n'est pas l'ancêtre du français d'Afrique, il en est une première attestation.

**7.**

# Observations sur un corpus de français oral recueilli dans le sud du Cameroun [1]

## 1. — LES DONNÉES

### 1.1. — *Corpus et locuteurs*

Le corpus est constitué par seize enregistrements, effectués entre juin 1977 et janvier 1978 dans le sud du Cameroun, à Yaoundé, à Bonabéri (Douala), à Mbalmayo, Dschang et Sangmélima, par Carole de Féral ou par ses collaborateurs camerounais. Il s'agit d'un entretien, au commissariat de police de Bonabéri, en présence de C. de Féral et, épisodiquement, du commissaire, entre un inspecteur de police, J. M. O., et une jeune femme bamiléké de 22 ans, J. Ng., témoin (et victime) dans une affaire de coups et blessures (A5) ; de l'interview à la radio d'un homme d'affaires d'une quarantaine d'années, bamiléké, propriétaire d'un hôtel (B7) ; de quatorze conversations auxquelles C. de Féral participe dans plus de la moitié des cas. Elle a, pour interlocuteurs successifs, M. C., jeune fille de 19 ans, bamiléké, de niveau scolaire CM2 (A1) ; Jo., 22 ans ewondo, et J.,bulu, son mari (A2) ; Jos. 21 ans, bamiléké, CM2, épouse de R. Nj., également bamiléké, musicien et animateur à la radio (A3) ; C., maka, épouse d'un gendarme, non scolarisée (B1) ; H. O, une femme de plus de quarante ans, mariée, bamoun, non scolarisée (B2) ; A. A., bamoun aussi, un peu plus âgée, non scolarisée (B3) ; R. S., Gbaya de 41 ans, non scolarisé, employé de maison chez un Européen (B4) ; Co., un ancien chauffeur de taxi, bamiléké (A4). Les six autres conversations ne mettent en jeu que des Camerounais : un instituteur L. Mb.,bakoko, et un catéchiste bamiléké L. (A6) ; R. Nj., un chauffeur de taxi Ch. et ses

---

[1] *Bulletin du Centre d'Études des Plurilinguismes* (IDERIC), n° 5, décembre 1978.

passagers (A7) ; B., chauffeur à l'ONAREST, bamiléké (dschang) et papa P., ancien combattant âgé de 90 ans selon ses dires, de même ethnie ; il a été dans sa jeunesse "à l'école des blancs" (B5) ; J.S., instituteur, bamiléké (**feʔfeʔ**) et P., homme d'âge mûr, non scolarisé, bamiléké (bangangte) (B6) ; R.Nj. et trois petits enfants bamiléké : deux garçons Col., 8 ans, A., 6 ans, et une fille L. 5 ans (A8) ; enfin W. et N. dont nous ne savons rien (A9).

L'échantillon comprend donc vingt-cinq locuteurs (plus quelques participants occasionnels), dont dix-sept hommes et huit femmes, âgés de 5 à plus de 70 (90 ?) ans, en majorité bamiléké, quoique d'idiomes différents (dschang, bangangte, **feʔfeʔ**, etc.), mais aussi bamoun, maka, bakoko, ewondo, bulu et gbaya. Il n'est pas apparu d'ailleurs que la langue maternelle eût une grande influence sur la qualité du français parlé. Le degré de scolarisation est certainement beaucoup plus important, c'est pourquoi les textes ont été sommairement répartis en deux stocks A et B, d'une cinquantaine de pages dactylographiées chacun, selon que les principaux protagonistes ont été, ou sont supposés avoir été scolarisés ou non. Dans ce qui suit, les références au corpus sont identifiées par l'initiale ou les initiales qui désignent le locuteur et le numéro qui a été attribué au texte à l'intérieur du stock auquel il appartient.

### 1.2. — *Objet de la recherche*

L'étude est fondée sur les transcriptions établies par C. de Féral dont nous avons en règle générale respecté l'orthographe. Cette orthographe, conforme à l'usage standard, est sans aucun doute arbitraire en certaines occasions ; elle l'est de façon constante lorsqu'il s'agit de représenter le discours de sujets illettrés pour qui les mots n'ont pas de forme graphique. Une transcription phonétique n'eût pas été moins fallacieuse, pour la raison inverse, s'agissant de locuteurs capables de s'exprimer par écrit ; elle eût présenté les inconvénients supplémentaires de rendre lassante la lecture des passages cités, de leur conférer une sorte d'exotisme qui est ici tout à fait hors de propos, et de fixer l'attention du lecteur sur ce qui est, pour notre objet, d'un intérêt mineur : les particularités de prononciation.

Même débarrassé de ce pittoresque superficiel, le corpus présente suffisamment de bizarreries pour déconcerter l'observateur métropolitain. Sa caractéristique la plus immédiatement apparente est l'hétérogénéité : certains textes sont aisément intelligibles, en dépit de quelques singularités de vocabulaire et de syntaxe, d'autres sont d'interprétation difficile par référence à la grammaire du français standard, quoique le sens soit parfaitement clair en certaines de leurs parties. Un examen plus attentif montre que l'obscurité de ces textes est imputable pour l'essentiel à la prééminence des mêmes mécanismes qui produisent les tournures insolites ailleurs rencontrées, et qu'il n'y a pas de solution de continuité entre des usages apparemment conformes à la norme et ceux qui sont le plus manifestement aberrants. Cette proposition se trouve empiriquement vérifiée par l'aisance de l'intercompréhension : des locuteurs dont la compétence en français ne saurait faire de doute et avec lesquels le métropolitain n'aurait aucune peine à converser ne sont nullement déroutés par des énoncés que ce dernier tiendrait pour obscurs ou incompréhensibles. En témoignent l'interrogatoire de J. Ng. par J. M. O. (A5), les entretiens de B. et de J. S. avec P. ( B5, B6), et l'interview de "Monsieur B.P." (N. S.) (B.7). Il est évident que l'usage local tolère une ample marge de variation par rapport à une moyenne qui ne coïncide probablement pas avec la grammaire française telle qu'elle est transmise par l'institution scolaire. Notre recherche est une première tentative, qui pourrait être préliminaire à des analyses plus systématiques et plus rigoureuses, pour déterminer les domaines, l'axe et les limites de cette variabilité.

## 2. — L'ÉNONCÉ

**2.1.** — La caractéristique la plus manifeste de l'énoncé est la rigidité de sa structure. Dans les phrases interrogatives l'inversion du sujet ou du complément (sauf s'il s'agit d'un adverbe interrogatif) est exceptionnelle et ressortit vraisemblablement à l'hypercorrection. Ainsi J. M. O. (A5), qui pourtant surveille ses paroles, use-t-il régulièrement de tournures telles que :

> ... *Comment on peut dire ça.*

> ... *Ça le regarde en quoi ?*

> ... *Lui doit demander où tu vas en qualité de qui ?*

ses tentatives pour appliquer la règle d'inversion ne sont guère heureuses :

> ... *A quel titre il doit savoir pourquoi tu es sortie, pourquoi d'où viens-tu.*

Le complément d'objet suit régulièrement le verbe, sauf s'il s'agit d'un pronom ; encore l'exception ne concerne-t-elle que le pronom personnel :

> H. O. (B2) : ... *Il a laissé tout.*

Dans le cas de ce dernier, il semble que, pour certains sujets du moins, la règle soit de le placer avant le groupe verbal plutôt qu'avant le verbe dont il est grammaticalement le complément.

> N. S. (B7) : ... *et puis il me continue toujours à donner ça.*

**2.2.** — A ce schéma très strict viennent se superposer des éléments autonomes, dont la distribution est apparemment libre et qui ont pour fonction soit de mettre en relief un des termes de l'énoncé, soit d'insister sur le contenu global de ce dernier. Dans la mesure où ces éléments apportent une détermination, un complément d'information et sont choisis dans le répertoire des adverbes français, seule leur localisation dans l'énoncé peut surprendre :

> J. M. O. (A5) : ... *tu viens de dire que tu as accepté bien* [bien accepté] *qu'il soit ton concubin, mais que cela ne devait pas t'obliger absolument* [absolument pas t'obliger], *hein à rester son concubin* [sa concubine].

> ... *et aujourd'hui, parce qu'il a déjà quand même fait longtemps* [parce que ça fait quand même déjà longtemps].

Très souvent, cependant, ces éléments n'ont qu'une valeur expressive et ponctuent le discours de façon apparemment aléatoire. Le locuteur L. (A6), catéchiste, emploie à tout propos *vraiment* :

> ... *parce j'ai beaucoup toujours demandé à Dieu de ne pas vraiment me laisser aller ailleurs, il faut que vraiment mon corps, mon sang et mon cœur étaient tellement, vraiment, je le priais seulement être toujours à la mission.*

Il s'agit probablement là à la fois d'un témoignage de ferveur et d'un souci de beau langage. Beaucoup plus commun est l'emploi de *même*, attesté chez tous les informateurs, même chez L. (A6) qui laisse échapper un *beaucoup même* :

> J. M. O. (A5) : ... *Est-ce qu'il a même accepté ça comme ça ? Où toi tu te trouvais, où même, quand il a amené la plainte ici ?*

> Jos. (A3) : ... *Je voulais faire la cuisine, ça n'allait même pas.*

> M. C. (A1) : ... *il veut seulement voir mon père natal même.*

> H. O. (B2) : ... *Il avait plus de huit camions. Il avait même beaucoup des camions.*

> A. A. (B3) : ... *Ça n'a pas encore fait un an que je viens même d'arriver.*

> C. (B2) : ... *Même mon frère vient comme ça, hein, tu lui donnes même 500, même 200. Même tu lui donnes un vin rouge.*

> N.A. (A9) : ... *Bamenda est même animé plus qu'ici même.*

*Même* implique à la fois affirmation, identification, délimitation. *Là* et *comme ça*, souvent combinés : *comme ça là* font référence au contexte ou à la situation, à ce qui a été dit ou qui n'a pas à l'être, parce que supposé connu de l'auditoire :

> J. M. O. (A5) : ... *comme ce qu'on appelle djumba là, hein, en pidgin.*

> ... *comment s'appelle votre papa là ?*

> A. A. (B3) : ... *Le petit petit bombe qu'on lance là ... Le jouet là.*

> J. Ng. (A5) : ... *si je sors même comme ça, il va toujours ...*

> Jos. (A3) : ... *ça me faisait comme ça, je poussais, ça ne sortait pas, arrivé à un moment là, comme ca là, cela m'a attaqué à me faire toujours fort ...*

*là* étant également adverbe de lieu :

> J. Ng. (A5) : ... *Et puis il m'a demandé là que je venais.*

> Jos. (A3) : ... *Là où on se couche là, comme ça là.*

l'ambiguïté est éventuellement levée par redondance :

> M. C. (A1) : ... *Il est ici là en locataire.*

> C. (B1) : ... *Tu achètes 250, ici là à 1800.*

*C'est-à-dire*, très usuel également, est complémentaire et inverse de *"comme ça"* ; il introduit une précision ou une paraphrase, complète l'information fournie par le contexte linguistique :

> J. M. O. (A5) : ... *Est-ce que tu sais que ça entraîne automatiquement quelqu'un à des peines privatives de liberté ? C'est-à-dire que tu sais que cette affaire telle qu'elle est peut nous amener, nous amener à envoyer ce monsieur au Parquet et là-bas il peut gagner une prison.*

> J. O. (A2) : (Qu'est-ce que c'est l'histoire ?) — *L'histoire, c'est-à-dire je suis partie une fois au village, y a un cousin là au village ...*

ou bien par la situation :

> J. M. O. (A5) : ... *c'est-à-dire, il t'a manquée d'abord à la maison ou quoi ?*

Deux autres particules, dont la fréquence est grande chez certains locuteurs, sont *mais* et *aussi*. La première n'a aucune valeur adversative et marque seulement l'insistance, à peu près comme "eh bien", "et puis", "donc", "bref", "bien sûr" :

A. A. (B3) : ... *C'est mon beau pays, i y a mes parents, i ya mes frères, i ya mes sœurs, i y a mes ... tous mes ... mais c'est mon pays.*

J. O. (A2) : ... *Mais quand on était là-bas, mais il t'a dit de repasser dans la soirée.*

... ( — Et vous comptez vous marier ?) — *Oui, mais on compte se marier*

C. (B1) : ... *Quant tu dotes mais tu aimes la fille d'autrui.*

... *un camarade m'avait dit : mais tu sais ? j'ai dit non — mais tu es technicien à la cuisine, tu peux ouvrère restaurant.*

*Aussi* a valeur assertive ; il atteste la véracité de l'affirmation.

J. Ng. (A5) : ... *Parce que le gars aussi Moundi avait dit qu'il pensait que peut-être c'était mon frère.* [parce que Moundi, quant à lui, pensait ... ]

... *Je n'étais pas là, j'étais à l'hôpital, je suis aussi rentrée avant que j'ai su qu'on a déposé une plainte.*

M. C. (A1) : ... [se trouve sans argent] : ... *je vais aussi rester comme ça. Et comme mon père n'a pas encore touché, moi aussi je vais rester comme ça.*

C. (B1) : ... ( — mon nom, c'est Carole) — *Mon nom aussi c'est Colette.*

N. (A9) ( — Et la ville est animée ?) — *la ville était aussi animée.*

**2.3.** — Il convient d'examiner à part une série de locutions qui appartiennent à la catégorie dite "dicto-modale" par M. Houis : " [ce] sont des morphèmes qui ajoutent une détermination particulière portant sur l'ensemble de la proposition" (1967 : 246). Leur emploi ne ressortit plus à la stylistique, comme dans les cas précédents, mais à la grammaire ; on peut comparer le rôle qu'elles jouent à celui qui est assigné aux "constituants de phrase" par la grammaire générative (*cf.* J. Dubois et Fr. Dubois-Charlier, 1970 : XIII).

La plus banale de ces locutions est *est-ce que*, parfois présente dans la proposition subordonnée :

J. M. O. (A5) : ... *je demandais, euh, je voulais savoir où est-ce qu'elle* [la bagarre] *a eu lieu.*

Plus remarquable est l'emploi de *parce (que), pour cela que* en début d'énoncé. Ainsi dans ces fragments de dialogue entre J. M. O. et J. Ng. (A5) :

J. M. O.    : — *Qu'est-ce qu'il est pour toi ?*

J. Ng.    : — *Parce qu'on habite le même quartier, n'est-ce pas?*

J. M. O.    : — *Tu es partie voir le docteur ?*

J. Ng.    : — *Oui, Monsieur.*

J. M. O.    : — *C'est ton ami, le docteur ? qu'est-ce que tu es partie lui dire ? lui demander ?*

J. Ng.    : — *Non, Monsieur. Parce que j'étais tombée évanouie.*

J. M. O.    : — *Tu trouves normal que quelqu'un d'autre vient se mettre à te battre et que lui ne dise rien ?*

J. Ng.    : — *Parce que le gars aussi Moundi avait dit qu'il pensait que peut-être c'était mon frère.*

De même chez Jo. (A2) :

*Il vient raconter à Josué et qu'il n'a aucun droit de venir raconter des choses comme ça à Josué, Pour qui ... Pour cela que je me suis énervée, alors je suis allée dire à sa femme ...*

Les propositions introduites par ces "conjonctions" font évidemment référence au contexte, au thème de l'entretien ou du récit, mais elles ne peuvent pas être considérées comme dépendant d'une proposition particulière à laquelle elles seraient subordonnées. On peut être tenté de restituer une proposition principale postiche *C'est* ... qui figure effectivement dans certains énoncés :

H. O. (B2) : ... ( — Mais comment se fait-il qu'il ne travaille plus maintenant ? ) — *C'est parce qu'il a vu beaucoup de difficultés au pays, comme il a perdu son père, il partait toujours au pays pour arranger les ... l'affaire de terrain au pays. C'est pour ça alors qu'il n'a pas trouvé le moyen ...*

Il n'est pas sûr pourtant que cette restitution, suggérée par la grammaire du français standard, rende compte exactement de la structure des énoncés en question. Il y a équivalence de fait entre *pour cela que* (*cf.* ci-dessus Jo.), *c'est pour ça que* (ci-dessus H. O.) et *c'est ça alors* :

> C. (B.1) : ... *c'est ça alors je comprends un peu* [le français] *comme ça là.*

D'autre part *c'est* (*que*) joue fréquemment le rôle d'une particule assertive ; ainsi dans un échange de salutations :

> B. (B5) : ... *Ouais, si vous êtes bien, ça va. C'est que moi aussi je suis bien* [Eh bien, moi aussi],

ou dans les exhortations de la sage-femme à la parturiente :

> Jos. (A3) : ... *Si tu ne pousses pas, si l'enfant là meurt, c'est que c'est à toi qu'on va donner le tort.*

Il est souvent explétif :

> J. Ng. (A5) : ( — Vous dormez où ?) — *C'est à Beseke.*
>
> Co. (A4) : ( — Et vous récoltez combien de mois après la plantation ?) — *C'est après quatre mois.*

et apparaît même en incise à l'intérieur d'une proposition relative :

> J. M. O. (A5) : ... *à 21 h. à laquelle c'est la plupart des personnes commencent à rester dans leur famille* ...

Inversement papa P. (B5), ancien combattant fort âgé, ne le tient pas pour indispensable à la formation d'une proposition affirmative :

> *I se nourrit bien. Moi qui é seté* [acheté] *de l'huile.*

Tout porte à supposer que des locutions telles que *c'est parce que* sont redondantes, ou du moins comportent deux particules dicto-modales, l'une assertive, l'autre explicative, et que les propositions où l'une ou l'autre figurent constituent, au sentiment des locuteurs, des énoncés complets et cohérents.

## 3. — PROPOSITIONS TRANSPOSÉES

### 3.1. — *Propositions relatives*

La transposition d'une proposition en fonction de déterminant d'un des constituants nominaux de l'énoncé est marquée par l'emploi de *qui* ou de *que*.

*Qui* est régulièrement employé par tous les informateurs, quel que soit leur degré de compétence, lorsque le sujet de la proposition relative représente (a le même référent que ) l'antécédent :

> J. Ng. (A5) : ... *Y a pas seulement lui qui m'avait demandé.*

> Jos. (A3) : *René m'avait dit qu'il aura des invitées qui viendra manger ici*

> M. C. (A1) : ... *Mon père qui est à Loum, mon père qui est ici là.*

> A. A. (B3) : ... *Ce sont les gens de ici qui gâté notre pays.*

> N. S. (B7) : ... *C'était un tout à fait un cochon qui me gênait.*

Dans tous les autres cas, c'est *que* qui est utilisé.

> J. Ng. (A5) : ... *si je vois quelqu'un que je veux aller me marier* ...

> Jos. (A3) : ... *Il est déjà temps que tu vas accoucher.*

> M. C. (A1) : ... (a) *tout ce que j'en ai besoin.*

> : ... (b) *il n'y a rien que je peux manger aujourd'hui.*

> A. A. (B3) : ... *le petit bombe qu'on lance, partout, le petit petit bombe qu'on lance là* ... *Le petit petit machin qu'on jette.*

> Jo. (A2) : ... *je ne sais pas ce que ça va se passer là-bas.*

> N.S (B7) : ... (a) *partout que vous avez cultivé vous prendé quelque chose, ça va pousser.*

> ... (b) *je pars donner ce que je l'avais pris.*

Les énoncés de Jos., M. C.(a), A. A, Jo., N. S (b) montrent clairement que *que* n'assume aucune fonction à l'intérieur de la proposition "relative" ; il n'est pas un pronom, mais une particule introduisant une proposition complémentaire. Encore cette particule est-elle tenue par certains locuteurs pour explétive :

> R. S. (B4) : ... *une maison je construis là avant je travaille là à ENAM* [là où je travaillais avant ... ].

On est en droit de se demander si l'apparente correction grammaticale des relatives en *qui* n'est pas fallacieuse, et si l'on n'a pas affaire à la contraction de *que + il*, auquel cas il s'agirait de la même règle de juxtaposition (antécédent + que + proposition) dans tous les cas examinés. Un argument en ce sens est fourni par la curieuse décomposition de *qui* en *qu'il* à laquelle procède le locuteur N. S. (B7), probablement par souci de beau langage (il est la vedette d'une émission de radio) :

> *... je reçois surtout ma première femme qu'il est tout à fait lettré, qui qu'il connaît point [la question de ?] politique commerciale, qui a vraiment intérêt formidable de la commerce.*

de même plus loin :

> *... j'ai même ma première fille qu'il a 12 ans.*

La structure appositive sous-jacente à la "relativisation" apparaît en toute clarté dans l'usage de papa P. (B5) qui accole la formule apprise *tu connais* ou l'une de ses variantes, avec ou sans interposition de *que*, au nom qualifié :

> *... Oh, ma femme tu connais le pidgin y a pas* [une femme à moi qui parle pidgin, il n'y en a pas].

> *Parmi mes femmes les femmes qui ti e parlé de frɛnsi so[r]ti ave[c] le maraʒɛ* [les femmes qui connaissaient le français ont rompu le mariage] ; *i so (r)ti i di que n'é pas resté avec l'homme que tu n'é pas connaît ékriké* [elles sont parties en disant qu'elles ne restaient pas avec un homme qui ne savait pas écrire].

L'usage de pronoms et d'adverbes relatifs, au sens propre du terme, est rare ; il n'est constaté de façon régulière que chez un seul locuteur, J. M. O. (A5) :

> *... un certain Ngassa Jean avec qui vous auriez eu des bagarres.*

> *... vous êtes au courant du problème pour lequel vous avez été convoquée.*

> *... le jour où tu rencontres un mari ...*

> *... J'ai quatre messieurs là-bas, dont un étranger ...*

C'est à la fois l'indice d'une très bonne connaissance des règles grammaticales du français scolaire et la marque d'un style soutenu (officiel). Dans le courant de la conversation, l'usage commun resurgit :

> J. Ng. — *... il m'a demandé là que je venais.*

> J. M. O. — *... Il te demandait là où que tu venais ?*

réprimé, quelques instants plus tard, lorsque J. M. O. résume les propos de son interlocuteur :

> *... tu l'as trouvé et il te demandait d'où tu venais.*

### 3.2. — *Propositions complétives*

Le terme "complétif" n'est employé ici que par commodité. Il est certainement impropre si on en limite l'extension au type de relation qui s'établit entre un verbe tel que *dire, vouloir* ou *savoir* et la proposition qui assume par rapport à lui la fonction de complément d'objet. Il semble qu'en règle générale, dans le corpus étudié, la proposition apposée au verbe et généralement précédée de *que* doive être interprétée comme une glose, une explicitation du contenu de ce dernier, une expansion au sens que Martinet donne à ce terme ("tout élément ajouté à un énoncé qui ne modifie pas les rapports mutuels et la fonction des éléments préexistants" 1960, 4-30).

> J. Ng. (A5) : ... *Il a refusé qu'il ne va pas m'épouser.*

> Jos. (A3) : ... *ses sœurs m'ont retenue que je ne rentre plus, que je vais accoucher là-bas.*

> A. A. (B3) : ... *je l'envoie que les enfants sont malades, comment lui il va, s'il est encore ... si il est bien, si la situation marche bien, lui aussi m'envoie que oui, je suis bien, il n'y a rien qui me dérange.*

Lorsque le sens du verbe implique déclaration, intention ou connaissance, la construction est en apparence analogue à celle du français standard :

> C. (B1) : ... *Je ne connais pas que on cherché l'argent* [le fait de chercher de l'argent m'est inconnu, je n'ai pas à me soucier d'argent].

> N. S. (B7) : ... *Alors un jour la banque a téléphoné, il a dit que j'ai quarante-cinq ans.*

Cette analogie est probablement fallacieuse, *dire, connaître, savoir,* (et, semble-t-il, l'ensemble des verbes transitifs) étant susceptibles d'emploi absolu (*cf.* ci après 5.1).

> J. M. O. (A5) : ... *C'est lui qui a dit ? ... Tu sais comme ça ?*

> J. Ng. (A5) : ... *Oui, je connais comme ça.*

> A. A. (B3) : ... *Moi, je sais seulement ici à Yaoundé* [je n'ai d'informations que sur ce qui se passe ici ... ].

Ainsi une des locutrices, M. C. (A1) peut-elle substituer à *que*, selon un usage qui paraît lui être particulier, la locution *comme quoi* :

> ... *Lui, il me dit comme quoi il va quitter ici là.*

> *... Lui, il me dit comme quoi le quartier n'est pas joli ...*

> *... Moi, je lui ai dit comme quoi moi, je n'attaque pas moi.*

cp. Jos. (A3) : *... Je lui dis non puisque tu leur as déjà parlé qu'elles viennent manger ici.*

*Que* (ou *comme quoi*) inséré entre le verbe et la proposition "complétive" joue apparemment le même rôle que *que* inséré entre le nom et la proposition "relative".

Une autre variante de *que* est Ø ; elle apparaît deux fois chez la locutrice A. A., qui ailleurs emploie régulièrement *que*, dans des passages assez confus ; s'agissant du port du voile :

> *... C'est nous qui peut apprendre les petites filles qui sont mariées pour apprendre (?) mets comme ça. Parce que si tu ne fais pas comme ça tu ne peux pas connaître c'est valable.*

et à propos de schémas de scarifications :

> *... On a écrit d'abord dans le papier. Dans le cahier comme ça. Mais quand tu vois ça te plaît, tu commences à dire : oh, c'est beau.*

Chez N. S. (B7), *croire, trouver, vouloir, falloir, savoir* sont régulièrement accompagnés de *que*, mais trois fois sur quatre *dire* est suivi directement de la citation :

> *... Alors pour quitter de travailler moi j'ai quitté, je disais mais je n'ai même pas eu bagarre avec mon patron. J'ai fait une certaine politique, je l'ai dit mais je suis malade, ma famille m'a besoin de moi.*

La présence de *que* n'exclut d'ailleurs pas le "style direct" :

> *... Je fais un boukarou, je disais que mais je veux me reposer là, les gens ont trouvé que non c'est frais, c'est propre, il faut le rendre ça comme chambres* [l'aménager en chambres d'hôtel].

Cet usage est fréquent, et apparemment à tous les niveaux de compétence :

> J. M. O. (A5) : *... Mais est-ce que vous vous imaginez que moi je vais pas toujours mettre mon oreille devant votre bouche.*

> J. Ng. (A5) : *... J'ai aussi dit que non je ne peux pas moi vivre comme ça que c'est-à-dire que si je vois quelqu'un que je veux aller me marier, je ne dois pas me marier parce que tu m'as dit que, qu'on soit comme ça.*

Il correspond au degré d'élaboration le plus bas, où la transposition de l'énoncé (son "enchâssement") n'est manifestée que par la postposition au verbe et, habituellement, par la présence de *que*. La modification du choix des pronoms marque le stade immédiatement supérieur :

> Jos. (A3) : ... *René m'avait dit qu'il aura des invitées qui viendra manger ici.*

> N. S. (B7) : ... *Après, je suis devant ma famille, je croyais qu'il va me donne l'argent, ma famille me donne rien.*

> J. Ng. (A5) : ... *Il a dit que non, qu'il a déjà une autre femme dans la maison, qu'il veut seulement pour qu'on vive comme ça alors.*

> M. C. (A1) : ... *Voilà pourquoi je lui dis s'il veut quitter ici je peux encore faire, je peux alors partir rester chez nous.*

Elle est apparemment liée à la substitution de *si* à *est-ce que* dans les propositions interrogatives :

> J. Ng. : ... *C'est moi-même qui lui avais demandé s'il va me marier.*

La meilleure approximation de la norme scolaire comporte l'application des règles de concordance des modes et des temps.

> Jos. (A3) : ... *Puisque tu leur a déjà parlé qu'elles viennent manger ici.*

> J. M. O. (A5) : ... *Tu viens de dire que tu as accepté bien* [bien accepté] *qu'il soit ton concubin, mais que cela ne devait pas t'obliger absolument* [absolument pas t'obliger], *hein, à rester son concubin* [sa concubine].

Ces différents traits ne sauraient en aucun cas servir à caractériser des variétés de français camerounais ; ils se combinent librement chez un même locuteur en proportions variables selon les moments, parfois à l'intérieur d'une même phrase. Ainsi le discours de J. Ng. (A5) :

> ... *J'ai aussi dit que non je ne peux pas moi vivre comme ça que c'est-à-dire que si je vois quelqu'un je veux aller me marier je ne dois pas me marier parce que tu m'as dit que, qu'on soit comme ça.*

combine-t-il le "style direct" avec un emploi très correct du subjonctif. Son interlocuteur mêle, dans la langue officielle d'un procès-verbal dactylographié, ce même style et la concordance des temps :

> J. M. O. (A5) : ... *je lui ai fait savoir le fait d'être* [lacune : sa concubine ?] *devait nullement m'engager.*

Le souci de correction l'entraîne même à étendre le subjonctif exigé par le verbe *falloir* à l'ensemble de la complétive, relative inclue :

> *... et faudrait que ce que tu dises démente ce qu'il a dit.*

Tout au plus peut-on supposer que la connaissance de la règle de concordance des temps (attestée chez J. M. O. et J. Ng.) implique celle de la concordance des modes (car Jos. (A3) possède celle-ci, mais non la précédente) et que l'une et l'autre présupposent l'aptitude à remplacer les pronoms du style direct par ceux du style indirect, aptitude constatée chez tous les locuteurs sauf chez N. S. (B7). L'insuffisance du corpus rend ces déductions très incertaines.

## 4. — SUBORDINATION

**4.1.** — Les relations sémantiques qui sont habituellement exprimées en français standard par le procédé syntaxique de la subordination le sont fréquemment dans le corpus soit par la simple juxtaposition de propositions indépendantes décrivant l'enchaînement des procès :

> C. (B1) : ... *je tape, je viens encore, je dors* [après avoir battu la pâte à beignets, je reviens me coucher].

> Jos. (A3) : ... *Vous êtes partie, j'avais fait deux jours, j'ai accouché* [il n'y avait pas deux jours que vous étiez partie que j'ai accouché].

> A. A. (B3) : ... ( — Mais pourquoi vous êtes à Yaoundé alors ?) — *Je suis à Yaoundé, c'est mon mari qui m'a amenée.*

soit par l'emploi de termes lexicaux :

> Jos. (A2) : ... *j'étais énervée, je suis allée alors là bas* [comme j'étais énervée, je suis allée là-bas].

> M. C. (A1) : ... *il ne veut pas voir les grands parents. Voilà pourquoi maintenant ... il y a les affaires comme ça là.*

Cependant trois conjonctions de subordination sont connues de l'ensemble des locuteurs et fréquemment employées :

**4.2.** — *Si* marque régulièrement l'éventualité et est suivi du présent de l'indicatif :

> J. O. (A2) : ... *si on te taxe deux sacs de morue, qu'est-ce que tu vas faire ?*

Il est rare que la proposition introduite par *si* énonce une supposition contraire à la réalité :

> Jos. (A3) : ... *ça fait un moment si je veux aller aux selles, aux W.C* [comme si je voulais aller ... ].

Cet emploi de *si* est pourtant familier au locuteur N. S. (B7) non scolarisé et qui a appris le français par l'usage :

> ... *Si j'avais pas placé les transports en 1969, aujurd'hui je peux avoir quelque chose mais aujourd'hui ce que j'ai, j'ai que le Vespa.* [si je n'avais pas fait de placement ... je pourrais aujourd'hui posséder ... ].

> ... *Je voulais monter sur lui si j'étais dans le grande vitesse* [je serais passé par dessus (le cochon qui me barrait la route) si j'étais allé très vite].

> ... *Puisque si je partais à l'école aujourd'hui, mais les affaires va pas marcher* [si maintenant j'allais à l'école, mes affaires ne marcheraient évidemment pas].

L'emploi du conditionnel dans la proposition principale est exceptionnel, même chez des locuteurs qui d'autre part manient le français avec beaucoup d'aisance :

> R. N. (A7) : ... *si c'était moi, vous pouvez me supporter ?* [dans un taxi, question à un passager qui a accepté de prendre un autre client sur ses genoux ].

Il n'est constaté que chez J. M. O. (A5) et doit probablement être interprété comme la marque d'un style châtié, encore que la concordance des temps y soit approximative :

> ... *si c'était donc ton frère, il t'aurait battue ?*

> ... *si vous, vous n'étiez pas évanouie, vous ne vous auriez pas plainte.*

Enfin, l'emploi de *si* pour introduire non pas une hypothèse, mais la constation d'un état de fait dont la cause va être expliquée semble correspondre à un haut degré de compétence. On ne le trouve que chez J. M. O. inspecteur, et L. Mb. instituteur :

> J. M. O. (A5) : ... *Bon, si je te pose cette question, c'est parce que il semble qu'entre ce monsieur et toi y aurait déjà eu des relations intimes.*

> L. Mb. : ... *Moi, je crois que si Monseigneur ne vous rend pas souvent visite, c'est à cause de sa grande responsabilité.*

**4.3.** — *Quand* est la conjonction habituellement employée pour introduire une proposition exprimant, à quelque degré, une localisation dans le temps :

> A. A. (B3) : ... *Mais ce sont les gens de ici qui gâté notre pays parce que tu sais quand i va là-bas pour aller payer amener ici, comme on voit que on amène beaucoup l'argent là-bas pour amene le manger ici on monte l'argent.*

Il sert parfois, comme en français standard, à évoquer une éventualité et entre en concurrence avec *si*, comme l'attestent les exemples suivants :

> L. (A6) : ... *Quand le papa il a dix enfants, il est obligé de les corriger* ... (Est-ce que vos enfants se conduisent bien ? Comme les enfants chrétiens ?) — *Quand je leur conduise un peu mauvais, i doivent être mauvais, si je conduise bien i doivent être bien.*

Chez la locutrice C. (B4), jeune femme non-scolarisée, *quand* semble remplacer *si* dans cet emploi :

> ... *Je dis que quand moi aussi je veux dormir et mon mari aussi il dort, on va faire avec la famille ici ?* [si je veux dormir (au lieu de préparer des beignets), étant donné que mon mari, lui, dort, comment allons-nous nous tirer d'affaire ?].

> ... *Même tu es un grand, tu es ... quand tu es le planteur. Même ça fait un an* [supposons que tu sois un notable, un planteur, il te faudra un an (pour verser la dot)].

La locutrice Jos. (A3) est la seule à employer *lorsque*, au lieu de *quand* ; elle utilise aussi, à bon escient, *dès que* et *jusqu'à ce que* ainsi que *comme* pour indiquer, semble-t-il la concomitance :

> ... *Comme on était marié, on était à Douala* [au moment de notre mariage ... ].

> ... *On a fait à peu près trois mois au village comme il était malade* [lors de sa maladie].

L.Mb. (A6), instituteur, fort soucieux d'exactitude grammaticale, emploie aussi *dès que*. J. M. O. (A5) dispose d'un répertoire relativement riche dont il maîtrise les ressources : *quand, pendant que, en attendant que, avant que, maintenant que*. Les autres sujets n'usent guère que de *quand* ; *depuis que* est cependant employé par papa P. (B5), homme âgé au français fort hésitant (mais jadis scolarisé et ancien combattant) :

> ... *Depuis que le Français i laissé moi ici, je n'ai pas pour entrer dans la voiture.*

ainsi que par H. O. (B2), femme d'une quarantaine d'années, non scolarisée :

> ... *Depuis que je suis avec lui, il avait* [a eu] *plus de douze camions* [à la fois],

enfin N. S. (B7) se sert de *dès que* une seule fois, au hasard semble-t-il, pour évoquer une éventualité improbable :

> ... *Dès que je sera heureux c'est moment que je suis maladie* [pour être oisif (?), il faudrait que je sois malade].

**4.4.** — *Parce que* (*ou parce*) est d'emploi très fréquent, chez tous les informateurs. Il est en concurrence avec *puisque* chez ceux d'entre eux qui manifestent le plus d'aisance (ou le moins de réticences) dans le maniement de la langue française, et avec *comme* chez les autres. Le principe de complémentarité paraît être le même dans les deux cas : *parce que* fait référence à la cause immédiate du fait, *puisque* ou *comme* aux conditions qui l'ont rendu possible ou nécessaire. Ainsi, chez Jos. (A3) racontant les circonstances de son accouchement :

> ... *il* [mon mari] *me dit de laisser la nourriture puisque je suis malade. Je lui dis non puisque tu leur es déjà parlé qu'elles viennent manger ici, il faut que je supporte, que je prépare.*

mais :

> ... *Elle* [la sage-femme] *dit : Madame, ne descends pas, reste sur la table, parce que il est déjà temps que tu vas accoucher.*

La valeur de *puisque* est clairement explicitée dans le style redondant de L. Mb. (A6) :

> ... *Oui, puisque la tâche est abondante, c'est pourquoi Monseigneur a délégué aussi à certaines personnes une partie de son Ministère ...*

N. S. (B7) marque une nette prédilection pour l'emploi de *puisque* (douze attestations contre trois de *parce que* et une de *comme*) ; mais il semble bien que *puisque* ne soit pour lui qu'une variante, probablement tenue pour élégante, de *parce que* et que la complémentarité évoquée plus haut lui soit tout à fait étrangère. Ainsi dans cet exposé sur l'inconvénient qu'il y a à trop manger :

> ... *même si le voleur passe chez moi je ne senti pas puisque j'ai mangé.*

> — (Il peut même vous couper votre tête ... ) — *Non, i peut couper ma tête, mais je suis endormi, je ne sens pas parce que j'avais mangé ...*

*Sous prétexte que* et le très administratif *vu que* n'apparaissent que chez J. M. O. (A5).

**4.5.** — Les conjonctions qui viennent d'être citées ne sont pas les seules attestées dans le corpus ; mais, à deux exceptions près, les autres n'apparaissent que chez ceux des informateurs qui connaissent le mieux le français et qui souhaitent le manifester : *alors que, sans que, au point que* chez J. M. O. (A5), *tandis que* chez B. (B5) ; *comme* (au sens de "de la manière que") est également employé par J. M. O., une fois par N. S. (B7) dans une locution stéréotypée :

> *... je n'ai trouvé jamais l'argent en liquide, comme vous me voyez.*

mais une fois aussi par C. (B1) dont le répertoire est pourtant, en ce domaine, fort limité (*quand, parce que, comme* [étant donné que]).

> *... je mélange ... avec l'eau, l'eau chaude mais ce n'est pas chaud que ... comme on lave le bébé qui est....*

*Pour que*, suivi du subjonctif (au lieu de "pour + infinitif", très courant) est la marque d'un discours soigné ; J. M. O. l'emploie sans nécessité dès le début de son interrogatoire dans le but d'impressionner son interlocutrice :

> *... je vais pas toujours mettre mon oreille devant votre bouche pour que je vous entende.*

On trouve également *pour que* chez B. (B5), chez Jos. (A3), chez M. C. (A1), tous scolarisés, mais aussi chez M. O. (B2) qui ne l'a pas été :

> *... je réveille les enfants à 5 h. le, 6 h. le matin. Pour qu'elles fassent le ménage, la maison.*

L'étroitesse de notre corpus ne permet pas d'évaluer les limites de cette variation, ni de discerner des rapports d'implication dans l'emploi des différentes conjonctions. Tout au plus peut-on constater que les circonstances qui donnent lieu le plus communément à la construction de subordonnées sont le temps, la cause et l'éventualité ; mais même pour celles-ci, les locuteurs les moins familiers avec les règles de la grammaire française standard évitent de recourir à la subordination et procèdent soit par construction de syntagmes nominaux :

> N. S. (B7) : ... *Alors, pour question de l'argent, je me suis vené à Bertoua en 1966 ...*

soit par juxtaposition de propositions indépendantes :

> A. A. (B3) : ... *on ne dote pas les femmes chez nous ... chez nous c'est comme on fait le cadeau. Tu peux chercher comme le coca-cola comme ça. Et comme le citron comme ça. Tu pars donner chez les parents des filles. C'est d'accord de prendre les filles et te donner. Chez nous on ne vend pas les filles comme les autres pays.*

## 5. — LE VERBE : FORMES ET EMPLOIS

### 5.1. — *Non transitivité*

Une des caractéristiques les plus évidentes du verbe, tel qu'il est employé dans le corpus, est la non-pertinence des notions de transitivité et d'intransitivité. Tout verbe est susceptible d'emploi absolu :

> A. A. (B3) : ... *moi je sais seulement ici à Yaoundé.*

et tout verbe peut être accompagné d'un déterminant que l'analogie des constructions nous porte à interpréter comme un complément d'objet, mais dont le statut est probablement plus proche de celui de l'adverbe, du complément circonstanciel ou de toute autre expansion facultative ; ainsi par exemple dans ces deux énoncés du même locuteur R. S. (B4) :

> ... *tout le gens chez nous là-bas on travaille le champ.*

> ... *Mon père, il fait le travail le champ.*

où le *champ* ne fait que préciser le domaine où s'exerce l'activité du sujet ; R. S. a aussi "travaillé le pont", comme manœuvre, et "de l'or", comme orpailleur. P. (B6) a "travaillé le manœuvre de SCOA". De là des tournures surprenantes constatées chez les locuteurs qui ont apparemment une bonne connaissance du français standard. J. M. O. (A5), inspecteur de police dans l'exercice de ses fonctions, consigne dans son rapport :

> ... *Vu que les coups que j'ai reçus ou les coups que j'ai encaissés m'ont évanouie.*

et commente, à l'usage du témoin :

> ... *Bon, tu as eu des coups et tu étais évanouie.*

Chez Jos. (A3), "accoucher" apparaît dans trois constructions en apparence différentes, mais structuralement identiques :

> *... là où on accouche là comme ça là.*

> *... elle voit comme la tête s'est déjà accouchée.*

> *... j'ai accouché le garçon-ci.*

Le chauffeur de taxi (A7) affirme, en un raccourci expressif :

> *... S'il me tape, je le tape aussi la tête.*

Le caractère facultatif de l'expansion "objectale" a deux conséquences. La première est que dans le discours, sa répétition constitue une redondance dès lors qu'on a indiqué une fois pour toutes quel était l'être ou l'objet concerné par le procès. Le critère d'appréciation est sémantique et non grammatical. De là les cas très fréquents d'"'élision du complément d'objet" :

> C. (B1) : ( — On doit donner la dot aussi ?) — *On donne.*

> A. A. (B3) : ( — Mais vous, vous ne mettez pas le foulard comme ça ?)

> — *Moi, je mets.*

> J. M. O. (A5) : *... y avait seulement une condition que M. Ngassa devait respecter, celle que le jour où tu rencontres un mari, hein, qu'il ne s'oppose pas.*

> L. (A6) : *... Mais [Monseigneur] a déjà ... c'est-à-dire ses catéchistes pour pouvoir attirer les autres, donner le bon doctrine, enfin attirer les autres. Mais si le catéchiste n'est pas là, le Monseigneur il peut pas quand même aller dans le quartier attirer partout ...*

La seconde conséquence est la suppression de la conjugaison pronominale où le pronom complément d'objet fait double emploi avec le sujet, puisqu'il fournit exactement la même sorte d'information :

> J. M. O. (A5) : *... Comment vous appelez ?*

> Jos. (A3) : *... Je sentais mal aux reins.*

> H. O. (B2) : *... Parce qu'il a cassé le pied.*

En revanche, le pronom est très souvent employé avec la valeur d'un "datif d'intérêt", pour marquer la participation du sujet parlant, ou de son interlocuteur, au procès évoqué :

J. M. O. (A5) : ... *le garçon que tu m'appelles Moundi.*

J.O.S. (A3) : ... *Madame, si ça te commence, il faut pousser, Madame.*

C. (B1) : ... *Moi je fais seulement comme ça pour me réveiller mes enfants.*

L. (A6) : ... *i peuvent comprend(r)e, i se comprennent un peu mieux.*

R. S. (B4) : ... *je me suis voi encore une fille.*

N. S. (B7) : ... *Quand le client est servi, il se danse.*

R.Nj. (A7) : ... *Mais vous nous perdez le temps en ce moment là.*

### 5.2. — *Organisation du système verbal*

#### 5.2.1. — *Les pôles de la variation*

Pour la commodité de l'exposé, on peut considérer que les modes d'utilisation du système verbal se répartissent entre deux extrêmes. L'un est constitué par l'exploitation, en accord avec la norme standard, de l'ensemble des ressources qu'offrent ce système ; soit l'emploi de la totalité des paradigmes qui constituent la "conjugaison" (à l'exclusion du passé simple, de l'imparfait du subjonctif et des temps composés de ce mode qui ne sont nulle part attestés dans le corpus) et l'application des règles de concordance qui déterminent la distribution des formes modales et temporelles. L'usage du locuteur J. M. O. (A5) est habituellement conforme à ce modèle : maniement aisé des temps et des modes :

> *... moi, je voudrais que mon patron qui est devant moi là entende.*

emploi des formes composées de l'infinitif et du participe présent :

> *... c'est toi seule qui peut le savoir, étant donné que tu reconnais déjà avoir eu des relations intimes avec lui.*

> *... M'ayant trouvée en train de causer avec Moundi Paul.*

Le participe présent est prédicat, comme ci-dessus, ou bien circonstant ("gérondif") :

> *... qui a déclenché la bagarre ... en frappant le premier.*

L'autre extrême est constitué par l'emploi d'une forme aoristique non fléchie, dérivée de l'infinitif (le plus souvent en [e] :

> Papa P. (B5) : ... *Les femmes i cherché dé nourriture aux champs pour venir, jé donné l'huile, i préparé avec pour nourri les enfants.*

> N. S. (B7) : ... *Les clients arrivé ... i trouvé que ce qui l'est meilleur,*
> *i payé comptant.*
>
> ... *En 1956 je me rentré au pays en Babadjou.*
>
> R. S. (B4) : ... *On arrive en fa(ce) du marigot, bon, on prendé un fil*
> *de fer.*

Cette forme aoristique cœxiste en général avec une forme périphrastique marquée pour le passé comportant le verbe *être* ou le verbe *avoir* :

> N. S. (B7) : ... *et puis en 1954 je me suis rendre à Douala*
>
> ... *le feu s'est éteindre.*
>
> ... *il n'a jamais prené, le sol.*
>
> R. S. (B4) : ... *Kundi, c'est vers de R.C.A, c'est là qu'on est*
> *descend ...*

Cependant papa P. (B5) dont le discours français donne l'impression d'être fait surtout de formules apprises et non analysées paraît employer indifféremment la forme simple et la forme périsphrastique avec la même valeur aoristique :

> ... *J [e] parti avec lui à dispensaire.*
>
> ... *Moi qui [e] acheté l'huile [c'est moi qui achète].*
>
> ... *Je connais parler. Tu n'[e] pas pour tromper moi avec le français.*
> *Tu [e] parlé de français moi je comprends bien.*
>
> ... *et tu [e] cherché ma femme pour aller où maintenant là ?*
>
> ... *toi aussi tu [e] seré vieux.*

Une telle présentation des faits est largement arbitraire, en ce qu'elle ne rend pas compte de la variabilité des usages constatés chez les locuteurs. Il est vrai que J. M. O. (A5) ne commet guère de fautes de conjugaison et qu'il applique correctement les règles de concordance ; mais il lui arrive de dire par inadvertance :

> ... *si vous ne vous étiez pas évanouie, vous ne vous auriez pas*
> *plainte ?*
>
> ... *qu'est-ce qu'il y a eu pour que vous demandez maintenant que cela*
> *s'arrange à l'amiable ?*
>
> ... *Tu trouves normal que ... quelqu'un d'autre vient te battre et que*
> *lui ne dise rien ?*

Réciproquement papa P. (B5) est capable de choisir la forme correcte de l'auxiliaire :

> *... Oui le médecin-chef i m'a donné un petit papier, je suis allé payer le médicament.*

L'étude de cette variabilité est rendue hasardeuse par les caractéristiques mêmes du corpus : celui-ci est clos, peu étendu ; il met en jeu un petit nombre de locuteurs qui traitent pour la plupart de thèmes analogues : vie quotidienne en ville, affaires de famille, histoires de quartier. Il n'est jamais sûr, en ce qui concerne les textes courts surtout, que la compétence de tel locuteur en français rudimentaire n'est pas plus étendue qu'elle ne le paraît, ou réciproquement que la correction du langage de tel autre n'est pas l'effet d'une vigilance qui n'aurait pas pu être longtemps soutenue. De plus le choix des sujets d'entretien favorise beaucoup plus la référence à des faits contumiers ou à des événements passés que la formulation d'hypothèses ou l'évocation du futur. Sous ces réserves, il est cependant possible de décrire trois domaines où la variabilité paraît présenter quelque cohérence.

**5.2.2.** — *Répertoire des paradigmes verbaux*

L'étendue de ce répertoire varie selon les locuteurs, mais non pas, semble-t-il, au hasard. Le système verbal minimum comporte trois "temps" : l'un non marqué, exprimé par la "forme aoristique" mentionnée plus haut, le second, dont la forme est habituellement celle du passé composé, mais peut emprunter occasionnellement celle de l'imparfait ou du plus-que-parfait, indiquant le passé, et le troisième, périphrastique (avec l'auxiliaire *aller* ) marquant le futur. Ce système semble être celui dont use papa P. (B5) ; il se manifeste chez des sujets qui disposent de ressources plus étendues par la confusion occasionnelle des emplois du passé composé, de l'imparfait et du plus-que-parfait :

> R. S. (B4) : *... c'est-à-dire quand j'étais pris [appris] le sango, j'étais très gosse, quand on était commencé travailler de l'or ...*
>
> *...* ( — Et vous avez été déjà en Empire Centrafricain ?) — *Oui, j'étais là même à Bangui, j'étais à Berberati, j'étais à Bouar ...*
>
> *... Comme je commencé marier en 54 et j'ai pas beaucoup d'argent et je lui donnais des 37 000.*
>
> M. C. (A1) : *... Mais il ne faut pas parler très fort.* ( — Pourquoi ?) *— C'est ce que le docteur m'avait dit.*

Peut-être faut-il imputer aussi au caractère "non-marqué" du présent (dont les formes sont employées en concurrence avec celles de l'aoriste chez les locuteurs les moins compétents et s'y substituent chez les autres) l'équivalence qui s'établit fréquemment, dans le récit, entre celui-ci et l'imparfait.

> Jos. (A3) : ... *Ça me faisait toujours mal. Je faisais les tours, là. Dehors, je faisais les tours, je faisais les tours, je faisais les tours, je fais des tours. Là je fais des va-et-vient je rentre. Le soir, vers les 19 heures, ça n'allait pas, la sœur chauffe l'eau ...*

Le degré d'élaboration immédiatement supérieur correspond à la distinction opérée, au moins dans certains cas, entre l'imparfait, employé pour marquer la durée dans le passé, et le passé composé, exempt de cette connotation :

> C. (B1) : ... *J'étais ici à Yaoundé, bon, mon mari elle m'a pris ici à Yaoundé. Nous sommes à Douala, à Loum, pareil, nous sommes quittés encore là-bas à Ebolowa ...*

Cette distinction paraît être commune à l'ensemble des informateurs, sauf papa P. (B5). Assez curieusement, c'est le subjonctif qui vient s'ajouter, chez les locuteurs A. A. (B3) et H. O. (B2) à l'inventaire des paradigmes disponibles ; encore ne s'agit-il chez A. A. (B3) que de la troisième personne du singulier du subjonctif présent de *être* ; il apparaît d'une manière générale que la flexion du verbe *être* est de beaucoup la mieux connue par tous les locuteurs y compris papa P. (B5) ; mais chez H. O. (B2), c'est le verbe *faire* qui est correctement fléchi :

> ... *Je réveille les enfants à 5 h. le, 6 h. le matin. Pour qu'elles fassent le ménage, la maison.*

L'emploi délibéré du plus-que-parfait pour marquer l'antériorité dans le passé est apparemment propre aux locuteurs qui disposent du subjonctif, mais la réciproque, du moins en ce qui concerne A. A. (B3) et H. O. (B2), n'est pas vraie :

> J. (A2) : ... *Ah, tu vois, moi j'avais baratiné une fille comme ... j'avais vu ici, quoi. Elle venait de temps en temps venir. Elle venait de temps en temps acheter la viande à la charcuterie : j'avais vu comme ça. J'ai commencé à la baratiner, euh ...*

Le recours au futur simple (en plus du futur périphrastique, toujours présent) atteste une maîtrise de la morphologie verbale qui présuppose toute les acquisitions précédentes — du moins en ce qui concerne les verbes autres que *être*. Il semble aller de pair avec la capacité d'employer le conditionnel et d'utiliser correctement le participe présent. Le répertoire maximal ainsi constitué caractérise le degré supérieur de compétence auquel seuls les locuteurs J. M. O. (A5), L. Mb. (A6), R. Nj. (A7 ; A8), W. (A9), Nj. (A9) et peut-être Ch. (A7) et C. (A4) ont accédé.

La relative netteté de cette échelle n'a été acquise qu'au prix de quelques extrapolations. Il se trouve par exemple que L. (A6) qu'on serait tenté de situer au niveau supérieur n'a pas eu l'occasion de produire des formes de plus-que-parfait ; les seules formes de subjonctif, de conditionnel et de futur simple qu'on relève dans son discours sont celles du verbe *être* ; mais il peut employer le gérondif :

> ... *Vous ne pouvez pas, en quittant, laisser votre fusil à la maison.*

L'usage de R. S. (B4) est, comme on l'a vu, caractéristique du niveau élémentaire ; et pourtant on relève dans son discours une attestation, morphologiquement et syntaxiquement tout à fait correcte, du conditionnel :

> ... *S'il marchait avec ma fille on croirait c'est ma fille aussi.*

Le locuteur le plus difficile à situer est certainement N. S. (B7) qui manie avec aisance et volubilité le présent, le passé composé, l'imparfait, le plus-que-parfait et le futur périsphrastique, qui emploie le futur simple du verbe *être* :

> ... *Dès que je sera heureux c'est moment que je suis maladie.*

et le conditionnel :

> ... *Si je pourrais faire un régime de ne pas manger ...*

mais n'use que fort peu du subjonctif (seulement pour *être*) et recourt volontiers à la forme aoristique :

> ... *Je l'ai dit, mon cher ami, tu fâché, j'ai quoi ? je n'ai rien.*

Néanmoins, compte tenu de ces singularités qu'on peut tenir pour idiosyncrasiques, on admettra l'existence d'une corrélation relativement stable entre le mode d'acquisition, scolaire ou non, du français, l'emploi de formes verbales aoristiques et l'étendue du répertoire des paradigmes verbaux, les non-scolarisés usant seuls de formes invariables et non marquées et les scolarisés disposant en principe d'une gamme de "temps" beaucoup plus riche incluant les formes modales.

### 5.3. — *Flexion du verbe*

La fréquence des "fautes" concernant la morphologie du verbe est inversement proportionnelle à l'étendue du répertoire des paradigmes.

#### 5.3.1. — *Alternances morphologiques*

Le fait qu'en dépit de la présence du pronom qui marque la personne (et qui pour cette raison est fréquemment inséré, à la troisième personne, entre le verbe et le nom sujet) le signifiant verbal soit soumis à des variations de forme constitue apparemment une difficulté importante pour ceux des informateurs qui n'ont pas subi le dressage scolaire. Les autres ne sont pas pour autant exempts d'erreur. Ainsi de Jos. (A3), qui pourtant "conjugue" habituellement avec aisance :

> ... *René m'avait dit qu'il aura des invitées qui viendra manger ici à midi.*

Deux procédés sont conjointement utilisés pour éluder le problème. Le premier consiste, comme ci-dessus, à supprimer l'alternance ; la chose est courante à la troisième personne :

> L. (A6) : ... *Comment est-ce que vraiment les enfants aussi peut quand même avoir peur de nous* ...

> H. O. (B2) : ... *Quand les enfants partent alors à l'école* ...

> ... *Il est chauffeur. Il parte à Nord, Garoua, Fort- Lamy, partout.*

> (Mais ... *Après ça, je pars au marché*)

> A. A. (B3) : ... *Mais ce sont les gens de ici qui gâté notre pays parce que tu sais quand i(ls) va là-bas pour aller amener ici* ...

> ... *Ce sont les femmes mariées qui met le foulard comme ça.*

> ... *Maintenant les filles ne fait plus ça.*

> N. S. (B7) : ... ( — Ils sont méchants, les chiens ?) — *Is sont tout à fait méchants, ils sont bien gardés puisque je les nourris avant moi, i(ls) boit avant moi, i (ls) dort avant moi* ...

mais on la constate aussi pour d'autres personnes :

> B. (B5) : ... ( — J'ai trente-cinq femmes avec cent cinquante-deux enfants) — *Mais vous les nourrit avec quoi, papa ?*

et pour des formes non-personnelles :

> A. A. (B3) : ... *Comme on voit que on amène beaucoup de l'argent là-bas pour amène le manger ici ...*

L'autre moyen, fréquemment combiné avec celui-ci, comme chez A. A. (B3) qui utilise dans la même phrase : "*pour aller amener ici*" et "*pour amène le manger ici*" est de traiter les différentes formes du verbe comme des variantes libres :

> L. (A6) : ... *Quand je leur conduise un peu mauvais, i(ls) doivent être mauvais, si je conduise bien i(ls) doivent être bien ... Il nous, vraiment, il nous conduit aussi de pousser encore ses enfants là ...*

> N. S. (B7) : ... *Même si le voleur passe chez moi, je ne senti pas puisque j'ai mangé ... i(l) peut couper ma tête, mais je suis endormi, je ne sens pas parce que j'avais mangé.*

> ... *J'avais pas prend l'argent en main comme ça là.*

> ... *il n'a jamais prené, le sol.*

### 5.3.2. — *Confusion des auxiliaires*

Le choix des auxiliaires *être* ou *avoir*, pour la formation des temps composés des verbes, est déterminé, en français standard, par la valence transitive ou intransitive de ceux-ci (tous les verbes transitifs sont conjugués avec *avoir*), leur mode de conjugaison (tous les verbes pronominaux sont conjugués avec *être* ) et leur contenu sémantique (les verbes intransitifs sont conjugués avec *être* s'ils expriment un état, un changement d'état ou un mouvement). Les deux premiers critères sont évidemment inopérants dans la variété de français examinée ici (*cf.* ci-dessus 5.1) et le troisième ne paraît pas y être pertinent.

L'exactitude du choix dénote donc une grande familiarité avec le lexique français ; elle est probablement déterminée davantage par la fréquence d'emploi que par le degré de scolarisation. J. M. O., inspecteur de police, L. Mb., instituteur, R. Nj. animateur à la radio, les chauffeurs de taxi, J. et sa femme Jo. qui manient le français avec beaucoup d'aisance ne commettent guère d'erreurs. (J. M. O. enfreint cependant la règle de la conjugaison pronominale : *vous ne vous auriez pas plainte*). Pour qui se fonde sur des réminiscences scolaires, les verbes de mouvement font difficulté : les deux jeunes femmes M. C. et Jos., qui ont poussé leurs études jusqu'au CM2, hésitent entre *j'ai quitté* et *je suis quittée* ; la seconde semble avoir tendance à généraliser l'emploi de *être* pour les verbes de mouvement, transitifs ou non :

> ... *Il était malade à Douala et puis on lui est transporté au village à côté de son frère.*

Chez les autres locuteurs, le choix paraît être fort aléatoire :

> L. (A6) : ... *Il y avait une brebis qui avait un peu perdu là* [qui s'était perdue].

> C. (B1) : ... *Il a arrivé là-bas.*

> A. A. (B3) : ... *Il m'[ɛ] écrit, moi aussi je l' [ɛ] écrit.*

L'ambiguité de la transcription, dans ce dernier exemple, illustre un problème particulier. A. A. emploie communément l'auxiliaire *avoir* et le conjugue correctement :

> ... *On a écrit d'abord dans le papier.*

> ... *Les femmes qui ont duré.*

> ... *Je n'ai pas comprendre.*

Rien ne s'oppose à ce que [ɛ], dans *je l' [ɛ] écrit* soit la première personne du singulier de ce verbe, mais non pas dans *il m' [ɛ] écrit* où on est tenté de restituer une forme du verbe *être*. Il n'est pas sûr cependant que cette restitution soit légitime. On retrouve le même phénomène chez R. S. (B4) :

> ... *après on a travaille le pont je me suis voi encore une fille alors je lui demande, elle m'[ɛ] aimé, je l' [ɛ] mariée.*

qui d'autre part dit :

> ... *Kundi c'est vers de R.C.A, c'est là qu'on [e] descend.*

Ce [e] ou [ɛ] est systématiquement employé par papa P. (B5) à côté de rares attestations identifiables de *être* et de *avoir*.

> ... *Les Français ... qui [e] laissé moi comme ancien combattant.*

Tout se passe comme si, aux formes fléchies des auxiliaires *être* et *avoir*, s'ajoutait parfois, en variation libre avec elles, une marque invariable de parfait.

### 5.4. — *Concordance*

L'existence de contraintes pesant sur le choix des temps et des modes dans la proposition dépendante est en français standard une des manifestations du lien syntaxique qui unit principales et subordonnées. La structure de la phrase dans la variété étudiée n'offre que peu de pré-textes à l'exercice de ces contraintes.

C'est donc que leur manifestation est ici significative. Elle est à la fois l'indice d'une bonne connaissance de la grammaire standard et la marque d'un style soutenu. J. M. O. (A5) est le seul à appliquer de façon constante les règles de concordance modale et temporelle :

> *... A cette époque, vous lui avez fait savoir que vous ne pourriez pas rester ...*

> *... Qu'est-ce qui fait qu'à 9 h ... vous soyez en train de causer.*

> *... Moundi n'a pas réagi, pourquoi ? parce qu'il pensait que c'était ton frère.*

non sans quelques inadvertances :

> *... Et si c'était donc ton frère, il t'aurait battue au point de te tuer.*

> *... Tu trouves normal que ... quelqu'un vient te battre et que lui ne dise rien ?*

Il n'est pourtant pas possible d'affirmer que le respect de la concordance implique toujours un souci de beau langage. Au cours d'une conversation familière dans un taxi, R. Nj. (A7) passe librement de l'indicatif au conditionnel :

> *... si c'était moi, vous pouvez me supporter ? ... Donc, si c'était moi, vous me laisseriez traîner par terre.*

Le chauffeur, qui plaisante avec ses clients au sujet du bruit que fait une des vitres de sa voiture emploie dans la proposition complétive l'imparfait requis par la règle :

> *... Une bonne musique. Je crois bien réparer ça, mais elle me plaît beaucoup, je croyais que ça pouvait plaire à tout le monde.*

Sans doute s'agit-il là de réminiscences scolaires. Dans d'autres cas, le choix du mode subjonctif semble être lié à l'expression de la finalité. Jos. (A3) dit :

> *... J'avais supporté et préparé jusqu'à ce que les invitées sont venues.*

mais :

> *... Je ne faisais que faire la malignité pour qu'elles ne sachent pas que je sens mal.*

De même H. O. (B2) :

> *... Je réveille les enfants à ... 6h. le matin. Pour qu'elles fassent le ménage, la maison ...*

> A. A. (B3) : ... *Je (?) tomate ça soit comme ça.*

mais :

> ... *là où il part, il faut que je pars avec lui.*

Cet usage n'est pas général ; il est évidemment conditionné par la disponibilité des paradigmes nécessaires. R. S. (B4) par exemple n'a probablement pas d'autre possibilité que d'employer l'indicatif après *pour que.* :

> ... *J'étais là à Douala et là, c'est là que je dois commencer à faire le démerder pour que je comprends.*

Cependant la relation qui tend à s'établir entre subjonctif et finalité est significative en ce qu'elle marque une réinterprétation de la règle de concordance à laquelle une justification sémantique se trouve conférée. Probablement parce qu'elle a été réinterprétée en ce sens par la majorité des locuteurs, la concordance des temps n'est quant à elle habituellement respectée que dans la mesure où elle est compatible avec les références chronologiques impliquées par l'instance de langage. Ainsi dans cette phrase de R. Nj. (A8) :

> ... *Est-ce que tu ne m'as pas dit l'autre jour que tu vas en S.I.L, que tu avais redoublé la S.I.L.*

Le présent de l'indicatif fait référence à la situation présente de l'enfant auquel on s'adresse, le plus-que-parfait à une décision antérieure de l'autorité scolaire ; mais l'emploi du plus-que-parfait au lieu du passé composé est déterminé par le temps du verbe principal ; la phrase en français standard serait : *Est-ce que tu ne m'a pas dit l'autre jour que tu allais en S.I.L, que tu avais redoublé ...*

Dans la plupart des cas, le choix des temps n'obéit qu'a la logique du discours ou de la situation :

> J. Ng. (A5) : ... *c'est moi-même qui leur avais demandé s'il va me marier.*

En témoignent les énoncés dont le référent est manifestement actuel, mais qui évoquent un épisode passé de la biographie du locuteur :

> R. S. : ( — Et comment s'appelle la langue africaine que vous parlez ?) — *C'était le gbaya, le gbaya de Betare Oya.*
>
> N. (A9) : ( — Et la ville est animée ?) — *La ville était aussi animée.*

## 6. — INTERPRÉTATIONS ET HYPOTHÈSES

Les remarques qui viennent d'être présentées ne constituent pas une analyse systématique ni complète du français parlé dans le Sud du Cameroun. Elles permettent cependant de donner un début de réponse à la question que nous nous étions posée : comment se fait-il que des locuteurs camerounais dont les niveaux de compétence en français sont fort différents se comprennent alors même que les écarts par rapport à la norme standard rend leur discours inintelligible à qui tente de l'interpréter par rapport à celle-ci ?

Il est manifeste tout d'abord que la "grammaire" commune à l'ensemble des locuteurs n'est pas, même chez les scolarisés, celle qui est enseignée à l'école. La forme du contenu (au sens où l'entendait Hjelmslev) n'est probablement pas différente, mais celle de l'expression l'est au moins partiellement. Nous avons constaté qu'en dépit des apparences, la relation qui s'établit entre le verbe et ce qui tient lieu de complément d'objet est beaucoup moins spécifique que dans la langue standard. Le mécanisme d'enchâssement ne fonctionne pas et la proposition "complétive" est reliée au verbe qu'elle détermine de la même manière que la "relative" l'est à son antécédent. Le système verbal, sous sa forme élémentaire, met en jeu une forme non marquée et deux autres qui le sont respectivement pour le passé et pour le futur. L'emploi de particules "dicto-modales" procure le complément d'information qui serait fourni dans la langue standard par le procédé de la subordination. Ce dernier n'est pas absent, mais il se présente comme une systématisation du précédent : pour nombre de locuteurs, il n'y a vraisemblablement pas de différence entre un énoncé explicatif isolé, introduit par *parce que*, et une proposition comportant la même locution et qui se trouve être précédée d'une autre proposition "principale". Nous ne prétendons pas que doivent exister des locuteurs dont la grammaire se limiterait à ce rudiment, mais seulement que tous les usagers de la variété de français représentée dans le corpus sont susceptibles d'y faire référence et que c'est sur cette base que sont construites les différentes approximations à la norme qu'on peut y discerner. Il est possible que le passage du système commun à des systèmes plus proches du modèle scolaire se fasse à partir de constructions qui, engendrées par le premier, se trouvent être apparemment conformes à ce modèle, comme c'est le cas dans la contraction de *que i(l)* en *qui*, ou bien lorsque le verbe déterminé par une proposition précédée de *que* est déclaratif, ou encore dans le cas où la combinaison de temps sémantiquement motivés est en accord avec les exigences de la règle de concordance. Il y aurait sélection des formules acceptables et répression des autres. C'est le procédé que paraît employer papa P. qui construit dans la mesure du possible ses énoncés conformément au schéma proposé par les questions de son interlocuteur (B7). Mais lui n'en déduit pas de règles nouvelles, ce qu'ont fait avec des succés divers des locuteurs plus habitués à parler français. Les contraintes morphologiques sont les plus difficiles à acquérir et à fixer. Nous l'avons vu à propos de la flexion du verbe, mais c'est également vrai de l'opposition de genre et des servitudes d'accord qui en résultent, ou de la distinction entre les deux formes *le* et *lui* du pronom de la troisième personne du singulier préposé au verbe, ou encore du choix des prépositions. On trouvera aisément des exemples de ces incertitudes dans les passages du corpus précédemment cités.

La tolérance à l'égard de ces incertitudes, l'acceptation d'une large marge de variation est un autre trait du français camerounais . Elle s'étend au domaine morphophonologique. La simplification de la flexion verbale en témoigne. De même la plupart des locuteurs tiennent *le* et *lui* pour deux formes équivalentes du pronom de la troisième personne du singulier complément du verbe ; certains ont tendance à généraliser l'emploi de *lui*, ainsi M. C. (A3) : "*Dès que l'enfant marchait, je lui ai sevré*", "*Il était malade à Douala et puis on lui est transporté au village*", d'autres celui de *le* : N. S. (B7) " *... je l'ai dit, mon cher ami tu fâché*", mais l'un et l'autre demeurent disponibles : A. A. (B3) : " *... le petit petit bombe qu'on lance là, ça l'a percé les yeux ... *", " *... tu sais que ici c'est un Blanc qui lui a amené ici. Avant longtemps, pour conduire là*". Tous les informateurs sans exception admettent que la présence, facultative mais habituelle, de l'article "défini" devant le substantif n'implique aucune détermination : Jos. (A3) : " *... J'avais la grossesse de six mois*" ; J. M. O. (A5) : ... " *vous avez le domicile avec qui ?*" ; H. O. (B2) : " *... On est venu chercher l'argent*". C. (B1) " *... et mon mari aussi il part au travail, oui. Dans gendarmerie.*" La forme marquée l'est pour l'indéterminé par *un, une, des* et pour le déterminé par une des particules ou locutions qui servent, d'une manière générale, à faire référence au contexte : Jos. (A3) : " *... si l'enfant là meurt... *", " *... j'ai accouché le garçon-ci *" ; M. C. (A1) : " *... il y a maintenant les affaires comme ça là ... *"

Autant que les particularités du code, la manière dont les usagers s'en servent semble caractéristique de la variété étudiée. Nous avons vu avec quel soin tout énoncé est en quelque sorte ancré dans son contexte linguistique et extralinguistique par un jeu de particules et de locutions qui en définissent les coordonnées référentielles (*comme çà, c'est-à-dire*), spatio-temporelles (*là, déjà*), logiques (*quand même, aussi, alors*) ou affectives (*mais, vraiment, même*). L'usage qui est fait du lexique est également particulier. Il ne s'agit pas ici des acceptions singulières qu'ont acquises certaines unités (*être* au sens de *aller*, *quitter* pour partir, *partir* pour *se rendre à*, *payer* pour *acheter*, *dormir* pour *demeurer*, *attendre*, *trop* pour *beaucoup*, *très*) et dont le pittoresque n'est sensible qu'à l'étranger, mais de la prééminence absolue qui est conférée à la fonction dénotative des lexèmes. Toute compatibilité sémantique implique compatibilité grammaticale ; cela apparaît clairement dans l'emploi des prépositions qui, lorsqu'il n'est pas aléatoire (comme c'est fréquemment le cas pour *à* et *de*) est déterminé par le sens de celles-ci : M. C. (A3) : " ... *ne marche pas souvent sur le soleil*" ; J. Ng. (A5) "*est-ce que Moundi est quelque chose à moi ?*" ; J. M. O. (A5) " ... *qui étaient là les premiers dans le lieu de la bagarre ?*". En résultent aussi des combinaisons imprévues : *très moins cher, un peu longtemps, un peu bien*, " ... *tu n'es jamais toujours chez toi*" (W. : A9), et la réinterprétation de formules stéréotypées qui se trouvent en quelque sorte prises au pied de la lettre. Lorsque J. M. O. (A5), impatienté par les atermoiements du témoin, lui dit : " ... *C'est un temps très précieux que vous passez*", il combine manifestement deux expressions banales : "passer le temps" et "perdre un temps précieux". C'est probablement de la même manière qu'il faut expliquer la tournure très usuelle : *il a fait* suivie d'une indication de temps (Jos. : A3 : "*je ne fais pas cinq minutes*") issue par "personnalisation" de la locution temporelle impersonnelle : "*ça fait ...* ". D'une manière générale, l'unité lexicale parait être définie par son contenu, et non par des latitudes combinatoires imposées par l'usage. D'où l'impression de déstructuration que donne le lexique. Il est probable que cette impression est fausse et qu'une étude lexicologique portant sur le vocabulaire usuel la dissiperait, mais il n'est pas moins probable que la forme du contenu que cette étude mettrait à jour serait sensiblement différente de celle qui fonde l'organisation du lexique dans la variété métropolitaine.

Ce qui a été dit ci-dessus de la grammaire du français camerounais évoque les effets de processus communément désignés par le terme de "pidginisation" : simplification des mécanismes syntaxiques, allègement des contraintes morphophonologiques, résurgence de ce qui semble être les structures élémentaires de la langue. En revanche, la manière dont les locuteurs utilisent cette grammaire a valeur d'allusion à un ensemble de règles et de représentations sociales qui ne sont point celles auxquelles renvoie le français standard. Il y a là le témoignage d'une appropriation, d'une vernacularisation de la langue qui constitue peut-être le stade initial de la créolisation et dont les modalités devraient faire l'objet d'une analyse plus précise.

**8.**

# La flexion verbale en français d'Afrique et dans quelques autres variétés populaires [1]

L'introduction que P. Guiraud a donnée à son étude sur le français populaire (1965) se termine sur une phrase qui a valeur de conclusion anticipée ; opposant la "parlure bourgeoise" à la "parlure populaire", l'auteur écrit " : "la différence essentielle tient au fait que le français cultivé est défini par des règles tirées à la fois d'une réflexion sur l'idiome et de l'expérience d'une tradition, alors que le français du peuple n'est soumis qu'aux lois naturelles qui gouvernent tout système de signes" (*op. cit.* : 12). Plus loin, parlant de ces lois, il en évoque brièvement le principe : "Livrée à elle-même, la langue tend à une simplification du système par l'élimination des formes parasitaires, et, à la longue, par celle des paradigmes secondaires. Il y a donc une économie de la langue, fondée sur les besoins de la communication et qui en règle naturellement l'évolution dans le sens d'une structure plus simple et plus cohérente... Or c'est cette évolution culturelle de l'idiome qui se poursuit en français populaire en marge de règles ignorées par le vulgaire" (*op. cit.* : 17-18). La perspective est nettement diachronique ; elle implique en outre qu'à l'origine se trouvait un idiome, ce qu'on désigne par le terme vague d'"ancien français", et que cet idiome était l'expression d'un "système" au sens que Coseriu (1952), cité et approuvé par Guiraud (*op. cit.* : 55), donne à ce terme : " (...) le système... est un ensemble de possibilités de

---

[1] *Hommage à Pierre Guiraud. Annales de la Faculté des Lettres et Sciences humaines de Nice*, N° 52, 1985.

réalisations, il comprend ce qui n'a pas été réalisé mais est virtuellement existant, ce qui est "possible" c'est-à-dire, ce qui peut être créé selon les règles fonctionnelles de la langue". Le titre du chapitre II est parfaitement explicite : "Les lois du français et la structuration du système héréditaire".

Le français populaire d'Afrique que nous nous proposons d'examiner ici se présente sous un tout autre aspect. Il ne saurait être considéré comme issu par évolution naturelle du français importé à la fin du XIXe siècle et diffusé par l'école. Au mieux apparaît-il comme une approximation fautive et au pis comme une corruption de celui-ci ; c'est bien ainsi d'ailleurs qu'il est perçu par les "lettrés", c'est-à-dire par ceux qui ont pu mener à son terme leur cursus scolaire. Toutefois, à en considérer de plus près la structure, abstraction faite du pittoresque que lui confèrent des habitudes de prononciation singulières et un vocabulaire parfois surprenant, on constate que la distance qui le sépare de l'usage oral des métropolitains n'est guère supérieure à celle qu'on peut observer en France entre le parler populaire et celui des gens cultivés. Une autre particularité est que la gamme des variantes qu'on y discerne ne s'établit pas entre des formes vulgaires et argotiques et un français courant de bon aloi, de statut différent, mais de grammaire analogue ; les pôles en sont un "petit-français" très éloigné de la norme grammaticale et un français local dont le degré de correction est chez les lettrés proportionnel à la durée de leurs études, à la qualité de l'enseignement qu'ils ont reçu et à la fréquence des occasions qu'ils ont de le mettre à profit. Il s'agit là d'un champ d'étude très vaste et difficile à dominer.

Nous le limiterons doublement, d'une part en excluant ces lettrés dont l'usage est encombré de scrupules et de réminiscences scolaires pour ne considérer que les gens qui ont acquis le français hors de l'école, par apprentissage direct, et qui, dans la vie quotidienne, le tiennent plutôt pour un moyen de communication que pour un instrument de promotion sociale ; d'autre part, en restreignant notre enquête au domaine du verbe qui est celui où l'ampleur de la variation est la plus faible et qui semble le mieux se prêter à une tentative de systématisation.

Nous avons disposé pour ce faire d'un corpus de conversations enregistrées en Côte d'Ivoire par J.-L. Hattiger (1981) et par J.-M. Lescutier (1982), et au Cameroun par C. de Féral (*cf.* ci-dessus, 7.), ainsi que de nombreuses observations faites au Togo et en Côte d'Ivoire par S. Lafage (1985 et comm. pers.). L'échantillon constitué par J.-L. Hattiger comprend 16 sujets (11 hommes et 5 femmes) âgés de 16 à 55 ans, de condition modeste (vendeuses au marché, chauffeurs, ouvriers, ménagères, employés de maison), habitant des quartiers populaires, dont aucun n'a été scolarisé ni alphabétisé et qui tous séjournent depuis 5 ans au moins à Abidjan. Pour les besoins de sa recherche qui portait sur les interférences éventuelles de la langue maternelle, Hattiger les a choisis dans quatre groupes linguistiques : mandé (en fait dioula), kru (en fait bete), gur (en fait moore), kwa (agni, baoulé, alladian) ; ils y sont conventionnellement désignés par un numéro d'ordre : kwa 1, mandé 2, gur 3, etc. Nous n'avons retenu du corpus de C. de Féral que les entretiens avec des interlocuteurs non lettrés, soit quatre hommes : un employé de maison, un hôtelier, un manœuvre, un ancien combattant retraité, et trois femmes : deux ménagères et une vendeuse de beignets ; cinq d'entre eux parlent des langues bamiléké, une le maka et un le gbaya ; par commodité, nous les identifierons comme nous l'avons fait dans la précédente étude respectivement par B 4, B 7, B 6, B 5 pour les hommes, par B 2, B 3 et B 1 pour les femmes. Enfin l'informateur de J.-M. Lescutier est une jeune femme d'une trentaine d'années, togolaise, de langue tem (mais largement polyglotte), établie en Côte d'Ivoire depuis quatre ans au moment de l'enquête et qui doit ce qu'elle sait de français aux clients africains du petit restaurant populaire (ou "maquis") qu'elle a tenu pendant deux ans[2].

L'inventaire des paradigmes verbaux représentés dans le corpus montre que quatre d'entre eux sont communs à l'ensemble des locuteurs, mis à part ceux sont l'usage est, à tous points de vue, le plus déviant, A. O., la jeune Togolaise dont il vient d'être question et B 6, homme âgé, manœuvre (ou ancien manœuvre). Ce sont le présent, l'imparfait, le passé composé et le futur périphrastique : "aller" + infinitif. Les seules attestations du futur simple ("synthétique") concernent quelques formes du verbe "être" : B 1 dit **ty səra kɔ́tɑ́** (tu seras content), mais **ʒə dɔr kɔm sa kɑ́ ty va kite isi** (je dors un peu, comme par exemple quand tu vas partir), B 7 **dɛ kə ʒə səra ørø sɛ lə mɔmɑ́ kə ʒə sw̃i maladi** (je ne serai oisif que lorsque je serai malade) ; B 5 prédit à son interlocuteur **twa osi ty e sere vjø** (toi aussi, tu seras vieux), forme complexe où **e** a valeur prédicative et

---

[2] Nous avons adopté, pour la transcription du corpus camerounais, une notation phonétique "large" (c'est-à-dire approximative) analogue à celle dont J.-L. Hattiger (1981) s'est servi pour le corpus ivoirien. En revanche, nous avons conservé l'orthographe utilisée par Conwell et Juilland (1963) et celle de Highfield (1979) pour les exemples empruntés aux français d'Amérique ; cette dernière, fondée sur celle qui est employée pour la transcription du créole haïtien (dite Mc Connell-Laubach), est phonologique, mais conserve ou systématise les conventions de l'orthographe française : é, o, œ = [e], [o], [ø] ; è, ò, oè = [ɛ], [ɔ], [œ] ; ou, u = [u], [y] ; e = [ə] ; ch, j, tch, dj = [ʃ], [ʒ], [ʧ], [ʤ] ; gn = [ɲ] ; y = [j] ; w̃ = [ɥ] ; la nasalité vocalique est marquée par l'accent circonflexe.

**sere** exprime la modalité "futur" ; comparez : **mwa ki sate dəlw̃il** (c'est moi qui achète l'huile). Le futur simple est totalement absent du corpus réuni par Hattiger ; on y trouve en revanche un unique exemple d'emploi du subjonctif : kru 5 : **i fo kə sa swa boku** (il faut qu'il y en ait beaucoup). Les informateurs de C. de Féral utilisent aussi parfois ce mode, surtout avec le verbe "être" ; ainsi B 3 : **ʒə mɛ tɔmat sa swa kɔm sa** (je mets des tomates jusqu'à ce que ça soit comme ça) mais : **la u il par fo kə zə par avek lw̃i** (là où il va, il faut que j'aille avec lui), B 2 : **ʒə revɛj lezãfã... pur kɛl fas lə menaʒ** (je réveille les enfants… pour qu'elles fassent le ménage), B 7 : **ʒə fɛ œ̃ efɔr pur kə le ʒã nə swa pa rigolo** (je fais un effort pour que les gens ne soient pas déçus) mais : **il fo kɔ̃mə fɛ lə dosje** (il faut qu'on me fasse le dossier). Il s'agit manifestement d'emplois occasionnels dans des énoncés qui tous impliquent désir, volonté ou intention (*cf.* Guiraud 1965 : 39) ; cependant B 7 offre un bel exemple de subjonctif contextuel : **avã kə ʒə diz ʒə sw̃i ørø** (avant que je dise que je suis heureux). Le même informateur produit une forme de conditionnel dans une subordonnée introduite par "si", selon l'usage habituel en français populaire : **si ʒə purɛ fɛr œ̃ reʒim..** (si je pouvais faire un régime), mais il s'agit manifestement d'une rencontre de hasard : B 7 distingue mal la flexion du conditionnel de celle de l'imparfait ; comparez : **ʒə vulɛ mõte syr lw̃i si ʒete dã la grãd vitɛs** (je lui serais passé dessus si j'étais allé vite), **ʒə vudrɛ lyme la sigarɛt ã mem tã... lə fø ma prəne** (j'allais allumer une cigarette, le feu a pris). Le seul exemple d'emploi correct du conditionnel est fourni par B 4 parlant de sa jeune co-épouse : **sil marfɛ avek ma fij ɔ̃ krwarɛ sɛ ma fij osi** (si elle était à côté de ma fille, on la prendrait pour ma fille aussi). Il faut citer enfin, pour être complet, quelques rares constructions marquant le passé immédiat (kru 2 : **mɔ̃ mari ki vjɛ̃ də muri də sw̃it** : mon mari qui vient de mourir il y a peu de temps) et le progressif (B 2 : **ilɛtãtrɛ̃ də sə demerde** : il est en train de se débrouiller).

Ce système où s'opposent, abstraction faite de la variation individuelle, deux temps "simples" : présent et imparfait, à deux temps "composés" : passé et futur, mettant en jeu respectivement la forme de participe passé et celle d'infinitif, est moins surprenant qu'il n'y paraît. Tout d'abord, il n'est guère différent de celui dont usent effectivement les Français, quelle que puisse être d'autre part leur compétence grammaticale. J. Malandain (1971), exploitant les données statistiques procurées par l'enquête de Gougenheim (1967) sur le français fondamental, montre que pour les 177 verbes les plus fréquents (54 verbes irréguliers et 123 réguliers, à l'exclusion de "être" et de "avoir"), quatre formes recouvrent à elles seules plus de 90 % des emplois dans la langue parlée ; ce sont celles du présent, du participe passé, de l'infinitif et de l'imparfait. Plus curieuse est l'analogie qu'on peut constater, dans le domaine du verbe, entre le français d'Afrique et celui d'Amérique : Louisiane (Conwell et Juilland, 1963) et Virgin Islands (Highfield, 1979). Les tableaux de conjugaison que proposent Conwell et Juilland ne comportent de façon constante que deux temps simples, le présent, non marqué, et l'imparfait marqué par **-é** ; le futur synthétique ne subsiste à Lafayette que dans les verbes irréguliers usuels : "venir", "pouvoir", "devoir", "falloir" et, bien entendu, "être" et "avoir" ; le corpus ne fournit que dix exemples d'un tel futur dans les verbes réguliers (Conwell-Juilland, *op. cit.* : 156), la construction analytique ("aller" + infinitif) couvrant tous les autres emplois ; à Evangeline, le futur n'existe plus que dans les constructions négatives (*op. cit.* 159, n° 89). À St. Thomas, Virgin Islands, "the simple future tense is very little used" (Highfield, 1979 : 98) ; il y est remplacé dans le langage de tous les jours par le "periphrastic Future" (**alé** + infinitif). Le subjonctif est "virtuellement inexistant" à St. Thomas (*op. cit.* : 90) où il ne subsiste que dans les locutions figées : **ke dyœ vou bènis**. En Louisiane, il est absent dans trois dialectes, limité à "être" et "avoir" dans trois autres, réservé à l'injonction dans le parler d'Iberia ; il n'est fréquemment attesté à Lafayette que pour "être" et "avoir" et pour les verbes irréguliers ; il est généralement remplacé par l'indicatif dans les verbes réguliers et dans d'autres qui ne le sont pas, tels que "faire" et "aller" (Conwell-Juilland, 1963 : 154). À en juger par les exemples proposés, le conditionnel présent n'apparaît qu'exceptionnellement dans les verbes réguliers et, en ce qui concerne les verbes irréguliers, seulement chez ceux qui possèdent des formes de futur synthétique ; parmi ceux-ci "être" et "avoir", de telle sorte que le conditionnel parfait ("il aurait joué") est moins rare que le conditionnel présent. La situation à St. Thomas paraît être quelque peu différente ; les formes de futur simple et de conditionnel présent, distinctes à Lafayette (1. sg. fut. **sera**, cond. **sre** ; 3. sg. fut. **fodra**, cond. **fodre**), sont confondues à St. Thomas (Highfied, *op. cit.* : 98), de telle sorte que la langue semble ne disposer en fait que d'une sorte d'"irrealis" utilisable dans des constructions éventuelles ou hypothétiques, un irréel du présent (forme simple : **si j'oré de la twèl, je fèré œn rob nœv** : si j'avais du tissu, je ferais une robe neuve) ou du passé (forme composée : **si j'oré du waya, j'oré fèt dé nas** : si j'avais (eu) du fil de fer, j'aurais fait des nasses). Le passé composé est construit, dans toutes les variétés de français ici considérées, à l'aide d'un auxiliaire préposé au participe passé. Dans toutes ces variétés aussi, il y a hésitation quant au choix de l'auxiliaire ; Conwell et Juilland citent des doublets tels que ils sont venus/ils ont venus, j'ai né/je suis né (*op. cit.* : 156) ; Highfield indique que **avwèr** est employé dans la majorité des cas, **dèt** (être) étant réservé à un petit nombre de verbes très usuels (**vèni** "venir", **arivé** "arriver", **désàn** "descendre") ou caractérisant un parler très "francisé".

Dans notre corpus africain, le choix entre "être" et "avoir" est largement aléatoire ; le même locuteur (B 1) dira, à quelques instants d'intervalle, **tʃɛtʃɛ sa na pa vəny boku et a sɛk œr tʃɛtʃɛ il ɛ vəny boku** (il n'y a pas eu beaucoup de clients... à cinq heures, beaucoup de clients sont venus) ; de tels exemples sont très nombreux et on en trouverait d'équivalents en français de France : Guiraud (1965 : 40) en cite quelques uns : *je suis été, tu as venu, il a mouru* et note une tendance à la formation d'un passé composé unique avec "avoir", forme statistiquement la plus fréquente.

Le répertoire des paradigmes verbaux communs à la majorité des locuteurs du français populaire africain n'est donc guère différent de celui dont disposent les usagers de variétés soustraites, pour des raisons diverses, à la pression de la norme académique. L'usage qui y est fait de ces paradigmes présente d'autre part des analogies troublantes. Conwell et Juilland (1963 : 155, 156) signalent en français louisianais une sorte d'indécision dans le choix des formes faisant référence au passé : le présent apparaît là où on attendrait l'imparfait : *quand on achetait une belle baignoire, c'est une curiosité*, l'imparfait au lieu du passé composé : *ils plantaient tant d'arbres et ils ont coupé tant*, le passé composé (l'auxiliaire conjugué au présent) au lieu du plus-que-parfait (auxiliaire conjugué à l'imparfait) ; *j'étais jeune encore, mais j'ai pas travaillé le métier*. Highfield constate des phénomènes semblables à St. Thomas : l'imparfait, employé pour la narration dans le passé, remplace fréquemment le passé composé "as the past tense par excellence" (1979 : 95) ; le plus-que-parfait sert quelquefois à exprimer une action antérieure à une autre, mais le plus souvent "the so-called plusperfect appears to be in free variation with the present perfect" (*op. cit.* : 97). Une telle variation libre est abondamment attestée en français populaire africain, entre plus-que-parfait et passé composé : **kɑ̃ zetɛ pri lə sãgo zetɛ trɛ gɔs, kɑ̃ ɔ̃ etɛ kɔmãse travaje dəlɔr** (B 4 : quand j'ai appris le sango, j'étais tout enfant, [c'est] quand on a commencé à extraire de l'or), **ɔr kə i javɛ sɛrpã ki la mordy avɑ̃, ɔ̃ na pa fɛ tətanos** (gur 1 : or auparavant, il avait été mordu par un serpent, on ne lui avait pas fait de piqûre antitétanique) ; entre imparfait et passé composé : **kɑ̃le frɛ̃si i venɛ ʒete a lekɔl de frɛ̃si, nɔtr ekɔl na pa ete kɔm lekɔl dozurdwi +** (B 5 : quand les Français sont venus [au Cameroun], je suis allé à l'école des Français ; notre école n'était pas comme l'école d'aujourd'hui), **mɔ̃ patrɔ̃ ki a ete møsjø avrɛr** (B 7 : mon patron qui était M. Avrère... ; cp. **ʒə ma gardɛ ma vitɛs** : j'ai regardé mon changement de vitesse) ; entre présent et imparfait : **avɑ̃ lə plɑ̃tɛ̃ œ̃ reʒim sa fɛ kɔm trwa sɑ̃ e dœ sɑ̃ sɛ̃kɑ̃t kɔm sa... œ̃ sak də makabo avɑ̃ setɛ kɔm mil frɑ̃** (B 3 : avant, le plantain, un régime, ça faisait environ 300 ou 250 francs... un sac de maccabos, avant, c'était à peu près 1 000 francs), **avɑ̃ sɛ mjø** (kwa 1 : avant, c'était mieux), **avɑ̃ nu ɔ prɑ̃ bwasɔ̃ porte sa o vilaz dɔne ɛ vjø i bwa**

**sa** (kru 1 : avant, nous, on prenait des boissons, on les portait au village à un vieux, il les buvait...), **togo ʒe mɛt mutard ʒamɛ... avɑ́ ʒə mi pimɛ̃ ɑ́pagaj** (A. O. : au Togo, je ne mettais jamais de moutarde... je mettais beaucoup de piment) ; entre présent et passé composé : **yn mɛzɔ̃ ʒə kɔ̃strɥi la avɑ́ ʒə travaj la a enam** (B 4 : je construis une maison là où j'ai travaillé, à l'ENAM), **ʒə sɥi parti gaɲɔa ʒə vwa: ɛ gro kamjɔ̃** (kru 1 : je suis parti à Gagnoa, j'ai vu un gros camion...). On remarquera que, dans les exemples cités, le choix apparemment aléatoire des paradigmes ne crée guère d'ambiguïté, les relations entre les différentes phases du récit étant explicitées soit par l'emploi d'un circonstant : "avant", très largement représenté, soit par recours au lexique : **kɔmɑ̃se** combiné avec une forme verbale au passé, chez B 4, a la même valeur perfective que le passé composé attendu, **ete** chez B 5 et B 7 porte le trait "continuité", l'auxiliaire faisant ici office de marque de passé ; soit enfin par référence aux informations fournies par le discours ou la situation : pour kru 1 et son interlocuteur, s'entretenant à Abidjan, la mention du voyage à Gagnoa suffit à situer le récit dans le passé ; de même pour A. O. qui a quitté le Togo depuis longtemps. Il semble qu'on puisse rendre compte de ces énoncés et de nombre d'autres en postulant une double opposition entre accompli et non-accompli d'une part, entre antérieur et non antérieur d'autre part. La forme neutre, non marquée pour l'aspect ni pour le temps, est celle du "présent", qu'on a peine bien souvent à distinguer de celles du participe passé et de l'infinitif (*cf.* B 4 : **ʒə lav, ʒə rəpas e ʒə fɛ osi la kʷizin** : je lave, je repasse, je fais aussi la cuisine ; B 1, **ʒə marʃe ɑ́ brus mɛ ʒə mɑ̃ʒe, ʒə nə kɔnɛ pa ɔ́ ʃerʃe larzɑ̃** : si je vais en brousse, eh bien ! je mange, je n'ai pas à chercher de l'argent). Ce "présent" correspond bien, par l'étendue de ses emplois, au "temps mobile" ou "temps universel" évoqué par H. Frei (1929 : 150). La construction analytique : auxiliaire "être" ou "avoir" plus participe passé, indique l'accompli. L'une et l'autre forme peuvent être marquées pour le passé par les divers procédés indiqués ci-dessus, dont la flexion qui affecte dans le cas de la construction analytique l'auxiliaire, fournissant un "plus-que-parfait", transposition de l'accompli dans le passé. Lorsque gur 3 déclare : **ja prɑ́ waga ɔ́ vənɛ la mɛzɔ̃** (une fois pris le train de Ouagadougou, nous sommes arrivés à la maison), la finale -**ɛ** du verbe "venir" n'indique rien d'autre que le passé, le contexte indiquant suffisamment que le procès évoqué est révolu ; de même si B 7 emploie la construction analytique : **nɔtr ekɔl na pa ete kɔm lekɔl dozurdɥi**, c'est précisément que l'école n'est plus ce qu'elle était à l'époque en question (**kɑ́ le frɛ̃si i venɛ**). L'usage chaotique que révèlent ces textes semble résulter de la disproportion entre la simplicité du système sous-jacent et la surabondance du matériel morphologique disponible. Nous ne nous hasarderons pas à supposer que le système verbal du français de Louisiane et de St. Thomas soit analogue à celui du français populaire africain ; mais il nous paraît probable qu'il n'est pas non plus identique à celui du français standard et que la variation signalée par Conwell et Juilland et par Highfield procède de causes semblables à celles qui viennent d'être évoquées.

Un autre trait commun au français populaire africain et aux français d'Amérique est la quasi invariabilité de la forme verbale à l'intérieur des différents paradigmes. En France, l'emploi généralisé de "on" ou de "nous, on" dans la langue parlée permet de faire l'économie d'une désinence (il suffit dès lors de deux formes pour conjuguer "chanter" au présent ou à l'imparfait : **ʃắt / ʃắte, ʃắtɛ / ʃắtje**) et surtout celle d'un allomorphe pour les verbes à alternance radicale (**puv** dans le cas du verbe "pouvoir" par exemple). Ce qui n'est ici qu'une stratégie d'esquive se mue dans les variétés examinées en règle générale. À St. Thomas, la forme du verbe ne varie ni pour le nombre ni pour la personne : "manger" n'a qu'une seule forme pour le présent : **mắj** et une pour l'imparfait : **mắjé** ; de même pour "prendre" : **prâ, prắdé**, "voir" : **vwé, voyé**, etc. ; les seules irrégularités concernent le verbe "avoir" à la 1ère pers. sg. du présent : **j'é** (mais **t'a, iy a, al a, ốn a, vouzota, œl a**) et le verbe "être" : **é** à toutes les personnes du présent, sauf à la 1 ère pers. sg. : (je) **sw̃i(t) ~ sut**, et à la 3ème pl. : (œ) **số, èté(t**) à toutes les personnes de l'imparfait, sauf à la 3ème pl. : **sốte** (Highfield, 1979 : 92-97). À Lafayette, une partie des verbes à alternance radicale conservent celle-ci à quelques réductions analogiques près : "pouvoir" est **pø** au singulier du présent, mais **puve** et **pøv** au pluriel ; cela est vrai, bien entendu, de "être" et de "avoir" ; cependant on trouve des formes telles que i **e, vuz ete, nuz ɔ, iz a** à côté de i **sɔ, vuz etje, nuz avɔ, iz ɔ**, et aussi i **fe** (3. p. pl. de "faire" au présent), i **vø** (3. p. pl. de "vouloir"), **ʒə va** ou **ʒə ve**, i **ve** ou i **va**, i **va** ou i **vɔ** (1. p. sg., 3. p. sg., 3. p. pl. de "aller") qui semblent révéler un conflit latent entre la norme et la tendance à l'unification (Conwell-Juilland, 1963 : 162—167). Celle-ci a triomphé pour les verbes à radical stable : l'imparfait n'y a qu'une seule forme, invariable, le présent deux formes, la 2ème pers. pl. étant distincte de toutes les autres, identiques : **ʒə, ty i, ố, i pərle**; **ʒə , ty, i, ố, i vắn, vu vắde**. Dans le dialecte d'Evangeline, tous les temps sont à forme unique (*op. cit.* : 157 et 155 n° 87). La situation en français populaire africain est plus proche de celle que l'on constate à Lafayette que de celle de St. Thomas, en ce que la norme, représentée en Louisiane jusqu'au début de ce siècle par le français colonial (*op. cit.* : 17), l'est également, et beaucoup plus efficacement en Afrique par le français scolaire et ses variétés orales. Cette référence peut inciter à considérer les formes verbales aberrantes : **ɔ kɔprắd** (B 4 : nous comprenons), le **ʃjɛ̃ i dɔr**, i **bwa** (B 7 : les chiens dorment, boivent), **sə sɔ le fam marje ki mɛ lə fular**

162

kɔm sa (B 3 : ce sont les femmes mariées qui portent un foulard), sɛ purkwa nu pɛje pa paɲ (kwa 3 : c'est pourquoi nous n'achetons pas de pagne), mɛ lœr i kɔne pa sa ki i fɛ (kwa 1 : mais eux, ils ne savent pas ce qu'il fait) etc., comme résultant de l'application fautive, ou plutôt intermittente, de la règle d'accord en nombre ; elles voisinent en effet dans le discours d'un même individu avec les formes "correctes" : B 7 emploie concurremment vu prãde, vu prã et vu prəne (vous prenez) ; de même B 2 : il part a nɔr (il part dans le nord), ʒə par lez ãfã part (je pars, les enfants partent). Il n'est guère de locuteur dont l'usage soit constamment incorrect. Tout porte cependant à penser que dans la majorité des cas, le choix de la forme verbale est aléatoire et que les énoncés conformes à la norme sont le fruit d'un hasard heureux plutôt que d'un scrupule grammatical. En témoignent les phénomènes d'écho où le sujet reproduit la forme employée par son interlocuteur, sans souci de cohérence ; ainsi dans ce fragment de conversation : B 3 répond à une question : — ʒə vu kõprã trɛ bjɛ; intervention d'un tiers : — e vu mə kõprəne? B 3 : — wi ʒə vu kõprəne ɛ̃ pø sə kə vu parle (— Je vous comprends très bien. — Et [moi] vous me comprenez ? — Oui, je comprends un peu ce que vous dites).

Le français populaire africain présente d'autre part une particularité qui ne paraît pas être attestée dans les variétés américaines : l'équivalence déjà signalée entre les formes de présent, de participe passé et d'infinitif que l'on constate fréquemment chez les sujets "basilectaux" ; A. O. emploie indifféremment pour "je mets, mettre, mis" les formes mɛt et mi : ʒə mɛt lasos (je mets de la sauce), ʒə mi grã bubu (je mets un grand boubou), bɔj la i va mi la tabl (le boy mettra la table), nu va mɛt bo zabi (nous mettrons de beaux vêtements) ; B 7 dit : ʒə ne sãti pa ou ʒə nə sã pa (je ne sens pas), ty faʃe də mwa (tu te fâches contre moi), mais : il va faʃe də mwa (il va se fâcher contre moi), ʒə mɛtr a prəmjɛr (je passe en première vitesse), i pø kõtiny (il peut continuer), ʒə krwaje kil va mə dɔne də larʒã (je croyais qu'elle [ma famille] allait me donner de l'argent), mais : ʒə vɛ pa dəmãde səlwi ki va mə dɔne ɛ̃ pø darʒã pur bufe (je ne vais pas me mettre en quête de celui qui me donnera un peu d'argent pour manger). Tout se passe comme si dans bon nombre de cas le locuteur n'utilisait qu'un seul et même lexème, éventuellement doté de plusieurs allomorphes et qui doit sa fonction prédicative au cadre syntaxique où il est inséré plus qu'à une valence qui lui serait propre. A. O. semble disposer de trois schèmes assertifs, le premier de sens actif, où la relation prédicative est explicitée par la juxtaposition d'un pronom (obligatoire) et du lexème : banan la i gate (la banane se gâte), le second statif, avec l'actualisateur se : banan la se gate (la banane est gâtée), faktyr se syr la tabl (la facture est sur la table), le dernier comportant ja ou jãna : ja dyri (il y a du riz), **musø jǎna banan se mwɛ ʃɛr** (Monsieur ! j'ai des bananes pas cher !), **faktyr pur lo jǎna pa** (la facture pour l'eau n'est pas arrivée). Dans ces cadres peuvent apparaître des lexèmes que nous n'avons pas coutume de tenir pour verbaux : **ʒə pœr pa vwajaʒe la nw̃i** (je n'ai pas peur de voyager la nuit), **ɔ́ bezwɛ̃ reparatœr** (il nous faut un réparateur), **bɔj la i dakɔr pa travaje dimǎs** (le boy n'accepte pas de travailler dimanche) ; de même kru 2 déclare : **mwa ʒə bɔzwɛ̃ twa twa ty bɔzwɛ̃ mwa** (nous avons besoin l'un de l'autre), kwa 3 : **mɛ karate sa ʒə kɔ́tǎ pa** (mais le karaté, je n'aime pas ça), **si twa ty mwajɛ̃ pa lw̃i** (si tu n'es pas aussi fort que lui), **nu kə nu vjø vjø** (quant à nous, nous sommes très vieux). Réciproquement gur 2 dit : **mwa ja pɛje tisy la mil frǎ** (j'ai payé ce tissu mille francs). Une telle multifonctionnalité n'a rien de tératologique ; elle implique seulement que les lexèmes, dans les formes basilectales du français africain, jouissent de potentialités syntaxiques plus étendues qu'ils n'en ont dans les variétés proches de la norme - indice, selon nous, de "simplicité" ; *cf.* P. Mühlhäusler (1974 : 118) : "The importance of multifonctionality is that it is a means of simplifying language, a means of replacing lexicalization by rules".


Telle est en effet la caractéristique commune aux français d'Amérique, d'Afrique et dans une certaine mesure au français populaire de France. Qu'il s'agisse de l'inventaire des paradigmes ou de la flexion verbale, ces variétés sont plus simples, ou moins élaborées, que ne l'est le français standard. Elles mettent en jeu des formes moins nombreuses et les contraintes qui pèsent sur l'emploi de celles-ci sont moins strictes. La convergence est d'autant plus singulière que la simplification opère par les mêmes voies et aboutit à des résultats semblables. Le principe d'explication proposé par P. Guiraud, la reconnaissance d'une économie de la langue fondée sur les besoins de la communication, paraît en rendre compte, pourvu qu'on le situe hors du contexte structuraliste auquel il est fait référence dans les textes cités en introduction. Plutôt que d'une évolution induite et contrôlée par les tendances inhérentes au système du français, il s'agirait de la manifestation diachronique dans le cas des dialectes américains, synchronique dans celui du français populaire africain ou métropolitain, d'un processus commun à toutes les langues, comme en témoignent les variétés basilectales évoquées en dernier lieu, si proches par leurs caractéristiques des parlers communément appelés pidgins. Si l'on admet l'universalité et l'immanence de ce processus, il reste à expliquer pourquoi il n'a pas abouti dans tous les cas au degré de simplification extrême que représente l'usage de certains locuteurs du "petit-français". La pression du modèle normatif suffit à l'expliquer pour le français populaire de France et pour les formes mésolectales du français africain ; on ne peut guère l'invoquer en ce qui concerne le "patois" de Louisiane ni a fortiori celui de St. Thomas. Il faut probablement faire intervenir ici le statut sociolinguistique de ces variétés et les représentations qui y sont liées ; les deux premières sont tenues par leurs locuteurs pour des approximations du français standard et comportent en effet une large marge de variation ; les deux autres sont des idiomes, définissant des communautés linguistiques et assumant toutes les tâches langagières requises par le fonctionnement de celles-ci. Le "petit-français", au contraire, n'est guère plus qu'un moyen de communication, utilisé dans des circonstances et à des fins qui n'exigent qu'un très faible degré d'élaboration.

**9.**

# Français, créoles français, français régionaux [1]

*"Nous pensons que dans tous les cas, français populaire, français d'outre-mer, créoles, se manifestent sous des formes différentes et à des degrés divers des tendances du système linguistique français."*

**1.1.** — La phrase de R. Chaudenson (1973 : 364) citée en exergue définit très exactement notre propos. L'objet de cet exposé est de mettre en lumière, compte tenu des limites de notre compétence et de notre information, les analogies et les divergences que l'on peut constater entre ces trois sortes de français dans le domaine du verbe. L'entreprise n'a rien d'original ; notre seule ambition est de placer sous un éclairage différent des faits déjà bien établis. Le problème des relations entre français populaire, français régionaux et créoles français a été jusqu'ici posé en termes de diachronie. Les créoles constitueraient l'aboutissement extrême de tendances observables dans le "français populaire" contemporain et dont on a tout lieu de supposer qu'elles étaient déjà à l'œuvre au XVIIe siècle lorsqu'ont été colonisées les Antilles et les Mascareignes (Vintila-Radulescu, 1970 ; Chaudenson, 1974, 1978, 1979 ; Valdman, 1978, 1979). Cette interprétation a toutes les apparences de la vraisemblance et elle est de loin la plus probable ; mais sous la forme que lui ont donnée les auteurs précités, elle comporte deux imprécisions majeures : la première concerne le terme, très généralement employé, mais jamais défini, de "tendance", la seconde l'acception dans laquelle il convient de prendre le vocable "français".

---

[1] *Bulletin du Centre d'Étude des Plurilinguismes* (IDERIC) n° 7-8, avril 1985.

**1.2.** — En toute rigueur, déceler une tendance, c'est constater la prédominance constante d'un usage ; une tendance s'inscrit nécessairement dans le temps. Dire qu'en français populaire, le subjonctif tend à être remplacé par l'indicatif, c'est dire qu'il y a actuellement plus de gens qui, dans telle ou telle construction syntaxique, emploient l'indicatif que de gens qui utilisent "correctement" le subjonctif ; que la proportion des premiers par rapport aux seconds est supérieure à celle qui existait dans le passé et enfin qu'on suppose que cette proportion est destinée à s'accroître dans l'avenir. La troisième proposition est la conclusion d'un syllogisme dont les prémisses (variation entre formes indicatives et subjonctives, attestations plus nombreuses des premières) sont de l'ordre du constat. Elles n'en requièrent pas moins elles-mêmes une explication. Celle-ci peut-être cherchée dans deux directions. Dans une perspective structuraliste, on admettra aisément que la tendance n'est que l'actualisation d'une des virtualités impliquées par l'économie du système de la langue considérée. Telle semble bien être l'opinion de R. Chaudenson qui parle à maintes reprises des tendances évolutives permanentes du français, inhérentes à son système (par exemple 1979 : 82) et plus précisément des "capacités évolutives" de la langue (1974 : 1134 et aussi 1973 : 364). Poussée à l'extrême, cette doctrine aboutit à une hypostase du système : lorsque P. Guiraud déclare que les grammairiens des XVIe et XVIIe siècles ont "stabilisé et normalisé l'idiome dans une phase de transition, à une époque où la structuration naturelle du système n'était pas encore achevée" (1965 : 11), il fait de ce dernier une forme substantielle imparfaitement réalisée, mais préexistant dans sa perfection. Quand R. Chaudenson évoque de même les "points de faiblesse ou de fragilité" du système français, points sur lesquels "tendent en permanence à se produire des évolutions" (1978 : 79, 88), on est en droit de supposer qu'il fait là référence au postulat de Guiraud. Une autre interprétation de la "tendance", synchronique celle-là, prend appui sur une autre remarque du même auteur : "l'innovation rejoint la survivance" (Chaudenson, 1974 : 1134). Cela signifie que les mêmes causes qui étaient à l'œuvre dans le passé agissent encore aujourd'hui et continueront probablement à agir dans le futur. Il n'y a là rien d'autre que l'application de l'"Uniformitarian Principle" : "The linguistic processes taking place around us are the same as those that have operated to produce the historical records" (Labov, 1971 : 423) ; tout le problème est de déterminer la nature de ces causes. Notre hypothèse est qu'il s'agit là de processus dont l'opération est liée à l'exercice du langage, donc universels (et non pas déterminés par la structure caractéristique de tel ou tel système) et permanents, ceux précisément qui règlent l'évolution des langues en fonction des conditions de leur emploi et qui ont été diversement décrits sous les noms de simplification, réduction, fonctionnalisation, vernacularisation, élaboration, complexification, ritualisation (Hymes, 1971 ; Manessy, 1979 ; Mühlhäusler, 1974 ; Valdman, 1977). La "tendance" ne serait que l'affleurement, favorisé par des circonstances socio-linguistiques particulières et coextensif dans le temps à celles-ci, de tel ou tel de ces processus ou plus probablement d'un équilibre précaire entre ceux-ci. Si l'on adopte un point de vue rigoureusement synchronique, on devra parler de fonctionnalité, de complexité, de degré d'élaboration ou de vernacularisation, etc.


**1.3.** — Le second terme en question est "français" ou plus précisément "système français". Tout le monde s'accorde apparemment à reconnaître que la seule variété pertinente, pour le domaine de recherche dont nous nous occupons ici, est le français "populaire" ou "avancé" ; mais le fait même que ce dernier qualificatif, proposé par H. Frei (1929), ait été si généralement accepté signale l'ambiguïté du statut accordé à cette variété. Le français avancé se caractérise en effet négativement par sa déviance : "Tout ce qui détonne par rapport à la langue traditionnelle : fautes, innovations, langage populaire, argot, cas insolites ou illégitimes, perplexités grammaticales" (*op. cit.* : 32). Bien que la chose ne soit jamais clairement dite, il est manifeste que pour la plupart des auteurs, le français populaire se définit par référence au français standard, comme une variété sinon corrompue du moins simplifiée de celui-ci et, pour beaucoup d'entre eux, comme une attestation anticipée de ce que serait un français libéré des contraintes de l'expression écrite, des scrupules des puristes et de la tyrannie des grammairiens. Si légitime que soit cette interprétation, elle n'en implique pas moins que cette variété de français ne peut être valablement décrite qu'à partir du modèle offert par le français standard, celui-ci étant considéré, en raison de son haut degré d'élaboration, comme l'expression la plus complète des potentialités de la langue, de ce qu'on appelait jadis son "génie" ; elle en marque "un début de simplification" dit Chaudenson (1979 : 91) ; ailleurs, cet auteur indique en une brève formule la position qu'il assigne au français populaire : "Français littéraire - français parlé - "français avancé" - français "exotique" - créole (par ordre croissant d'évolution)" (1974 : 1136, n. 118). Nous ne supposons certes pas que Chaudenson considère le français parlé comme issu du français littéraire, mais il est manifeste que la variété la plus élaborée de la langue lui fournit le pôle à partir duquel est évalué le degré d'achèvement du "processus évolutif" (*ibid.*) dont les variétés citées illustrent des stades successifs. Nous nous proposons d'adopter un point de vue heuristique différent : le pôle de référence sera pour nous le français populaire ou plus exactement la variété de français employée dans les conditions normales d'exercice du langage, où l'action des processus évoqués sous 1.2. se développe hors de la contrainte d'une norme explicite et n'est limitée que par les exigences d'une communication efficace et par la fonction symbolique (intégrative et exclusive) attribuée à certains traits linguistiques par la communauté. Cette sorte de français est caractérisée à la fois par une ample marge de variation synchronique et par une remarquable stabilité diachronique puisque les mêmes phénomènes, ou des phénomènes analogues, y sont constatés depuis près de quatre siècles. Dans cette perspective, le français "standard" apparaît non plus comme archétype, mais comme l'une des élaborations possibles, localisée dans le temps et dans l'espace, de ce français commun ; il y en a eu d'autres qui sont historiquement attestées et qu'il vaudrait peut-être mieux considérer comme des efflorescences distinctes que comme les maillons d'une chaîne continue ; il en est d'autres encore, contemporaines de notre français "central" (celui de France), notamment en Europe, en Amérique et en Afrique, que l'on désigne par le terme de "français régionaux". À dire vrai, cette dénomination est plus géographique que linguistique ; la définition en a été tentée au cours d'un colloque sur les ethnies francophones tenu à Nice en 1968 (Guiraud, 1970) ; elle a pris les formes suivantes : "Entre le *français cultivé* et les *dialectes*, il y a un "français régional" qui est souvent une forme populaire du français, mais qui a souvent des racines profondes dans les dialectes, et qui tend à peser et à réagir sur le français cultivé" (*op. cit.* : 27) et plus loin : "Nous sommes d'accord pour constater l'existence de français (au pluriel), français spécifiques, différenciés, qui forment un ensemble complexe, riche, divers et dont ne doivent pas être séparés... les français régionaux de l'hexagone". Il s'agit donc d'une forme de français qui n'est ni littéraire ni dialectale et qui est différente selon les lieux. Le principe de cette différenciation n'est pas précisé ; nous pensons qu'il réside dans des conditions socio-linguistiques particulières déterminant des développements divergents à partir du français commun. Il reste à décider si tous les parlers dits "français" régionaux" répondent à cette interprétation, et si les créoles peuvent être considérés comme ressortissant à la catégorie ainsi définie.

**2.1.** — L'échantillon sur lequel nous nous proposons de travailler ne comporte que des parlers sans tradition scripturale ; il s'agit principalement du français de Louisiane (Conwell et Juilland, 1963), de celui de St. Thomas (Highfield, 1979), de celui du Cameroun (*cf.* ci-dessus 7.) et de celui d'Abidjan (Duponchel, 1974 ; Lafage, 1974 ; Hattiger, 1981 ;

Lescutier, 1982). Nous étendrons le cas échéant le champ de la comparaison au français d'Afrique du Nord (Lanly, 1970), au français canadien (Gagné, 1979, Hattiger et Simard, 1982) et, naturellement, au français populaire. Il va de soi que les créoles "français" sont également en question, mais leurs caractéristiques communes ont été si précisément décrites, notamment par Chaudenson (1974 : 1111 *sq.*, 1979 : 58 *sq.*) et par Valdman, 1978 : 367 *sq.*), que nous nous dispenserons d'en faire état dans la première partie de cet exposé, consacrée aux faits de fonctionnalité.

**2.2.** — Par "fonctionnalité", nous entendons l'adéquation étroite des moyens linguistiques mis en œuvre dans la communication à l'efficacité immédiate de cette dernière. L'optimum en ce domaine a été brièvement défini par Hjelmslev dans un texte maintenant très connu : "Ces langues ne distinguent ni les déclinaisons, ni les conjugaisons ; à chaque morphème correspond un seul formant ; dans la chaîne parlée, chaque morphème a son formant à lui ; il n'y a pas fusion de plusieurs morphèmes dans un seul et même formant. On est en présence d'une "univocité" absolue, pour utiliser un terme forgé par Couturat. Et il semble tout indiqué a priori que cette situation simple et nette doit être considérée comme l'optimum" (1938 : 285).

Les français régionaux sont certes loin d'y atteindre, mais ils en sont proches sous différents aspects. L'un de ceux-ci est, sur le plan morphophonologique où se place Hjelmslev, la réduction du nombre des paradigmes flexionnels. Ce nombre est, dans la pratique orale du français "central", fort limité. Malandain (1971 : 7) procédant par analyse statistique des données de "français fondamental" élaborées par Gougenheim (1967), observe que pour 177 verbes fréquents, dont 54 "irréguliers" et 123 "réguliers", les formes du présent, de l'imparfait, du participe passé et de l'infinitif couvrent à elles seules 90, 68 % des emplois. Ceci étant, les tableaux de conjugaison dressés par Conwell et Juilland (1963 : 158 *sq.*) où ne figurent que trois paradigmes : présent, imparfait, impératif, ou l'inventaire des "temps simples" établi par Highfield (1979 : 91 *sq.*) : présent, passé, irrealis, paraissent moins surprenants. Le paradigme le plus fragile est indubitablement celui du subjonctif présent (les formes de passé n'apparaissant nulle part) : Guiraud (1965 : 24) signale qu'en français populaire "les formes du subjonctif tendent à se confondre avec celles de l'indicatif" ; une remarque analogue est faite par Baetens-Beardsmore (1979 : 237) à propos du français de Bruxelles : le subjonctif y peut même : "disparaître totalement comme forme distincte du verbe" ; il en va de même en Afrique du nord (Lanly, 1970 : 257) ; le subjonctif est pratiquement inexistant à St. Thomas (Highfield, 1979 : 90) ; on n'en trouve trace en Louisiane que dans quelques formes de verbes irréguliers, "être" et "avoir" en particulier, et il a complètement disparu dans certains dialectes (Conwell et Juilland, 1963 : 154). D'autre part, les paradigmes flexionnels conservés dans les variétés les moins exposées à la pression de la norme "centrale" ne méritent que très partiellement leur nom : les variations du signifiant y sont réduites ou nulles, les modalités de la personne et du nombre étant marquées par le pronom sujet. Lanly (1970 : 260) décrit les "procédés d'esquive" dont usent les locuteurs du français d'Afrique du Nord pour éviter d'avoir à "conjuguer" : généralisation de l'emploi de *on* à la première personne du pluriel (procédé bien attesté en français populaire et que l'on retrouve aussi bien au Cameroun qu'à St. Thomas ou dans le dialecte de Lafayette) ; emploi de périphrases comportant des "auxiliaires" ("avoir", "aller") dont la flexion est bien connue. À Lafayette, le paradigme de présent comporte deux formes, l'une propre à la 2ème p. pl. (**vu parle, vu finise, vu vǎde, vu sufre**, l'autre commune à toutes les autres formes : (**parl, fini, vǎ, suf**) ; à l'imparfait, il n'y a qu'une seule forme, à finale -e (**ʒə/ty/i/ʃ/vu/i parle, finise, vǎde, sufre**) ; à St. Thomas, la forme verbale est invariable (sauf pour *dèt* "être" et *avwèr* "avoir") ; elle l'est également en français populaire ivoirien, à cela près que certains verbes comportent deux ou trois formes en variation libre : **mɛt/mi** ("mettre"), **vjɛ̃/veni** ("venir"), **prǎ/prǎd/pri** ("prendre"), etc. (Lescutier, 1982 : 45). Dans la mesure où subsiste une distinction entre les "temps simples", celle-ci est marquée non par le choix d'un jeu de désinences mais par celui d'une variante particulière de la base verbale, non analysée.

2.3. — Les faits qui viennent d'être évoqués ressortissent à l'optimisation telle que la conçoit Hjelmslev ; stabilité du signifiant, toujours semblable à lui-même, attribution à chaque signifié d'un signifiant qui lui est propre. Cette dernière exigence aboutit nécessairement à privilégier un mode d'expression analytique qu'illustre l'abondance des tournures périphrastiques dans le domaine verbal. Il serait fastidieux d'en énumérer les attestations. Plus instructif est le rapprochement qu'on peut proposer entre ces périphrases et des expressions telles que :

> **avǎ ʒə mɛt pimǎ ǎpagaj**
>
> ("je mettais beaucoup de piment")
>
> **avǎ mʃ frɛr se baranini**
>
> ("mon frère a été manœuvre"),

172

**nɔvœr ʒə va ɔ marse**

("à neuf heures je suis allé au marché"),

**mɛtnã ʒə prepare lə dyri**

("je fais du riz"),

**bjɛ̃to ʒə prepare lə dyri**

("je ferai du riz"),

tout à fait courantes en français ivoirien (Lescutier, 1982). La forme verbale y est atemporelle et le repérage chronologique est assuré soit par la situation même où se développe l'acte de communication ("**ʒə prepare lə dyri**" peut faire référence au passé, si le plat de riz est sur la table, au présent si la cuisinière est à l'œuvre ou au futur si l'on annonce le menu du lendemain), soit, comme dans les exemples cités, par déterminant lexical. C'est le même mécanisme de détermination qui entre en jeu dans les périphrases verbales. L'"auxiliaire" ne peut être considéré, sauf dans le cas où la formule est complètement grammaticalisée, comme un simple support de modalités ; son contenu sémantique n'est pas indifférent. La description que Conwell et Juilland (1963) donnent du système verbal cajun porte à penser que le choix de l'auxiliaire est partiellement au moins déterminé par l'intention sémantique : "avoir" marque une acquisition réalisée, un accompli, ou une antériorité par rapport au moment pris pour référence (*j'étais encore jeune, mais j'ai pas travaillé le métier, op. cit.* : 156), "être" un état, "aller" un mouvement vers, une orientation centrifuge du procès. Il n'est pas sûr que "ils ont venu" soit le strict équivalent de "ils sont venus" (*ibid.*). Lescutier (1982 : 60) observe qu'en français ivoirien, la seule forme verbale à laquelle il reconnaisse le statut d'auxiliaire : **va** (**ʒə va parti ø marse** "je vais partir au marché") commute avec **ø** — dans ce cas le procès est ramené dans le présent (**ʒə parti ø marse** "je pars pour le marché") — mais aussi avec **komãse** ("commencer") qui est un verbe à part entière, c'est-à-dire qui présente une distribution analogue à celle des autres bases verbales. Au demeurant, **va** "auxiliaire" a une variante **sáva** qui implique un déplacement de l'agent et qui établit un lien entre l'emploi périphrastique et l'emploi libre de la forme : **ʒə va ø marse**. La difficulté qu'on éprouve en français à définir ce qu'est un auxiliaire (*cf.* Dubois et *al.* 1973 : 59) montre d'ailleurs que même dans la variété standard la dimension sémantique de ces opérateurs verbaux ne peut être totalement négligée. Il paraît donc légitime de considérer que dans nombre de cas, la présence de l'auxiliaire détermine, comme le feraient des adverbes ou des circonstants (avec lesquels il commute effectivement en français ivoirien), l'acception du verbe.

**2.4.** — Il est possible de pousser plus loin l'analyse de ces "formes verbales périphrastiques". Nous sommes enclins à transposer dans les variétés orales du français le schéma symétrique suggéré par la grammaire normative où les "temps composés" sont comme le reflet des temps simples. Les seconds tendraient à supplanter les premiers parce que plus explicitement motivés. Valdman (1978 : 380) évoque ainsi "le système périphrastique du français populaire, doublant les vestiges d'un système flexionnel".

Une telle interprétation est certainement correcte à condition qu'on ne postule pas un processus d'analyse qui aurait en quelque sorte décomposé la forme fléchie en ses constituants lexicaux. L'examen de deux périphrases, attestées l'une dans le français de St. Thomas, l'autre en français ivoirien, permet de discerner la signification du procédé. À St. Thomas, le progressif est exprimé au moyen d'une curieuse locution qui comporte "a personal pronoun, a form of the verb *dèt* ("être") and a relative clause" : *t' é ki vèy* " tu es en train de regarder", *su ki fini* "je suis en train de finir", *al été k ékrivé ên lèt*" elle était en train d'écrire une lettre", *on e ki va le fèr*" nous sommes en voie de le faire" ; *ki* est le pronom relatif qui unit à son antécédent une proposition jouant le rôle d'un qualificatif (Highfield 1979 : 95). Cependant "all awareness of a relative clause structure appears to have been lost. What remains is a structure in which tense is redundantly marked twice (*é* and *vèy*) [dans *t' é ki vèy*] and the aspectual or durative feature (ki) is marked once" (*id.* : 95). Cette analyse nous paraît être incompatible avec la règle relative à la place du pronom objet, préposé à l'auxiliaire : (*il*) *l'a pas fé tro byê* "il ne l'a pas trop bien fait" ; or dans *al é ki lé prépar* "elle est en train de les préparer", le pronom complément n'occupe pas la place prévue ; Highfield (*op cit.* : 113) le remarque sans l'expliquer : "It should be noted in passing that in the *dèt* + *ki* + *finite verb* formula, the object pronouns are placed before the *finite verb* and not before the auxiliary".

L'hypothèse la plus simple, nous semble-t-il, est que *é* dans ce type de phrase n'est pas un auxiliaire, mais bien une copule et que la construction est analogue à celle que l'on trouve dans *la seriz é rouj* "la cerise est rouge" (*op. cit.* : 119), la proposition relative assumant la même fonction attributive que *rouj* dans le dernier exemple cité. Il y a deux façons de décrire un procès : on peut utiliser des formes ou des locutions toutes faites, reliées par un réseau d'oppositions qui constituent le système du verbe, ou bien tirer parti des ressources qu'offre la diversité des schèmes syntaxiques. La distinction que Highfield établit entre temps composés et temps périphrastiques nous paraît correspondre à cette alternative ; l'auteur indique explicitement que les seconds sont préférés (*op. cit.* : 92). Nous voyons dans cette faculté laissée au locuteur de choisir la construction la mieux adaptée au contenu de son message un trait de fonctionnalité. On doit convenir cependant que dans le français de St. Thomas, cette liberté s'exerce dans des limites bien étroites.

Le phénomène est plus aisément perceptible en français ivoirien. Outre la périphrase "aller + infinitif", qui marque à la fois l'intention et l'imminence, et les différents repères adverbiaux, le locuteur utilise pour évoquer les effets, dans la période concernée par l'énonciation, d'un procès antérieur à celle-ci, l'expression *se fini*. Lescutier (1982 : 69) la considère comme postposée au verbe ; en réalité un énoncé tel que **ɜə prepare se fini** ("j'ai fait la cuisine, le repas est prêt") est parallèle à **dyri la se prepare** ("ce riz est accommodé") ou à **salifu i travaje** ("Salifu travaille"). Dans cette construction, le thème est constitué soit par un syntagme nominal (**dyri la, salifu**), soit par une proposition assertive (**ɜə prepare**) et le commentaire l'est par une telle proposition **i travaje** ou par une séquence : actualisateur + base verbale (**se fini**, cp. **se bɔj pur misɛl** "c'est le boy de Michel"). Cette structure syntaxique est extrêmement fréquente et probablement fondamentale en français parlé. Telle est l'opinion de G. Labelle (1976) qui la trouve "de façon massive" dans le discours d'enfants montréalais et parisiens de 5 à 6 ans, appartenant à des milieux sociaux "moyens" ; ce n'est, selon lui, ni un trait dialectal puisqu'il est commun aux deux groupes, ni un trait "de classe", ni un constituant facultatif de phrase appliqué à des fins stylistiques : "de fait nous supposons que ce constituant fait partie intégrale de l'acquisition de la phrase chez l'enfant et qu'une hypercorrection n'a pas encore pu le chasser de la performance des francophones mêmes adultes qui le retrouvent spontanément dans une situation de communication non contraignante" (*op. cit.* : 61-62). Ce que nous sommes tentés de considérer comme une marque d'aspect n'est en réalité que l'application à l'expression du concept d'"accompli" du schéma syntaxique le plus banal dont dispose la langue.


**2.5.** — C'est une caractéristique du français parlé, où qu'il le soit, que cette liberté accordée au locuteur de construire son énoncé en fonction des circonstances de l'énonciation, sans avoir nécessairement recours au répertoire de formules syntaxiques et d'éléments morphologiques que la norme grammaticale donne pour corrects dans la situation en question. Il se peut que la différence entre les diverses variétés géographiques du français doive être recherchée dans la diversité des présupposés culturels plus que dans la référence à des modèles grammaticaux distincts. Cette dépendance par rapport au contexte extralinguistique se manifeste d'une manière générale par la prédominance du sémantique sur le grammatical. On peut interpréter ainsi l'extension d'emploi du pronom indéfini "on" qui en cajun, a supplanté "nous" à la 1ère p. sg., partiellement à Lafayette (Conwell et Juilland, 1963 : 141), complètement à Lafourche (Oukada, 1977 : 169), mais qui est partout d'usage très commun, même à la 2ème p. ("Alors, on s'en va ?" pour "vous vous en allez ?" ou "tu t'en vas ?") ; dans la mesure où les conditions d'énonciation ne laissent aucun doute sur le nombre et l'identité des actants, on peut se contenter d'une forme vide pour assumer la fonction obligatoire de sujet.

Également démonstratif est le traitement de la "conjugaison pronominale" ; Guiraud (1965 : 42) distingue deux cas : celui où le pronom réfléchi a une valeur sémantique ("je me lave") et celui où il n'a qu'une vague valeur aspectuelle ("je m'en vais"). Dans le second, il est manifeste que la variation de la forme pronominale n'assume aucune fonction ; elle est très généralement réduite par généralisation d'une variante, celle de 3ème p. sg., préfixée à la base verbale. Le fait est signalé en français populaire métropolitain (Guiraud, *loc. cit.* d'après Frei, 1929 : "Je se fous de tout"), dans le français d'Afrique du nord (Lanly 1970 : 261 "vous se poussez"), en français ivoirien (Lescutier 1982 : 73, **ty səmãfu mɔ parã** "tu te fous de mes parents"), à St. Thomas (Highfield 1979 : 78, *al a sânalé* "elle s'en est allée", *a sarété œn tit béké, mwa sarété* "elle s'arrêtait un petit moment, je m'arrêtais"). Lorsqu'au contraire le pronom est complément, la question posée est celle de son efficacité informative. Dans la mesure où son absence ne crée dans le message aucune ambiguïté, il est supprimé ; ainsi au Cameroun ; "il a cassé le pied", "je sentais mal aux reins (*cf.* ci-dessus 7., 5.1.) ou dans le français pratiqué à la Réunion : "la pluie arrête", "il lève de bonne heure" (Chaudenson, 1979 : 554) ; mais si l'imprécision se révèle gênante, le pronom est maintenu et même souvent explicité par "dépronominalisation" : "il lave son corps", "il a brûlé sa peau" (*ibid.*). C'est là un procédé très fréquent dans les langues africaines (Houis, 1980 : 20), ce qui ne signifie pas qu'on doive interpréter les expressions de cette sorte comme des africanismes, mais bien plutôt comme la manifestation de contraintes sémantiques communes. Il n'en est pas moins intéressant de constater la convergence des résultats qui donne à penser qu'on saisit là les effets d'un mécanisme très général, sinon universel. L'emploi du subjonctif donne lieu à des observations analogues. Il est, en français standard, double : contextuel, là où la présence des formes subjonctives est imposée par des règles de concordance ; modal, dans la mesure où le subjonctif s'oppose paradigmatiquement à l'indicatif. Le français parlé ignore généralement le premier emploi dont la valeur informative est nulle. Cela est vrai du français d'Afrique du Nord (Lanly, 1970 : 259) aussi bien que de celui de Louisiane (Conwell et Juilland, 1963 : 954), de celui de Bruxelles (Baetens-Beadsmore, 1979 : 237), ou de la Réunion (Chaudenson, 1979 : 90). P. Guiraud (1965 : 39) constate que si l'imparfait du subjonctif a disparu en français populaire, "le présent est toujours vivant ; on continue à dire *je veux qu'il vienne*. Toutefois on ne le trouve plus guère que dans les propositions volitives et désidératives ; partout ailleurs il tend à être remplacé par l'indicatif : *c'est embêtant qu'il est pas là*". Le français camerounais applique la même règle : ... *J'avais supporté et préparé jusqu'à ce que les invitées sont venues*, mais : *je ne faisais que faire la malignité pour qu'elles ne sachent pas que je sens mal*. Il semble qu'il en soit de même dans le dialecte conservateur de Lafayette, du moins pour les verbes irréguliers, surtout "avoir" et "être" : *il voulait (que) ça soit chez lui* ; les verbes réguliers n'ont plus qu'un paradigme de présent et un d'imparfait, dits "de l'indicatif" : *tu bouilles ta viande jusqu'à ce qu'elle est bien tendre ; il voulait... (que ça) restait chez lui* (Conwell et Juilland, 1963 : 154). Il est certain que même après des verbes tels que "vouloir", le subjonctif est redondant, puisque la volition est lexicalement exprimée par le choix du verbe : *je veux qu'il vient* a exactement le même contenu que je *veux qu'il vienne* ; la présence du subjonctif dans la seconde proposition, quoique sémantiquement justifiable, est un trait de conservatisme ou d'élaboration. Le conditionnel, lui aussi, ne subsiste guère qu'avec cette valeur modale, et tout particulièrement après *si*, position d'où l'exclut précisément la grammaire normative, en français populaire (Guiraud, 1965 : 40), en français d'Afrique du Nord (Lanly, 1970 : 216), en français québécois (Gagné, 1979 : 46), en cajun (Conwell et Juilland, 1963 : 154), à St. Thomas (Highfield, 1979 : 99).


**3.** — Cette adéquation de la forme linguistique au contenu du message est d'autant plus remarquable que toutes les variétés de français portent, à des degrés divers, la marque du conservatisme. Nous considérons comme ressortissant au conservatisme tout ce qui fait obstacle à la fonctionnalisation de la langue et qui est imputable soit à la pression d'une norme prestigieuse, soit au poids d'une tradition socioculturelle. Une de ses manifestations les plus évidentes est la survivance, hors du système verbal, de formes irrégulières ; Conwell et Juilland en donnent une longue liste (1963 : 162-167) pour le français de Lafayette, sans indication de fréquence malheureusement : il serait utile de savoir si la présence de ces formes résulte d'un souci de correction, propre à certains locuteurs dans certaines circonstances ou si, comme en français parlé, elle est due au rôle prépondérant qu'elles jouent dans la communication. Selon Malandain (1971 : 6) "être" et "avoir" en français fondamental ont à eux seuls une fréquence plus forte que les 71 verbes irréguliers qui les suivent sur la liste des fréquences décroissantes et qui n'en sont pas moins employés deux fois plus souvent que les 154 verbes réguliers (types "chanter" et "finir") qui viennent ensuite. Du même ordre est la conservation des formes fléchies partout constatée, en dépit de la préférence généralement accordée aux constructions analytiques (*cf.* ci-dessus 2.2.).

Il faut prendre garde cependant de ne pas imputer à la langue le conservatisme des grammairiens. Conwell et Juilland (1963 : 158 *sq.*) postulent l'existence dans le parler de Lafayette de quatre "conjugaisons". Si l'on donne à ce terme le sens qu'il a habituellement : "classe de verbes caractérisée par l'emploi d'un stock particulier de désinences", on est amené à constater que les seules désinences prises en considération par ces auteurs sont celles de l'infinitif, du participe passé et du participe présent, c'est-à-dire des formes nominales du verbe, et non celles des formes à fonction prédicative. Oukada (1977 : 163 *sq.*) s'est efforcé de montrer que, pour les verbes "réguliers" du moins, il était possible de faire l'économie de la notion de conjugaison et de rendre compte de la diversité des formes au moyen de règles phonologiques ordonnées. Highfield, qui suit le modèle proposé par Conwell et Juilland, institue de même pour le parler, de St. Thomas quatre conjugaisons, plus une cinquième irrégulière, fondées sur les marques d'infinitif et de participe passé, le participe présent, en tant que tel (il subsiste quelques adjectifs en [á], comme **fatigá**), étant inexistant (1979 : 88-89). Cette répartition est pratiquement abandonnée pour la description des paradigmes. Il est probable que les remarques de Martinet (1972 : 66) à propos du français tel qu'il est parlé en France s'appliquent aussi aux variétés en question : l'élimination du passé simple et de l'imparfait du subjonctif ont abouti à l'établissement "d'un système complètement neuf où tous les verbes ont les mêmes désinences et où ils ne diffèrent que par leurs radicaux. Dans la langue parlée, tous les verbes ont, aux modes personnels, la même désinence, sauf les formes comme *dites, faites, êtes* qui ne sont plus analysables dans une langue où les formes *aimâtes, fîtes, fûtes* du passé simple n'existent plus". L'opposition fondamentale est désormais entre verbes à thème unique ("Dire qu'un verbe a un thème unique implique qu'à partir de n'importe laquelle de ses formes on peut former toutes les autres" *op. cit.* : 67) et verbes à thèmes multiples que les locuteurs s'emploient d'ailleurs activement à éliminer par substitution synonymique ("bouger" pour "mouvoir"), réfection ("solutionner" pour "résoudre", "chuter" pour "choir"), régularisation ("mouler" pour "moudre") et autres procédés analogiques (*cf.* Guiraud, 1965 : 20). Il semble bien que cette description s'applique aux parlers de St. Thomas et de Louisiane ; par exemple pour ce dernier : verbes à thème unique : **parl, ʃɔn** ; verbes à deux thèmes : **fini, finis ; vǎ, vǎd ; ʃuf, ʃufr** ; verbes à thèmes multiples enfin, dits irréguliers. Ce qui ressortit réellement au conservatisme linguistique, c'est précisément le maintien de cette dualité ou de cette pluralité. Le français ivoirien l'a réduite par recours à la variation libre : le locuteur choisit à son gré entre **fɛ** et **fɛr, tjɛ̌** et **teni, kɔ̌prǎ, kɔ̌prǎd** et **kɔ̌pri,** ces formes étant fonctionnellement équivalentes (*cf.* ci-dessus 2.2.). On imputera aussi au conservatisme l'emploi occasionnel, à St. Thomas et à Lafayette, de tournures passives (Highfield, 1979 : 88 ; Conwell et Juilland, 1963 : 152). Il n'est pas sûr que la pérennité de ces reliques doive être considérée comme seulement due à l'inertie des structures linguistiques. Sans utilité directe pour la communication, elles n'en sont pas moins susceptibles d'assumer ce que Valdman appelle la fonction démarcative, c'est-à-dire d'être perçues comme caractéristiques de l'idiome : leur présence ou leur absence, ou la manière dont elles sont employées dans le discours attestent l'appartenance du locuteur à la communauté ou dénoncent l'étranger.

**4.1.** — Il serait cependant inexact d'évaluer les diverses variétés de français en fonction de leur degré de conservatisme ou de fonctionnalité de manière à les situer sur une sorte de continuum dont les pôles seraient, à l'intérieur de notre échantillon, le français standard et le français ivoirien. La différence entre elles n'est pas d'ordre quantitatif, mais qualitatif ; en d'autres termes, il ne s'agit pas ici de niveaux de langue (bien que, dans les complexes sociolinguistiques où elles sont insérées, ces variétés puissent fonctionner comme telles), mais de formes linguistiques distinctes. Du moins est-ce le cas des parlers américains, des variétés basilectales du français d'Afrique noire et a fortiori des créoles ; celui des français belges, canadien, nord-africain est probablement différent (*cf.* ci-après 5.1.). Le seul fait que les variétés ici en question aient pu être décrites au-delà des faits de lexique et de prononciation implique que, si "fonctionnelles" soient-elles, elles ont subi des élaborations diversement orientées. Par "élaboration" nous voulons désigner les effets conjoints de deux processus étroitement liés l'un à l'autre : la grammaticalisation des catégories sémantiques et la structuration de la "forme interne" du parler.

Est grammaticalisée toute catégorie dont l'expression s'impose au locuteur indépendamment des exigences immédiates de la communication. Cette expression est assumée par des marques qui, quels que puissent être leurs autres emplois, n'ont en tant que telles d'autre référence que la catégorie (temps, aspect, mode, nombre, etc.) qu'elles désignent. Cette neutralisation de la fonction référentielle est attestée par exemple, en ce qui concerne l'auxiliaire des temps composés, par la variation fréquente entre "être" et "avoir" ; ainsi à Lafayette : *j'ai né, je suis né* (Conwell et Juilland, 1963 : 157) ou en français camerounais (*cf.* ci-dessus, 7., 5.3.2.). Réciproquement une catégorie dont l'expression est stéréotypée peut être tenue avec quelque vraisemblance pour grammaticalisée. Nous avons signalé ci-dessus (sous 2.4) en français ivoirien l'emploi d'une construction syntaxique "thème + commentaire" pour évoquer un procès achevé. S'il était avéré que cet emploi est obligatoire, qu'il n'est pas d'autre procédé linguistique pour exprimer l'accomplissement et qu'il existe une opposition aspectuelle entre deux énoncés tels que : **ʒə prepar se fini** et **avá ʒə met pimá ápagaj** on devrait conclure que la notion d'accompli est grammaticalisée dans la variété ivoirienne. La même remarque vaut pour la construction progressive : SN + *dèt* + proposition introduite par *ki*, en français de St. Thomas, et d'une manière générale pour toutes les périphrases telles que "être après" attestées à Lafayette (Conwell et Juilland, 1963 : 155) et au Québec (Hattiger-Simard, 1982 : 12 ; Gagné, 1979 : 46) ou "être à" qui l'est à Maurice et à la Réunion (Chaudenson, 1979 : 554 et 579). Les opérateurs verbaux des créoles français résultent sans aucun doute de la généralisation de telles locutions "toutes faites".

Ce que nous avons appelé "structuration de la forme interne" désigne l'ensemble des relations d'opposition, d'implication ou de compatibilité qui s'établissent entre les catégories grammaticalisées et qui les organisent en un système. Ce sont ici les créoles qui fournissent l'exemple le plus net. Selon Valdman (1978 : 210 *sq.*), l'armature du système verbal y est constituée par une triple opposition : de prospectif à non-prospectif, de continu à non-continu, de passé à non-passé. Ce schéma général trouve sa manifestation la plus nette dans le créole d'Haïti ; le créole mauricien l'amplifie en conférant une expression propre aux oppositions d'accompli à inaccompli et de duratif à actuel (ponctuel), ainsi qu'à la distinction entre prospectif défini et prospectif indéfini. Le tableau est asymétrique, l'inaccompli comportant des spécifications (non-continuatif vs continuatif ; prospectif défini vs indéfini) étrangères à l'accompli ; ceci pourrait être interprété comme l'indice d'une rigidification incomplète, le sémantique pesant encore sur le grammatical. En ce qui concerne le créole des Petites Antilles et de la Guyane, Valdman propose un système conforme pour l'essentiel au schéma général. Cette interprétation est vivement critiquée par J. Bernabé (1983 : 1030 *sq.*) qui reproche à Valdman son "haïtianocentrisme" et la trop grande généralité de son modèle "où tendent à se diluer les références aux créoles guadeloupéen et martiniquais" (*op cit.* : 1039). La suite de l'exposé montre en effet la souplesse et la richesse de l'expression verbale en créole antillais. Il semble cependant que le différend porte moins sur l'interprétation du modèle proposé que sur la manière de l'établir : Valdman prend appui sur des catégories dont la grammaticalisation est objectivement attestée par des marques obligatoires, sur des contraintes, alors que Bernabé fait état des modes d'expression de catégories sémantiques intuitivement perçues, de possibilités. Le premier point de vue est aussi le nôtre.


**4.2.** — L'analyse qui est faite des systèmes verbaux créoles est strictement synchronique et il ne peut guère en être autrement parce que, sur le plan de la structure, il n'est pas possible d'établir une continuité entre ces parlers et d'autres formes de français antérieures ou contemporaines ; Valdman parle à bon droit de "rupture structurale" (1978 : 386). Une telle rupture ne s'est pas produite pour les autres variétés qui composent notre échantillon et l'abondance des traits de conservatisme rend hasardeuse la mise à jour des structures sous-jacentes. Guiraud (1965 : 41) décèle ainsi en français populaire l'existence d'une opposition aspectuelle (*il a divorcé/ il est divorcé ; il a sorti/ il est sorti*) et d'une distinction entre passé défini (*j'ai vendu des cartes*) et passé indéfini (*j'ai eu vendu des cartes*), l'une et l'autre bien marquées et étrangères au français standard. Un trait commun à l'ensemble des français exotiques ici examinés est l'existence d'une forme verbale neutre, aoristique, sans spécification modale, temporelle ni aspectuelle qui sert en quelque sorte d'axe ou de pivot aux différents systèmes qui y sont constatés. Dans la variété basilectale du français ivoirien, cette forme est invariable et ne désigne rien d'autre que le procès évoqué, sans référence au moment de l'énonciation ; l'actualisation en est assurée par les circonstances de l'acte de communication ou par des repères lexicaux, adverbes ou circonstants. La seule caractéristique du verbe est sa valence prédicative, propriété non exclusive, d'ailleurs, et cela explique la difficulté qu'on éprouve à définir dans cette sorte de français des "parties du discours" : **ʒə kɔ̃tá dyri** ("j'aime le riz") est tout aussi correct que **ʒə prepare dyri** ("je prépare le riz") ; **mwajɛ** "moyen" est substantif (**i fɛ tu sɔ̃ mwajɛ** "il fait tout son possible") et prédicat (**bádi i mwajɛ pas gañe zame** "les bandits ne peuvent jamais gagner") (Lescutier, 1982 : 32). Si l'on admet que la fréquence d'emploi des périphrases examinées plus haut (sous 2.4) est l'indice d'une structuration interne, on est conduit à reconnaître l'existence d'une opposition dont les termes situent éventuellement le procès par rapport au moment de l'énonciation : non commencé (**ʒə va prepare**) ou déjà achevé (**ʒə prepare se fini**). Au Cameroun, selon le degré de compétence du locuteur, la forme non marquée est invariable (*les femmes i cherché dé nourriture aux champs pour venir, jé donné l'huile, i préparé avec pour nourri les enfants*) ou bien fléchie pour le présent. Dans ce cas, elle s'oppose à des formes fléchies pour le futur et pour le passé, le premier exprimé par la périphrase commune "aller + infinitif", le second par les paradigmes du passé composé, de l'imparfait ou du plus-que-parfait employés au hasard (*cf.* ci-dessus, 7., 5.2.2.).

4.3. — Par rapport à cette double opposition caractéristique du français africain : non marqué/marqué, antérieur/ ultérieur, les variétés américaines présentent un tableau plus complexe ou différemment organisé. À Lafayette, il semble bien que le présent soit également le temps non-marqué, ne situant le procès ni par rapport à un point de référence fourni par le discours, ni par rapport à l'acte du langage (ce qui ne signifie évidemment pas qu'il ne puisse pas être utilisé à cette fin si toute ambiguïté est exclue ) ; mais il existe un procédé pour affirmer soit la contemporaneité du procès évoqué avec le moment de l'énonciation : "il est après travailler", soit la coïncidence avec un événement situé dans la durée : "il était après travailler quand elle est arrivée" (Conwell et Juilland, 1963 : 155). La postériorité est exprimée par "aller + infinitif" et l'antériorité par recours aux paradigmes flexionnels, procédé résiduel où l'on constate la même confusion entre imparfait et passé composé qu'en français camerounais (*op. cit.* : 200) ou bien au moyen d'une périphrase : "avoir/être + participe passé". Le système comporterait, si notre analyse est exacte, un terme non marqué : le "présent" synthétique, et trois termes marqués pour le temps, correspondant aux trois périphrases précitées.

Pour le français de St. Thomas l'interprétation des faits est beaucoup plus difficile, à cause du parallélisme partiel entre les trois séries de "temps" : simples, composés, périphrastiques. Le présent simple y a, comme ailleurs "a meaning which designates the action expressed by the verb in general or universal terms... It is this general aspect which enables speakers to use this tense even in past tense narratives, replacing the imperfect and present perfect on occasion" (Highfield, 1979 : 92). Le passé est exprimé par la forme fléchie en -*é.*, le futur par "aller + infinitif", la forme en -*ré*, dite "irrealis", étant pratiquement réservée aux constructions hypothétiques. Les temps composés sont le "present perfect" (*avwèr* ou *dèt* + participe passé), le "pluperfect" (forme en -*é* de l'auxiliaire + participe passé) et le "conditional perfect" (forme en -*ré* de l'auxiliaire + participe passé.) Cette répartition évoque une opposition d'accompli à inaccompli, que suggère d'ailleurs l'usage que fait Highfield du terme "perfect". Cependant cet auteur signale chez les locuteurs une "désaffection" à l'égard des temps composés, habituellement remplacés par des tournures périphrastiques à valeur durative (*ibid.*) : *dèt + ki + V* où V peut-être au présent (simple), au passé (simple) ou au futur (périphrastique) ; l'irrealis n'est pas signalé. Sous cette réserve, la série des "temps périphrastiques" est symétrique de celle des "temps simples". Peut-être faut-il interpréter l'apparente confusion de ces données comme la manifestation d'une concurrence entre deux oppositions aspectuelles : inaccompli/accompli, non duratif/duratif, la seconde étant en passe de supplanter la première, et l'une et l'autre recoupées par une distinction chronologique. C'est une telle distinction qui prévaut en français standard sur toutes les valeurs aspectuelles ; le présent intemporel, bien vivant en français populaire (*cf.* Lanly, 1970 : 255 : le présent "dépouillé de ses contours temporels, n'exprime plus que l'idée verbale comme l'infinitif dans les sabirs"), y est confiné au style narratif ou gnomique : une forme de présent y fait normalement référence au moment de l'énonciation, un passé (composé) à un fait antérieur plutôt qu'à l'accompli.


**5.1.** — Nous ne nous dissimulons pas ce qu'ont de sommaire et d'aventureux les analyses proposées. Notre intention était moins de fournir une description des données que de montrer que leur organisation peut-être interprétée autrement que par référence au français standard, comme ressortissant à des systèmes différents. Les analogies évidentes qu'on y remarque sont imputables à l'opération de processus linguistiques généraux plutôt qu'aux propriétés inhérentes à un français intemporel et transcendant. Dans cette perspective, les créoles français perdent de leur spécificité : ils trouvent place dans un ensemble dont les parties se caractérisent toutes par des degrés divers de fonctionnalité et des orientations différentes dans l'innovation. La limite entre français populaire, français d'Europe et du Québec, français des U.S.A. et français d'Afrique n'en est pas moins difficile à tracer. Nous pensons qu'il est possible de le faire, de façon très approximative, en utilisant pour critères les trois facteurs examinés dans ce qui précède ; selon qu'ils sont présents (+) ou absents (-), on aboutit aux résultats indiqués dans le tableau suivant :

|  | conservatisme | fonctionnalité | élaboration |
|---|:---:|:---:|:---:|
| Français commun | + | + | - |
| Français d'Outre-Mer | + | + | + |
| Créoles français | - | + | + |

La fonctionnalité est commune à toutes les formes de langage où prévaut la fonction communicative. Les caractéristiques discriminatoires sont le conservatisme et l'élaboration, sous son double aspect : grammaticalisation et structuration. Dans la première catégorie dite (faute de mieux) "français commun", nous rangeons, outre le français populaire, toutes les variétés géographiques du français qui se distinguent les unes des autres par des traits phonologiques ou lexicaux, mais non par des différences de structure. Il est frappant de constater que dans tous les textes qui traitent du français en Suisse, en Belgique, au Québec ou en Afrique, il n'est question que de lexique (vocables et idiotismes) et de prononciation, rarement de morphologie et jamais de syntaxe. Il y a lieu cependant d'instituer deux sous-catégories : les français régionaux et les français exportés. On pourrait étendre aux premiers la définition que P. Knecht (1979 : 249-250) donne du domaine romand : "C'est une France politiquement suisse ou une Suisse linguistiquement française... rien ne permet de l'isoler en tant que zone linguistique ayant des propriétés différentes d'une quelconque province française de l'est ou du sud : France-Comté, Bourgogne, Savoie, etc.". Par "français exportés", nous entendons ceux qui ont été implantés en Afrique ou à la Réunion par exemple par la colonisation, diffusés par voie scolaire et qui ont subi, eux aussi, un certain degré de différenciation dialectale. Le trait commun aux uns et aux autres est leur dépendance par rapport au français standard reconnu pour norme. À eux tous, ils constituent la "francophonie". Leurs locuteurs, quelque concients qu'ils soient des imperfections de leur usage, ont le sentiment de parler un seul et même français.

Le cas des variétés basilectales africaines ou des parlers des Etats-Unis est inverse : leur "francité" est déduite d'analogies phonologiques, morphophonologiques et lexicales, en dépit de la diversité des systèmes. Sauf en ce qui concerne les formes explicitement insérées dans un continuum dont le pôle supérieur est constitué par le français "correct", ce qui est le cas des français ivoirien et camerounais par exemple, les locuteurs ne prétendent pas parler français, mais "patois". L'utilisation de ces "patois" ou de ce "petit-nègre" ne détermine chez leurs usagers, contrairement à celle des français régionaux, aucun sentiment d'insécurité linguistique. La conséquence en est que les processus d'élaboration s'y développent librement alors qu'ils sont bloqués dans les français régionaux par la pression constante de la norme "centrale". Cette description s'applique aussi aux créoles, sous cette réserve que l'opération des processus évoqués : fonctionnalisation et élaboration, y a été beaucoup plus radicale, qu'elle a affecté toutes les parties de la langue : phonologie, morphologie, lexique et syntaxe, et qu'elle a éliminé tous vestiges de la langue ancestrale. On en déduirait aisément, si la documentation historique ne l'attestait, que ces parlers sont issus de la rupture d'une tradition socioculturelle encore perceptible dans ce que nous avons appelé les français d'Outre-Mer et qui pèse de tout son poids sur les variétés régionales du français commun.


**5.2.** — Si sommaire soit-elle, notre hypothèse a peut-être un mérite : celui de poser le problème de l'identité diachronique d'une langue. Si des variétés de français peuvent être, à la limite, conçues comme fondées sur des structures syntaxiques différentes et si les créoles, qui précisément présentent cette caractéristique à son plus haut degré, ne sont cependant pas "du français", qu'est-ce donc que "le" français ? A notre sens, c'est essentiellement un corps de règles morphophonologiques qui se perpétuent dans le temps et dont la désuétude marque la transition vers une autre langue. Cette conception est effectivement sous-jacente à la pratique des sociolinguistes (*cf.* Gumperz-Wilson, 1971 : 161-162 : "...paradigmatically structured inflectional morphs seem to be at the core of the native speakers perception of what constitute "different languages".") comme à celle des comparatistes (*cf.* Hjelmslev, 1938 : 276 "ce qui décide [de l'identité génétique], ce n'est pas le *contenu* des outils grammaticaux, mais leur *expression*."). Elle justifie l'importance décisive que nous avons cru devoir reconnaître au critère de conservatisme.

# TROISIÈME PARTIE

# APPROPRIATION

**10.**

# De la subversion des langues importées : le français en Afrique noire [1]

1. — Les recherches récentes sur les implications sociales du langage ainsi que les multiples obstacles qu'ont rencontrés un peu partout les politiques d'aménagement linguistique ont engagé de nombreux spécialistes à réfléchir sur les relations existant entre langue et développement. Nous ne prétendons pas, faute de compétences suffisantes, nous aventurer ici sur cette voie, mais seulement examiner quelques problèmes liminaires. Il est habituel, lorsqu'on traite des langues en termes d'économie, de les présenter comme des données immédiates, comme des "produits" susceptibles d'être évalués et échangés, donc supposés définis (ce qu'implique le concept même de "contact de langues") et homogènes. Il s'agit là, de toute évidence, d'une simplification abusive ; nul n'ignore qu'une langue est un ensemble de variétés elles-mêmes imprécises et dont l'unicité est postulée pour des raisons qui ne sont pas exclusivement, ni même principalement, linguistiques. Cette simplification est également dommageable si l'on admet que la valeur du produit, dans une conjoncture donnée, est fonction de sa nature, de ce qu'il signifie pour ses usagers et de son adéquation au rôle qu'on veut lui faire jouer.

C'est dans cette perspective que nous voudrions reprendre le vieux débat sur l'"africanisation" du français pratiqué en Afrique par la masse des lettrés, c'est-à-dire de ceux qui ont été scolarisés au moins pendant quelques années, masse qui n'excède pas, selon les décomptes les plus optimistes, 20% de la population, mais qui joue un rôle important dans le devenir des états modernes. Sous son aspect pratique, le débat se résume

---

[1] R. Chaudenson et D. de Robillard, (éds.) : *Langues, économie et développement*, t. 1, Aix-en-Provence, Institut d'Études Créoles et Francophones, 1989.

en une formule : quel français enseigner ? Deux options sont offertes sur lesquelles nous reviendrons plus loin. La première consiste à assigner à l'enseignement la vulgarisation d'un "français standard" dont la définition donne elle-même lieu à controverses mais qui se résout en fait en ce que Prat (1984 : 11) appelle le français de l'école : "celui qu'enseignent les instituteurs et les professeurs d'un bout à l'autre du monde francophone", lui-même fondé sur la norme littéraire. Cette position n'est pas sans ambiguïté : on peut prétendre par là diffuser les valeurs dont le français est censé être le véhicule (tel a bien été l'objet principal de l'enseignement colonial et post-colonial), combinées éventuellement avec l'apport des cultures indigènes dans la mesure où celui-ci paraît compatible avec celles-là. Du point de vue didactique, cela ne pose que des problèmes d'adaptation de la forme et du contenu de l'enseignement, adaptation destinée à rendre l'étude du français plus aisée et plus attractive. On peut aussi considérer comme secondaires ces connotations culturelles et se préoccuper avant tout de conserver au code linguistique sa pleine efficacité communicative ; cela engendre un "purisme technique" qui s'attache moins au respect de la tradition académique qu'à la rigueur et à l'exactitude de l'information transmise. L'autre option consiste à prendre en considération les modifications que subit le français dans l'usage spontané de ses locuteurs africains. Il est de notoriété publique que les variétés du français d'Afrique, quoique localement différenciées, présentent entre elles plus de points communs qu'elles n'en ont avec celles qui sont pratiquées en France, en Belgique, au Luxembourg, en Suisse ou au Canada et que celles-ci, à leur tour, sont plus proches les unes des autres qu'elles ne le sont respectivement du français africain. La spécificité de ce dernier tend d'ailleurs à s'affirmer à mesure qu'augmente le taux de scolarisation, notamment dans le cycle primaire où il sert de véhicule, sinon de modèle, à l'enseignement. Que l'on prétende combattre, contrôler ou favoriser cette appropriation de l'outil linguistique par ses usagers, il importe de tenter de déterminer en quoi elle consiste et à quels niveaux elle s'exerce.


**2.** — C'est dans le domaine du lexique que l'étude des "africanismes" s'est le mieux développée. Elle a donné lieu à une abondante littérature, à de nombreuses enquêtes lexicales (au Sénégal, au Mali, en Côte d'Ivoire, au Togo, au Burkina-Faso, en Centrafrique, au Niger, au Zaïre, au Rwanda) et à l'élaboration, sous l'égide de l'AUPELF et de l'ACCT, du projet IFA qui a abouti à la publication en 1983 de l'*Inventaire des particularités lexicales du français en Afrique Noire*. L'importance de ces travaux lexicographiques réside moins dans leur contenu (quel qu'en soit d'ailleurs l'intérêt théorique, méthodologique et documentaire) que dans leur dimension sociolinguistique. Il est certain que pour la plupart des locuteurs, la maîtrise d'une langue, du moins d'une langue apprise, consiste avant tout en celle de son vocabulaire. On a souvent signalé l'intérêt porté par les écoliers africains aux "gros mots", c'est-à-dire aux mots inusuels, de sens technique ou abstrait ; ce goût subsiste même à un niveau de compétence élevé : "les mots rares, difficiles ou archaïsants sont paradoxalement plus recherchés par les écrivains, de même que les expressions héritées, figées, celles qu'on nomme "idiomatiques" que l'usage continue de transmettre de génération en génération... Ce qui, autre paradoxe, rend les dictées proposées aux jeunes africains et extraites, en général, de textes de leurs compatriotes, bien plus difficiles que celles que l'on propose à leurs homologues Picards ou Tourangeaux" (Prat, 1984 : 9). Le paradoxe n'est qu'apparent : le rôle que joue le français en Afrique noire comme instrument de promotion sociale explique la surenchère dans le champ linguistique où la vigilance du sujet parlant et son initiative peuvent le mieux s'exercer. Un autre témoignage de l'importance accordée au vocabulaire est fourni par la virulence des critiques adressées au projet IFA, rendu responsable par avance du déclin de la langue française en Afrique : "À l'heure actuelle se propage largement l'inquiétude d'un assez grand nombre d'enseignants africains qui pensent que réaliser un dictionnaire des particularités du français d'Afrique à l'usage du grand public, c'est en quelque sorte légitimer, donc autoriser les fautes de français. Pensons plus spécialement à ces jeunes africains, élèves ou étudiants, qui pour céder à la facilité ne se priveront pas d'une si belle occasion de braver l'orthodoxie de la langue. On ne doit pas perdre de vue le fait que dans nos pays, l'imprimé jouit d'une fascination presque magique et que tout ce qui est écrit et publié porte automatiquement la marque de la vérité de référence. Au moment où nous parlons de 'baisse de niveau' et où nous accusons les jeunes de se laisser aller à la facilité, est-il encore nécessaire de leur fournir une telle arme qui ne fera que les renforcer dans leur ignorance ?" (Ahiavee, 1984 : 99). *A contrario,* on constate que dans l'ouvrage de P. Dumont : *Le français et les langues africaines au Sénégal,* le chapitre 4, intitulé "Le français du Sénégal" est intégralement consacré à une étude lexicologique qui aboutit à cette conclusion : "Le français du Sénégal est donc bien devenu une réalité linguistique concrète, c'est-à-dire que l'on peut décrire et analyser" (1983 : 192).

Réduire une langue à sa composante lexicale peut être tenu, d'un point de vue strictement linguistique, et peut-être aussi didactique, pour une simplification abusive. Nombreux sont les francophones européens ou canadiens qui, vivant en Afrique, ont employé "canari" pour "pot", "concession" pour "terrain à bâtir" ou "démerder" pour "se débrouiller" sans que leur langue en soit profondément altérée. S'il ne s'agissait que de dissuader les élèves d'employer des termes impropres ou "fautifs", le problème pédagogique trouverait probablement une solution aisée. L. C. Prat (1984 : 9) constate que "pour ce qui est du français de la littérature, le code de la langue est rigoureusement le même, qu'il s'agisse de Gide ou de Medou Mvomo, de Camus ou de Mongo Beti, de Saint Exupery ou de Cheick Hamidou Kane. Ce qui change, c'est le code de l'usage". Il serait intéressant de rechercher si ces changements s'opèrent selon une orientation commune. Tel est apparemment le cas en ce qui concerne le parler populaire ; la coloration bizarre qu'on lui a souvent reconnue tient moins au choix des lexies, en lui-même conventionnel, qu'aux principes mêmes de leur combinaison. La question se pose, nous semble-t-il, à deux niveaux : celui des connotations, tout d'abord, elles-mêmes déterminées par un réseau de coordonnées socio-culturelles différent en Afrique, sauf peut-être dans l'élite européanisée, de celui auquel fait référence l'usage "occidental". Selon que le locuteur appartient à l'un ou l'autre univers, "[son ] expérience… quant au monde et à lui-même, les statuts, les attitudes sociales, les jugements, nés de cultures différentes, ne peuvent véritablement coïncider" (Lafage, 1984 : 106). Il en résulte une distorsion entre ce qui est dit et ce qui est signifié, source de malentendus : "un mot français employé en contexte ivoirien conserve ses sèmes nucléaires (i.e. les éléments de signification qu'il apporte à tout contexte quel que soit celui-ci) mais les sèmes contextuels (i.e. les éléments de signification qui, parmi toutes les possibilités d'un mot donné, sont révélés par le contexte) peuvent se trouver altérés de façon subtile, de telle sorte que les rapports que le mot entretient avec les autres mots de la langue, par exemple, dans les champs associatifs, divergent sensiblement en contexte ivoirien et en contexte français" (*op. cit.* : 108). S. Lafage illustre son propos par l'analyse d'énoncés contenant le mot "vieux", produits par des locuteurs ivoiriens de compétence inégale et elle montre que : "la distance socio-sémantique est moins importante entre acrolecte et basilecte du français 'ivoirien' qu'entre ce dernier et le français métropolitain actuel", ce qui atteste que la correction du langage n'est plus ici une variable pertinente. Le second niveau, celui de la structuration du sens, est à peu près inexploré. Cela tient probablement à la complexité du problème sur le plan théorique et surtout à notre profonde ignorance concernant la "forme du contenu" dans les langues africaines. Les recherches telles que celle que poursuit A. Delplanque sur le sens en dagara (langue voltaïque parlée aux confins du Ghana et du Burkina-Faso) sont rares (*cf.* Delplanque, 1983). C'est plutôt dans les écrits des ethnolinguistes qu'il faut chercher des renseignements en ce domaine. L'ouvrage que G. Calame-Griaule (1965) a consacré au champ de la parole chez les Dogons témoigne de l'efficacité d'une analyse fondée sur une connaissance intime des cultures africaines. Il n'est pas interdit de penser que l'extension de ces études permettrait de dégager sinon des constances, du moins des convergences. L'esquisse d'une synthèse a été proposée par P. F. Lacroix (1972) pour la notion de temps dans les sociétés non-islamisées de l'Ouest africain, à partir d'un ensemble d'études lexicales : temps subjectivement conçu en fonction des activités humaines, temps saisi comme un cycle clos, et non comme un *continuum*, durée perçue dans son amplitude relative plutôt qu'en ses moments, association de l'espace et du temps. Une telle conception n'est probablement pas étrangère aux singularités de certaines structures lexicales et grammaticales du français africain, ni à certains comportements.


**3. —** Ce que l'on discerne le mieux, dans le domaine de la grammaire, est l'effet de filtrage résultant de l'appréhension des règles morphosyntaxiques du français à travers la grille constituée par le système de catégories et de relations propres à la langue première de l'apprenant. C'est là le champ d'action de la linguistique contrastive dont les acquis fondent une méthodologie apparemment efficace. L'ouvrage de S. Lafage (1985) sur le français pratiqué en pays éwé démontre la fécondité de cette démarche. Elle laisse cependant subsister un résidu d'erreurs communes dont on ne peut pas rendre compte par l'interférence de systèmes grammaticaux, eux-mêmes très différents les uns des autres. En ce qui concerne l'usage "profane" du français, il faut tenir compte des processus de simplification et de restructuration que subit toute langue seconde employée comme code de communication. L'étroite adaptation à la fonction référentielle induit des modifications qui tendent à conférer à la langue une plus grande efficacité pour un moindre coût et qui se révèlent être analogues quelle que soit la structure du parler auquel elles s'appliquent. L'un des effets les plus fréquents de ce processus consiste en la réduction des ambiguïtés ; la distinction très largement répandue en Afrique occidentale entre "avec" qui marque toute espèce de relation et "ensemble avec" indiquant l'accompagnement en est un témoignage. Une autre cause de convergence, manifeste en milieu scolaire, réside dans les tâtonnements de l'élève construisant à grand peine des "systèmes approximatifs" de plus en plus conformes au modèle proposé ; il semble bien que ces stratégies soient pour une large part indépendantes de la langue-source, mais conditionnées en leurs effets par la langue cible. Restent cependant certains faits largement attestés qui ne paraissent pas être explicables par des processus généraux et qui semblent mettre en cause un certain mode d'organisation, de mise en forme de l'information. P. Dumont (1983 : 54) y fait allusion lorsqu'il parle de la catégorisation de l'expérience humaine ; l'exemple qu'il donne concerne le wolof, mais il serait aisé de montrer que sa portée s'étend à un très grand nombre de langues africaines : "l'organisation du système verbal en français repose sur des oppositions de type temporel ou modal où la qualité de l'action importe moins que le moment où elle se situe alors qu'en wolof le système verbal s'appuie sur des oppositions de type aspectuel où, comme le dit S. Grelier, il importe avant tout de savoir si l'action est achevée ou si elle est en cours d'accomplissement, d'où la très importante opposition entre l'aspect accompli et l'aspect inaccompli qui, grâce à une simple particule, décrit l'action en cours de procès ou l'action à venir, le fait habituel ou le fait permanent". Sur cette base commune, les langues africaines ont édifié des systèmes verbaux complexes et diversifiés, de telle sorte que la notion d'aspect fournit au linguiste et au didacticien un axe de recherche plutôt qu'un principe d'explication. Il nous semble utile pour cette raison de distinguer du niveau morpho-syntaxique celui, plus profond, de la "sémantaxe" où l'expérience se trouve conceptualisée.

Appartient à ce niveau une structure sémantique sous-jacente à l'opposition aspectuelle dont il vient d'être question, mais aussi à diverses constructions syntaxiques et qui semble être fondamentale dans les langues négro-africaines ou du moins dans un grand nombre d'entre elles : la distinction entre dynamique et statique. S. Lafage (1985 : 386) constate en français togolais un curieux emploi des conjonctions insérées entre deux participes passés régis apparemment par un même auxiliaire : "il a marché jusqu'à arrivé". Elle met cette tournure en relation avec l'emploi, en éwé, de "verbes-conjonctions", c'est-à-dire de verbes qui y assument une fonction analogue à celle des conjonctions en français : **è zɔ̀ mɔ́ vá sé ɖé ɖó xɔ̀-mè**, litt. "il a fait route (**zɔ mɔ́**) venu (**vá**) fait effort (**sé**) dirigé (**ɖé**) dans la maison (**xɔ̀-mè**)" (il a marché jusqu'à ce qu'il soit arrivé à sa maison). Il s'agit là d'un cas particulier (particulier en ce que **vá-sé -ɖe** est en éwé une locution lexicalisée) d'une construction très répandue, la construction sérielle (Manessy : 1985b), qui consiste à juxtaposer des verbes dépendant d'un même sujet et dont chacun évoque une des phases ou des composantes du procès évoqué ; la séquence verbale forme un tout dont la compacité est souvent attestée par l'absence de coordonnants et par la "mise en facteur commun" des marques de temps et d'aspect, généralement portées par le premier terme de la série. Certaines de ces séquences verbales sont souvent spécialisées, comme c'est le cas en éwé, dans la spécification de caractéristiques du procès (son orientation ou son degré d'intensité) ou de relations "casuelles" : instrument, destinataire, bénéficiaire, objet, etc. Dans ce cas, il y a souvent complémentarité entre les constructions sérielles et d'autres qui consistent en un syntagme de détermination, du type "le devant de la maison" (éwé **'xɔ 'ŋgɔ**) dont le terme complété a été transposé en fonction de "postposition" ; en éwé, cette grammaticalisation se manifeste par une modification de l'accentuation : **'xɔ ŋgɔ** "devant la maison" : le syntagme postpositionnel est alors affecté à l'expression de relations statiques : localisation ou causalité. Welmers (1973 : 453) résume ces observations en une phrase : "To a large extent, ideas expressed by prepositions referring to motion in English are expressed in Niger-Congo languages by verbs, and ideas expressed by prepositions referring to location in English by nouns".

Une autre singularité largement répandue dans les langues africaines, indépendamment de leurs apparentements typologiques ou généalogiques, est l'emploi d'un verbe "dire" ou d'un morphème directement issu d'un tel verbe pour introduire des propositions exprimant la pensée, l'intention, la volonté du sujet concerné ou, de façon plus générale, explicitant ou commentant le contenu de la proposition principale ; ainsi en éwé : **dɔ le ngɔ nye bé màwɔ** "j'ai du travail (litt. "du travail (**dɔ**) se trouve (**le**) devant moi (**ngɔ nye**) à faire (litt. "que je fasse : màwɔ**) où **bé** est un verbe "dire". L'origine de cet emploi de **bé** en éwé et des formes analogues dans les autres langues est certainement à chercher dans des constructions sérielles dont il était le terme final (Lord, 1976) ; mais le principe de cette extension d'emploi réside dans une conception de la "parole", commune à un grand nombre et peut-être à la totalité des cultures africaines. Il n'y a pas de différence essentielle entre ce qui est dit, ce qui est pensé et ce qui est fait. La pensée est une parole intérieure, "une parole inextériorisée, à l'état latent" (Calame-Griaule, 1965 : 25) ; d'autre part, la parole est force : tout énoncé est "performatif" — d'où les multiples précautions qu'exige le maniement du langage — "l'acte est la matérialisation de la parole, son aboutissement extrême" (*op. cit.* : 24). On comprend dès lors qu'un verbe "dire" puisse désigner autre chose qu'un discours ; dans la phrase **twi akurā hɔ o sè ɔ-renɔm nsu** "dans ce village (**akurā hɔ**), il pensait boire (**nɔm**) de l'eau (**nsu**)", on peut à la rigueur attribuer à **sè** ("dire") la valeur de "(se) dire" ; il est difficile de le faire pour **bé** dans le cas de **bé wó yì sukúu kábá là nyé nú nyúíe aɖé** "qu'il soit allé tôt à l'école est (**nyé**) une bonne chose" (éwé). Le fait remarquable est qu'en traduisant littéralement une phrase éwé telle que **wó vá bé wó-á-dù nú** "ils sont venus (**wó vá**) qu'ils mangeront (**bé wó-á-dù nú**)", ou une phrase éwondo comme **waduk ma ná ongákɔn** "tu me trompes (**waduk ma**) que tu fus malade (**ná ongákɔn**)", on produit des énoncés dont la grammaticalité est plus que discutable en français standard, mais non en français populaire africain. S. Lafage cite de nombreux exemples analogues en français de Côte d'Ivoire et du Togo : "il le gueule que c'est un fainéant" (ou, dans un style plus châtié " il me gronde que je suis un fainéant"), "il m'insulte que je ne fais rien", "il travaille qu'il veut réussir", "il travaille qu'il est fatigué", "le chauffeur me parle que m'en vais Sassandra" (le chauffeur me dit qu'il s'en va à Sassandra) ; l'ouvrage collectif du B.E.L.C. consacré au français scolaire (Boyeldieu *et al.* : 1973) cite de même, parmi les fautes courantes, "regarde dehors que ton dîner est prêt" (si ton dîner…) "il me renseigne qu'il ne peut pas venir" ; enfin le corpus de français camerounais constitué par C. de Feral (*cf.* II, 7.) fournit une ample moisson : "il a refusé qu'il va pas m'épouser", "hier on est venu me tromper que mon oncle était mort", "ses sœurs m'ont retenue que je rentre plus, que je vais accoucher là". L'*Inventaire des particularités du français en Afrique noire* (1983 : 394) signale cette construction au Burkina Faso (Haute-Volta), au Bénin, au Togo, en Côte d'Ivoire, au Cameroun, c'est-à-dire dans des pays où le procédé est également attesté dans les langues locales. Il ne s'agit pas cependant d'un calque, puisque le verbe français "dire" n'est jamais employé, mais de la réinterprétation de la conjonction "que" sur le modèle commun à toutes ces langues, c'est-à-dire, selon nous, de la résurgence d'une structure sémantique sous-jacente à celui-ci ; "que" est la marque d'une parole latente ou extériorisée.

S. Lafage (1985 : 326) signale en éwé une particularité du verbe que l'on retrouve dans beaucoup d'autres langues, en particulier dans celles dont l'appareil morphologique est restreint ; les lexèmes verbaux "expriment une idée susceptible de multiples interprétations suivant le contexte. Ainsi (en éwé) **dzè** donne l'image d'un objet qui est déposé dans un lieu, **wɔ** exprime l'action dans ses effets multiples, **tó** recouvre un large éventail de sens liés à l'idée de sortie". La spécification se fait en surface, par redoublement (**ɖú** "faire un mouvement rapide", **ɖúɖú**, "tournoyer"), par juxtaposition de deux radicaux (**sú** "penser", **bɔ** "plier", **subɔ** "servir"), ébauche d'une série verbale, par adjonction d'un lexème nominal (**blì** "rouler", **bà** "boue", **blìbà** "se salir"), ou enfin par référence au contexte : **bì** "action de détruire par la flamme", **àvè bì** "la forêt a pris feu", **dzò bì** "le feu brûle" ; **nyí** "idée d'absorption, de dissolution" : **dzè nyí** "le sel s'est dissout", **mè-nyikutsétsè** "j'ai mangé un fruit" ; **ɖó** "disposer", **ɖó tó** "écouter" (**tó** = oreille), **é-ɖó dù-à-mè** "il est entré dans (**mè**) le village (**dù-à**)". Dans les dictionnaires de langues africaines, les entrées verbales comportent des listes interminables d'acceptions souvent hétéroclites ou incompatibles selon notre logique. On en trouve le reflet dans l'*Inventaire des particularités lexicales en Afrique noire*, sous des rubriques telles que "gâter" : "verbe-outil très fréquent, qui se substitue à tous les verbes contenant le sème "destruction" : abîmer, détériorer, désorganiser, gâcher. Entre dans de très nombreuses locutions et cooccurrences : [gâter un véhicule, un vêtement, le temps, une affaire, le ventre, l'ambiance, quelqu'un, pour quelqu'un, le nom de quelqu'un...]". Les pays mentionnés dans l'article sont le Sénégal, le Mali, le Niger, la Côte d'Ivoire, le Togo, le Bénin, le Burkina Faso, le Cameroun, la République Centrafricaine, le Tchad et le Rwanda, ce qui montre que cette polysémie est attestée sur une aire qui excède de beaucoup celle des langues à morphologie "économique". On peut leur imputer certaines "fautes" courantes même en milieu scolaire : la confusion des antonymes : "prêter" au double sens de "prêter" et "d'emprunter", "naître" pour "venir au monde" et "engendrer", "pardonner" pour "accorder" et "demander pardon" (mais aussi, "supplier, solliciter/accorder une faveur") et d'une manière générale les impropriétés provoquées par le choix aléatoire opéré parmi des verbes perçus comme interchangeables, parce que comportant un sème commun[2]. Le procédé éwé de spécification du verbe par juxtaposition d'un nom ou d'un syntagme verbal réapparaît (là encore à l'échelle de l'Afrique francophone) dans les très nombreuses locutions (deux pages et demie d'exemples dans l'*Inventaire*) où "faire" n'indique rien de plus que l'activité délibérée ou non du sujet : "faire six mois à..." (demeurer six mois), "faire la paresse", "faire une fille", "faire cabinet", "faire l'accident", "faire fétiche", "faire Coran", "faire le BEPC", etc. Cette prééminence du générique sur le spécifique se manifeste tout autrement dans le domaine nominal. Le nom fait, en règle générale, référence à l'espèce ou à la catégorie, non à l'individu ; la preuve en est fournie par le mode d'expression du nombre. En règle générale, la marque de cette catégorie est facultative ; elle n'intervient qu'à titre de précision complémentaire, là où le contexte ou la situation laissent quelque place à l'ambiguïté ; mais dans ce cas, elle ne peut être employée que si le référent a été préalablement individualisé par adjonction au substantif d'une marque de défini (Manessy, 1985a) ; il est probable que la plupart des libertés que prennent avec l'article les locuteurs africains (et dont la plus fréquente est l'omission pure et simple) ressortissent à cette discordance dans la hiérarchie des modalités, celle de générique à spécifique étant pour eux première, alors que le francophone natif pense en termes d'unicité et de pluralité : 'Banane c'est 5 francs — 5 francs' (c'est 5 francs pièce) ; si la quantification s'avère nécessaire, elle est exprimée par un numéral, par "plusieurs" ou

---

[2] La même confusion se remarque dans l'emploi des prépositions françaises. Le seul trait retenu est leur propriété commune : signaler l'existence d'une relation syntaxique ; la nature de cette relation étant déductible du contexte, le choix de l'une ou de l'autre s'opère dans une large mesure au hasard.

'beaucoup'" (Lafage, 1985 : 412). En revanche, les langues africaines disposent d'une modalité du nombre qui fait défaut au français : le "pluriel" par extension ou association qui permet d'étendre à un groupe les caractéristiques d'une personne (X et les gens de sa sorte, X et les siens, etc.), ou d'une chose. Le français populaire africain y supplée au moyen de la locution "et consorts" d'emploi tout à fait courant.

On pourrait produire d'autres exemples de transposition en français d'Afrique de structures sémantico-syntaxiques africaines. Ainsi en ce qui concerne la qualité, conçue comme un état plutôt que comme un attribut. Les qualificatifs, dans les langues négro-africaines, sont sinon des verbes d'état, du moins des formes dérivées de verbes d'état ; les lexèmes proprement adjectivaux sont rares. S. Lafage (1985 : 270) y voit la cause de l'oubli fréquent de la copule en français local, le lexème qualificatif étant supposé avoir par nature une valence prédicative : "lui grand" (il est grand). Cette valence explique peut-être que la modalité négative, normalement portée par le verbe, affecte si souvent l'adjectif : "pas-grand" pour "petit", "moins-cher" pour "bon marché" ; mais on peut interpréter aussi le procédé comme ressortissant à la "fonctionnalisation" de la langue selon le principe : "un signifiant par signifié". L'indistinction fréquente du futur et du conditionnel (l'enquête du B.E.L.C., Boyeldieu *et al.*, 1973, en fournit de très nombreux exemples) renvoie à la conception du temps évoqué plus haut ; le futur, dans les langues africaines, n'est pas une projection de l'actuel sur un axe linéaire s'étendant jusqu'à l'infini ; il désigne une hypothèse ou une éventualité, ce qui peut ou non se produire ; telle est, selon Welmers (1973 : 352) la clé de certains comportements qui déconcertent les Européens : "No levity is intended in referring to the common observation that when an African says 'I will do it' (even in English), it means that perhaps he will and perhaps he won't. His frequent failure to 'keep a promise' may be more of a linguistic ambiguity than a moral fault". Il est probable qu'une enquête plus attentive, effectuée par des chercheurs mieux informés que nous ne le sommes, décèlerait d'autres singularités imputables non pas à la discordance des structures grammaticales, mais à la disparité des matrices culturelles (*cf.* Alleyne, 1971) qui se manifeste également dans d'autres domaines que celui du langage : esthétique, éthique, mythologique, social, religieux. En bref, notre hypothèse est celle de R. Allsopp (1977) : "There are African (and a priori non-Europeans) ways of looking at things, or categorizations of sense-data at a very deep level, which are reflected linguistically, that is which surface in the native language speech chain in a number of non-contiguous African cultures". C'est cette manière de voir les choses et d'organiser les faits qui transparaît obstinément dans le français tel qu'il est communément pratiqué en Afrique et qui parfois en gauchit les structures.

**4.** — Le processus que nous venons d'évoquer est l'un de ceux que l'on subsume sous le terme très vague de créolisation. Il est probablement un des facteurs de la transmutation des parlers français importés aux Antilles au XVIIe siècle en une langue qui, sous sa forme basilectale, n'a plus rien de commun avec le français, sinon le vocabulaire. Le parallèle est cependant abusif ; le créole antillais s'est constitué à partir d'un matériau très pauvre, sans doute analogue au "petit-nègre" ou au "français-tirailleur" des débuts de la colonisation, et qui a dû, pour devenir un idiome, subir une intense élaboration ; celle-ci a été, du moins à l'origine, largement indépendante de la norme représentée par le langage des maîtres, à laquelle la grande majorité des esclaves n'avait pas accès. La situation est inverse dans l'Afrique moderne ou, mis à part le travail délibéré de certains écrivains, le processus affecte la variété orale de la norme scolaire et demeure soumis à la pression de celle-ci. Il en résulte une situation complexe que l'on peut schématiser ainsi : dans l'usage populaire, celui des non-lettrés et des demi-lettrés, le plus perméable à la "manière africaine de voir les choses", l'appropriation porte sur le langage plus que sur la langue. Il se crée des habitudes, des façons de dire qui, dans la mesure où les usagers y attachent une valeur particulière, celle d'indice d'appartenance au groupe par exemple, tendent à se fixer en règles ; tel est le mécanisme que nous avons décrit sous le nom de "vernacularisation" à propos du français populaire d'Abidjan (Manessy, 1981) et qui est susceptible d'introduire quelque cohérence dans l'infinie diversité des variantes individuelles. Il y aurait là, par combinaison entre la refonte du système grammatical et la résurgence de modes de structuration sémantique proprement africains, l'amorce d'une créolisation du français si le mouvement n'était puissamment freiné par le prestige et l'omniprésence (dans les bureaux, dans la rue, à la radio surtout) du français des lettrés. En ce qui concerne ce dernier, mis à part l'emploi de tournures populaires reconnues pour telles, l'appareil morphosyntaxique n'est pas mis en question, sinon par d'éventuelles interférences de la langue première que réprime l'enseignement. L'appropriation ne s'exerce qu'au niveau profond de la sémantaxe, hors du champ de conscience des locuteurs. D'où la revendication diffuse d'un "français africain" dont on ne saurait définir les contours mais dont on sait par expérience qu'il serait mieux adapté que le français de France à l'expression des valeurs de l'africanité. Le fait que cette matrice culturelle se manifeste de façon beaucoup plus évidente dans le discours des non-lettrés explique sans doute l'intérêt que portent certains intellectuels ivoiriens au français populaire d'Abidjan.

Il est à prévoir que l'extension de la scolarisation en français atténuera l'écart entre ces deux modes d'utilisation de la langue. Étant donné l'ampleur des besoins et la difficulté qu'il y a à former en nombre suffisant des enseignants compétents, on peut s'attendre à une "baisse de niveau" qui sanctionnera en fait l'émergence, vraisemblablement sous des formes multiples, d'un français régional. On se trouve ainsi placé devant ce dilemme : ou bien accepter cette dialectalisation du français comme on le fait pour d'autres variétés, belge, suisse, canadienne, ou bien le maintenir aussi près que possible du modèle académique. Dans le premier cas, l'objet de l'enseignement sera d'homogénéiser ce français africain en éliminant les variantes locales pour ne laisser subsister que ce qui en est réellement caractéristique. Cela suppose une analyse attentive, esquissée dans certains des ouvrages que nous avons cités et probablement dans d'autres encore, mais dont les résultats devraient être systématisés. Dans le second cas, il faudra s'efforcer de conserver intacte la forme de l'expression, le code linguistique, indépendamment des valeurs qu'il est susceptible de véhiculer. Le but serait alors de disposer d'une langue interculturelle, ou plus exactement "aculturelle", apte à transmettre des informations objectives dépouillées de toute aura connotative ; en d'autres termes, il faudrait donner le pas à la fonction référentielle du langage sur sa fonction symbolique. Le corollaire serait logiquement un enseignement en langues locales fondé sur une hiérarchie inverse[3]. Il paraît difficile de concilier ces deux options qui

---

[3] Le problème s'en trouverait d'ailleurs non pas résolu, mais déplacé : à supposer que l'accord se fasse sur l'utilisation d'une ou plusieurs "grandes langues" nationales, on se trouverait là encore en présence de deux, voire de trois variétés différentes : le "langage des vieux", le seul qui puisse être tenu pour réellement authentique au sens où ce qualificatif est employé dans l'Afrique contemporaine ; la variété "moderne", en général urbaine ; éventuellement la langue écrite qui est aussi, là où comme au Togo, au Nigeria ou en Tanzanie s'est constituée une tradition littéraire, la langue enseignée. Il y a de fortes chances pour que de ces trois variétés, ce soit la seconde qui tende à s'ériger en norme d'usage ; or celle-ci est elle-même, en Afrique francophone du moins, objet d'appropriation de la part des lettrés, cette appropriation se manifestant en surface par l'utilisation de morphèmes grammaticaux empruntés au français (*parce que, depuis, pourquoi, est-ce que,* etc.) mais aussi, plus profondément, par la réinterprétation des schèmes structuraux de la langue 1 sur le modèle de la langue 2 (*cf.* S. Lafage, 1985 : 408). S'agissant de locuteurs partiellement désacculturés, et dans la mesure où la langue est susceptible de fournir des cadres à la conceptualisation, on est en droit de se demander si ces modifications dans la forme de l'expression n'ont pas de répercussions sur celle du contenu et si les langues africaines ne sont pas en train

répondent à deux finalités opposées, c'est-à-dire d'enseigner deux sortes de français, l'un fondé sur l'usage local, la "norme réelle" de P. Dumont : "ensemble des habitudes de langage communes à tous les Sénégalais lorsqu'ils s'expriment en français" (1983 : 250), l'autre traité comme l'est communément une langue étrangère acquise à des fins pratiques. Il n'est guère concevable non plus que l'une ou l'autre des options puisse être généralisée à l'ensemble de l'Afrique francophone. Les situations locales sont certes très diverses ; mais on peut très schématiquement les regrouper en deux types que nous appellerons par convention sénégalais et ivoirien. Au Sénégal, le français joue principalement le rôle de code de communication internationale ou interethnique : "Enseigné en classe, le français n'est parlé ni dans dans la cour de récréation, ni a fortiori en famille. Beaucoup de Sénégalais vont donc continuer à le pratiquer comme une langue étrangère, émaillant leur discours de termes techniques empruntés à leur métier" (Dumont, 1983 : 192) ; le résultat est une langue "monostratale" où la confusion des registres trahit l'absence de niveaux, mais dont les particularités, hors du domaine lexical, se réduisent à celles qui résultent habituellement d'un apprentissage imparfait. En Côte d'Ivoire, et plus généralement là où n'existe aucune langue dominante, le français entre dans le répertoire des locuteurs en tant que variété adaptée à des situations sociales bien définies, mais faisant référence au même fonds culturel que les autres ; c'est là que les effets du mécanisme d'appropriation que nous avons évoqué ont le plus de chances de se manifester. Il s'agit d'un état de fait, indépendant de la structure étatique surimposée, qui d'ailleurs n'est guère différente au Sénégal et en Côte d'Ivoire. De tout autre nature est le rôle éventuellement assigné au français dans le système socio-politique des Etats africains francophones : il peut-être celui d'une langue technique, langue de travail de la haute administration et des affaires, comme l'est l'anglais en Tanzanie, les langues locales, ou l'une d'entre elles, étant utilisées dans les autres domaines de la vie sociale ; mais il peut être aussi celui d'une langue nationale, destinée à être utilisée par tous, et dont l'extension même effacerait les privilèges liés à la diglossie, comme le souhaite J.-P. Makouta-Mboukou : "L'unique solution humaine est de 'vulgariser', de 'populariser', c'est-à-dire de répandre l'art de parler, de lire et d'écrire le français, car si les uns dominent les autres par le moyen du français, c'est parce que celui-ci n'est encore l'apanage que de quelques bienheureux. Mais le jour où la population sachant lire et écrire le français passera de 10% à 90%, le courant sera inversé. Et qui sait si

---

de subir une perversion analogue, quoique inverse, à celle dont est victime le français importé.

nous n'assisterons pas à une métamorphose désagréable, d'où les coqs majestueux d'aujourd'hui sortiront roitelets malingres et transis" (1973 : 80). Encore faudrait-il que les coqs majestueux ne continuent pas à disposer d'un français "à eux" différent de celui du vulgaire. L'un des éléments à prendre en compte dans l'évaluation du coût d'une politique en matière de langage est certainement son degré d'adéquation à la situation sociolinguistique locale —sociolinguistique et linguistique : quels que soient les progrès de la scolarisation, il serait certes difficile de "populariser" le français au Sénégal au point de réduire le peul et le wolof au rang de patois de village, comme aussi de rompre en Côte d'Ivoire le continuum qui relie le "français des élites" à celui des illettrés ; mais il faudra de même déployer beaucoup plus d'efforts pour atténuer ou effacer, là où ils se manifestent, les effets des mécanismes d'appropriation que nous avons tenté de décrire que pour les intégrer à la matière de l'enseignement.

**11.**

# Modalités d'appropriation<br>d'une langue seconde
### (français d'Afrique et créoles français) [1]

**1.** — Notre propos concerne un moment précis dans le processus d'appropriation d'une langue par des gens qui en ont acquis l'emploi par apprentissage direct : celui où une nébuleuse d'usages approximatifs se condense en un parler suffisamment cohérent pour satisfaire aux besoins communicationnels d'une communauté et pour se perpétuer dans la durée selon une ligne d'évolution continue. Nous pensons que cette cristallisation met en jeu des facteurs sociaux, linguistiques et cognitifs et nous allons essayer de le montrer en établissant un parallèle entre la formation des créoles français et les transformations que subit le français actuellement pratiqué en Afrique noire.

Nous prendrons pour texte de notre exposé le schéma proposé par R. Chaudenson (1989 : 8-9) pour décrire la genèse des créoles français ; il y distingue deux phases successives : la société d'habitation où les relations entre les colons blancs et leurs serviteurs noirs sont interpersonnelles et où les esclaves sont en quelque sorte incorporés à la communauté domestique ; la société de plantation caractérisée par la dissociation de la masse servile, démesurément accrue, en créoles qui demeurent, en tant que serviteurs, artisans ou contremaîtres, au contact direct des Blancs, et bossales, main-d'œuvre non-spécialisée, fraîchement importée et souvent renouvelée, affectée aux travaux des champs. Ceux-ci n'ont guère de relations avec les maîtres, sinon par l'intermédiaire des créoles.

Du point de vue linguistique, il est permis de supposer que la première phase a été marquée par l'emploi généralisé, dans les communications entre maîtres et serviteurs, d'un "petit français"

---

[1] Table ronde "Créolisation et acquisition", 1990, Université de Nice, UA 1235 du CNRS.

diversifié et instable, résultant des tentatives des inférieurs pour parler la langue des Blancs et probablement des "simplifications" apportées par ceux-ci à leur langage afin de se mieux faire comprendre de leurs subordonnés. Une image de cet état de choses est fournie par le "petit nègre" en usage en Afrique au début de ce siècle entre colonisateurs et colonisés, beaucoup plus stéréotypé dans la version que nous ont transmise les premiers qu'il ne l'était vraisemblablement dans la pratique effective des seconds. La seconde phase, caractérisée par le statut médian conféré aux Noirs créoles, aurait consacré l'autonomisation du parler de ceux-ci, devenu d'autre part seul modèle accessible aux esclaves nouvellement arrivés. Cette double diglossie où le créole, variété "basse" par rapport au français des planteurs, fait figure de variété "haute" dans le répertoire des nouveaux arrivants, se résout, avec l'arrêt des immigrations massives de main-d'œuvre, en une diglossie "coloniale" (français variété haute, créole, devenu la langue locale commune, variété basse) conforme au schéma général de Ferguson.

Ce qui reste en suspens dans ce modèle, au demeurant fort convaincant, ce sont les modalités de l'autonomisation, qu'on ne peut guère déduire de l'état présent des créoles français. Par leurs caractéristiques externes ils renvoient d'une part à un état de langue "véhiculaire" présentant les singularités d'un français très "avancé" (au sens que Frei, 1929, a conféré à ce terme) et d'autre part à des variétés dialectales et archaïsantes encore attestées, notamment dans le Nouveau Monde, sans parler d'analogies, dont toutes ne sont sans doute pas fallacieuses, avec les langues pratiquées par les esclaves avant leur déportation. Ce surprenant mélange de conservatisme et d'innovation reflète certes les conditions mêmes de formation du créole, mais les voies par lesquelles la synthèse s'est opérée demeurent obscures, et tout d'abord la réponse à cette question : comment un usage fluctuant tel qu'a dû l'être celui des Noirs créoles, rendu plus incertain encore par les approximations infiniment diverses des bossales (Chaudenson parle d'approximations au carré), a-t-il pu se stabiliser en une langue dont le statut grammatical est aujourd'hui parfaitement descriptible (*cf.* Valdman, 1978), compte tenu des différenciations locales ? On admettra aisément que le parler des créoles, à cause du prestige dont ils jouissaient auprès des nouveaux arrivés et de la nécessité où se trouvaient ceux-ci de se conformer au modèle dominant, ait pu s'imposer comme norme à l'ensemble de la population servile ; encore a-t-il fallu que les bossales y discernent des régularités susceptibles d'orienter et de coordonner leurs propres approximations et qu'un consensus s'établisse parmi eux sur les traits constitutifs de cette norme.

La seule manière d'échapper aux spéculations théoriques en cette matière est d'examiner ce qui se passe dans des situations à quelque degré comparables à celle que R. Chaudenson a reconstituée. Cela présuppose l'acceptation d'un postulat : des configurations socio-linguistiques analogues engendrent des effets linguistiques semblables, postulat qui n'est que le corollaire d'un principe plus général : la forme d'un langage est dans une large mesure déterminée par l'usage qui en est fait. Notre hypothèse est que l'examen de phénomènes actuellement constatés en Afrique francophone est susceptible de mettre en lumière certains des processus impliqués dans la cristallisation des créoles français.


**2.** — Il faut remarquer tout d'abord qu'il n'y pas de divergence fondamentale entre le modèle colonial des XVIIe et XVIIIe siècles et celui qui a prévalu à la fin du XIXe. Il s'agit dans l'un et l'autre cas d'obtenir au moindre coût des matières premières dont la métropole a besoin, la différence étant qu'au lieu d'importer à grands frais la main-d'œuvre nécessaire, les instances exploitantes se transportent sur les lieux mêmes où ces produits peuvent être obtenus par le travail volontaire ou non des populations locales, et que l'exploitation est le fait de la puissance publique ou de compagnies concessionnaires plutôt que de particuliers. Dès le début de la mise en valeur des colonies africaines, on trouve en place un groupe dirigeant, européen et francophone, constitué de fonctionnaires et d'agents des compagnies commerciales, assisté d'un corps d'auxiliaires africains (chefs administratifs, interprètes, sous-officiers, contremaîtres) qui pratiquent le français par obligation professionnelle, eux-mêmes en relation directe avec la masse des "indigènes" dont ils sont issus et utilisant dans cette relation le français comme langue de commandement. L'indépendance n'a pas modifié cette structure ; elle a seulement substitué à l'oligarchie blanche une "élite" locale occidentalisée qui pratique un français d'autant plus châtié qu'il est communément tenu pour l'indice de ses capacités intellectuelles et de ses compétences techniques. Les cadres subalternes de la société africaine sont fournis par les "lettrés", c'est-à-dire par les gens qui ont bénéficié d'un cursus scolaire au moins primaire (en français) à peu près complet ; ils forment une sorte de bourgeoisie fascinée par la modernité perçue dans ses manifestations extérieures (vêtement, logement, transport, nourriture, etc.), mais qui demeure partiellement intégrée à la civilisation traditionnelle (solidarité familiale, loyalisme ethnique, croyances). Les peu ou non lettrés, qui n'ont eu qu'un bref accès ou pas d'accès du tout à l'institution scolaire, se trouvent en quelque sorte en marge de la société moderne, tout à fait à l'extérieur s'ils sont paysans (en dépit des efforts des gouvernements pour insérer les campagnes dans leurs entreprises de planification économique), à la lisière de cette société dont ils essaient de forcer l'accès s'ils sont citadins, le nombre de ces derniers ne cessant de s'accroître. Ce schéma est évidemment très général et donc fort sommaire ; il ne rend pas compte de la diversité ni de la complexité des situations locales. Il est cependant utile à notre propos en ce qu'il évoque un système "centripète" (Chaudenson, 1989 : 8) constitué par l'articulation de trois groupes hiérarchiquement ordonnés et où le degré de maîtrise du français est un élément constitutif du statut social. La classe dirigeante légitime ses privilèges et son pouvoir par la conformité de son langage à la norme académique et réciproquement elle apparaît comme détentrice authentique du bon usage. Les lettrés ont connaissance de l'existence de cette norme, mais ils n'y ont pas été suffisamment exposés pour prétendre la posséder et ils se contentent d'une pratique qui n'en est qu'une approximation. Les peu ou non lettrés n'ont ni la capacité, ni l'occasion d'utiliser un "bon français" ; leur modèle est le parler des lettrés qui constitue pour eux une cible acceptable en ce qu'elle répond à leurs attentes effectives de promotion sociale et dont ils produisent des approximations variables — des approximations d'approximations. Par un processus inverse de celui que décrit R. Chaudenson, la diglossie coloniale où la langue française, y compris sous ses formes les plus déviantes, s'opposait en tant que telle aux "dialectes" indigènes est en train de se transformer en une diglossie emboîtée où le français tend à se dissocier en deux variétés de statut inégal, la variété "basse" étant elle-même investie d'un prestige suffisant pour s'imposer à l'imitation des "francophonoïdes". Le français endogène occupe dans ce schéma la position qui était celle du parler des Noirs créoles au moment où ce parler s'est autonomisé.


**3.** — Il n'est donc pas sans intérêt d'examiner les caractéristiques de cette forme de français que nous croyons être le produit d'une réinterprétation de la norme importée en fonction de trois facteurs : un apprentissage imparfait (l'amélioration du taux de scolarisation s'accompagne souvent d'une détérioration de la qualité de l'enseignement) ; un transfert de fonction : le français normé n'est pas réellement un instrument de communication, sauf sans doute au sein de l'élite ; c'est, nous l'avons dit, un attribut de pouvoir, il est destiné à être montré plutôt que pratiqué ; le français endogène, lui, sert effectivement à communiquer ; il partage cette fonction avec le français basilectal dont usent les non-lettrés. Le troisième facteur consiste en l'intime contact, voire la continuité établie entre cette forme de français et les autres variétés qui constituent le répertoire plurilingue de ses locuteurs. L'imperfection de l'apprentissage se manifeste positivement par des erreurs dans l'application des règles grammaticales connues et par des maladresses dans le maniement des formes ; négativement, elle se traduit par l'ignorance de certaines des ressources morphosyntaxiques de la langue, ignorance qu'il faut pallier. C'est la voie ouverte au développement des processus de "simplification" où Hjelmslev voit une tendance à l'optimalisation de la grammaire et nous-même une fonctionnalisation, c'est-à-dire une adaptation de la langue à la fonction référentielle. Ce français "mésolectal" a été beaucoup moins étudié que le basilecte. Nous utiliserons ici une partie du corpus recueilli en 1977 par Carole de Feral dans le sud du Cameroun et qui illustre l'usage de lettrés (*cf.* I, 7.). L'échantillon est réduit : quatre conversations et un interrogatoire de police, mais les phénomènes qu'on peut observer sont confirmés par des observations éparses dans différents ouvrages, en particulier celui de S. Lafage (1985).

**3.1.** — On peut classer sous la rubrique "fautes" les erreurs commises dans le choix des fonctionnels, prépositions et conjonctions : "*Je suis fâchée de lui*", "*j'avais sorti à la maison pour aller acheter de la bière*", "*on a compté un sac de morue à quelque chose de 100 000 francs déjà*", "*ses sœurs m'ont retenue puisque* [parce que] *j'avais la grossesse de six mois*" ; de même pour l'incertitude souvent constatée dans l'emploi des auxiliaires de conjugaison, même à un niveau relativement élevé de compétence : "*vous, si vous n'étiez pas évanouie, vous ne vous auriez pas plainte ?*", "*j'ai resté là-bas pendant un an*", "*on lui est transporté au village*", "*je suis quittée à Loum pour Foumban... je suis quittée l'école... j'ai quitté l'école*". La confusion est fréquente entre les temps composés du passé de l'indicatif. Le plus-que-parfait est tenu pour variante du passé composé ("*je t'avais déjà dit hier* [je te l'ai déjà dit hier]"), probablement parce que l'auxiliaire y porte de façon explicite la marque du passé. Si l'on accepte cette interprétation, la confusion signalée ne peut plus être tenue pour une simple faute ; elle ressortit à la fonctionnalisation. Le processus d'explicitation consiste en la mise en évidence d'une marque ou d'un constituant qui risquerait de demeurer inaperçu. Il se manifeste par la substitution de la forme pleine à la forme enclitique du pronom complément ("*je lui ai connu* [je l'ai connu]", "*je leur ai bien servies à la table* [je les ai bien servies à table]" — on remarquera l'extension d'emploi de "leur", par analogie avec celui de "lui" — "*dès que l'enfant marchait, je lui ai sevré*") aussi bien que dans le décumul du relatif ou du pronom complément indirect ("*tout ce que j'en ai besoin* [tout ce dont...], "*je ne sais pas ce que ça va se passer là-bas* [ce qui va se passer...]", "*il n'est rien à moi* [il ne m'est rien]"). Inversement, les contraintes grammaticales sans efficacité informative sont souvent supprimées ; tel est le cas de la règle de concordance des modes : "*René m'avait dit qu'il aura des invitées...*", "*il n'y a rien que je peux manger aujourd'hui*", "*j'ai resté là-bas jusqu'à ce que l'enfant a grandi et marchait même*" ; même l'inspecteur de police qui compte visiblement beaucoup sur la qualité de son langage pour impressionner le témoin qu'il interroge laisse échapper un indicatif malencontreux : "*Qu'est-ce qu'il y a eu pour que vous demandez...*". Son insécurité en la matière se traduit ailleurs par l'hypercorrection : "*... et faudrait que ce que tu dises démente ce qu'il a dit*", collision probable de deux constructions : il faudrait que tu dises... / il faudrait que ce que tu dis... Un autre trait de fonctionnalisation, corrélatif de la réduction de l'appareil morphosyntaxique, est la faible distance qui sépare la structure profonde (l'expression grammaticale de l'intention sémantique) de la réalisation de surface. Nous interprétons ainsi comme non effacement de la modalité de phrase affirmative la présence fréquente de "c'est" dans des énoncés assertifs : "*Vous dormez où ? — C'est à Beseke*", "*Si tu ne pousses pas, si l'enfant là meurt, c'est que c'est à toi qu'on va donner le tort...*", "*...à 21h [heure] à laquelle c'est la plupart des personnes commencent à rester dans leur famille...*". La même modalité, affirmative, apparaît dans les réponses aux questions négatives qui déconcertent tant les interlocuteurs métropolitains : "*Tu n'es pas mariée jusqu'ici ? — Oui, Monsieur*" ; elle y confirme la validité du contenu négatif de la question posée.


**3.2.** — Il serait imprudent de généraliser : sur tous les points examinés, les locuteurs sont capables de produire et produisent effectivement des énoncés corrects ; souvent même, la même phrase contient deux constructions, l'une conforme à la norme et l'autre inattendue, manifestement tenues pour équivalentes par le sujet parlant. On est en présence d'une variation asystématique qui n'est sans doute guère différente de celle que l'on pourrait constater dans l'usage quotidien de gens dont le français est la langue maternelle. Il n'en reste pas moins que tous ces discours se ressemblent et que les discordances de code ne gênent apparemment que fort peu les interlocuteurs. Cela suppose l'existence d'un principe d'unification qui doit être cherché hors du domaine propre de la grammaire. Il s'agit tout d'abord d'usages lexicaux communs : l'acception particulière de certains termes comme "fréquenter" (aller à l'école : "*quand j'étais à Nkongsamba, je fréquentais là-bas*") ou "préparer" (faire la cuisine : "*puisque tu leur es déjà parlé qu'elles* *viennent manger ici, il faut... que je prépare*") ou l'utilisation de néologismes comme "absenter" (ne pas trouver quelqu'un qu'on venait visiter : "*je suis allée alors là-bas, je lui ai absenté...*"). L'*Inventaire des particularités lexicales du français en Afrique noire* (IFA : 1983) contient une riche collection d'africanismes de vaste extension. Très caractéristique aussi est l'abondance des locutions avec "faire" ("*je peux encore faire* [me tirer d'affaire]", "*on a fait à peu près trois mois au village*", "*il a quand même fait longtemps* [ça a duré longtemps]", "*celui qui veut faire l'orgueil, il achète du riz*") ou "gagner" ("*gagner une prison* [être mis en prison]"). D'autres sont la transposition de tournures usuelles en français, transposition qui restitue aux termes leur pleine valeur sémantique : "*je peux alors partir rester chez nous*" ("aller habiter" ; mais il y aura effectivement un voyage) ; "*c'est un temps très précieux que vous passez*", condensé de "passer le temps" et "perdre un temps précieux") ; "*il m'avait déclaré l'amour*" (il m'avait fait une déclaration d'amour). Une autre singularité, souvent signalée, est la multiplicité des "mots balises" qui jalonnent le discours dès le moment où il n'est plus strictement informatif et où le locuteur s'y implique et y implique son interlocuteur : "comme ça", "comme ça là", "quoi", "alors", "c'est-à-dire"... La variabilité est grande et chaque locuteur a ses préférences : tel ponctue ses phrases de "vraiment", tel autre de "seulement". On constate cependant des convergences : "même" semble indiquer que l'assertion doit être prise au pied de la lettre ; il équivaut à "effectivement" ("*est-ce qu'il a même accepté ça comme ça ?*") : "précisément" ("*j'avais même passé une nuit là-bas* [je n'ai passé qu'une nuit...]", "*[ça va prendre] même deux ans* [ça prendra bien deux ans]") ; "mais" a valeur affirmative et non adversative ("*Et vous comptez vous marier ? — Oui, mais on compte se marier* [bien sûr, on compte...]") ; "là" souligne tout constituant de l'énoncé, mot ou membre de phrase sur lequel on veut attirer l'attention de l'auditeur ("*lui, il me dit comme quoi il va quitter ici là*" ; "*arrivé à un moment là, comme ça là, cela m'a attaqué à me faire toujours fort*" [récit d'un accouchement] ; "*mais raconte là, raconte là*" ; "*la maison tôlée là, que nous voyons là, par la fenêtre là*"). Il ne s'agit pas de l'abus de "mots parasites" ni de "tics de langage" (Canu, 1973) mais d'un procédé stylistique de modalisation de l'énoncé. Le relatif appauvrissement des ressources de la grammaire, ou plutôt le défaut de maîtrise de ces ressources est compensé par l'élaboration des moyens d'expression. Le cas de *là* est intéressant en ce qu'il permet de discerner par quelles voies un procédé de cette sorte peut acquérir un statut quasi grammatical (Manessy, 1981) ; l'emploi qui vient d'être évoqué est probablement commun à toute l'Afrique francophone (*cf.* IFA, 1983, s.v *là*) et il y est particulièrement bien représenté dans les formes basilectales du français telles que le "français populaire" pratiqué à Abidjan et dans les grandes villes de Côte d'ivoire et communément désigné par le sigle F.P.A. En F.P.A. " /**la**/ peut se placer après un nom, que celui-ci soit marqué ou non d'un article ou d'un possessif, après un verbe, après une proposition relative, après /**tu sa**/ (tout ça) ou /**kɔm sa**/ (comme ça) " (Hattiger, 1981 : 81) ; lorsqu'il est postposé à un nom, il supplée éventuellement l'article, fréquemment effacé ou amalgamé, en tant que marque de détermination (référence au contexte ou à la situation ; *op. cit.* : 86). Ce n'est là qu'une des utilisations possibles du morphème ; mais dans la version écrite du F.P.A. (bandes dessinées, chroniques humoristiques, publicité) reprise à l'oral par le théâtre et la radio, cet emploi a été systématisé aux dépens des autres et, compte tenu du succès rencontré par cette littérature, il est à prévoir que le pastiche influencera la pratique orale spontanée. Ce passage par l'écrit n'a évidemment rien à faire avec la formation des créoles français au XVII$^e$ siècle. L'analogie nous paraît cependant pertinente en ce que l'intérêt porté au F.P.A., dont témoigne l'existence même d'une version écrite, est directement lié à la revendication d'un français national, authentiquement ivoirien, et que les usagers du F.P.A. "littéraire" sont évidemment des lettrés et non pas les analphabètes. En d'autres termes, le F.P.A. tend à s'ériger en contre-norme face au français standard, "international", de l'élite.


Une autre caractéristique du discours africain, qu'il soit en français ou en langue locale, est la manière dont est présentée l'information : elle est toujours mise en situation, le locuteur et l'auditoire se trouvant en quelque sorte projetés dans le temps de l'événement. La chronologie des faits est reflétée par la structure énumérative du récit dont les articulations sont rarement marquées. L'emploi des temps est aléatoire ; dans le corpus utilisé, le récit que fait une jeune femme de son accouchement est de ce point de vue exemplaire. La conteuse manie aisément le français et use à bon escient de l'imparfait, du passé composé et du plus-que-parfait ; mais irrésistiblement le présent de narration s'impose à tout moment : *"les invitées sont venues. Je leur ai bien servies à la table. J'étais là couchée. Elles me demandent est-ce que tu veux manger, je leur dis non, je vais manger après. Ca me faisait même mal. Je ne faisais que faire la malignité pour qu'elles ne sachent pas que je me sens mal. J'ai les douleurs. Après elles sont parties"*. Il n'est fait qu'un emploi très modéré de l'anaphore, jugée redondante : *"... moi j'ai baratiné une fille comme... j'avais vu ici quoi* [je l'avais vue...]" ; *"il demande s'il peut vous donner* [quelques-unes des ignames dont il est question]" ; *"la maman aussi est sortie pour séparer* [pour nous séparer]". Un autre trait saillant est l'organisation des coordonnées spatiales. Dans les langues africaines, l'orientation du procès par rapport à Ego est fréquemment indiquée soit par le choix d'un dérivé (beaucoup de verbes ont deux formes, l'une indiquant que le procès se développe en direction du sujet parlant, l'autre en s'éloignant de celui-ci), soit par l'utilisation d'une série verbale dont l'un de termes est "aller" ou "venir", l'autre désignant le procès. Lorsqu'une des interlocutrices de C. de Feral, en désaccord avec son mari, déclare : *"je peux alors partir rester chez nous"*, elle applique le second procédé. De même dans le compte rendu que donne la jeune accouchée de son entretien avec la sage-femme : *"Elle me dit : va t'asseoir là-bas, je dis : non, Madame, ça me fait trop mal, il faut que je monte sur la table pour que vous me regardiez. Elle me dit : va monter, je pars monter sur la table..."*. Le caractère concret du discours africain apparaît nettement dans l'enregistrement d'un interrogatoire subi au commissariat de police par une jeune femme victime d'un amant jaloux. La plaignante expose les faits à l'inspecteur qui les traduit en "bon français" pour les besoins de la procédure : *"J'ai aussi dit que non je ne peux pas moi vivre comme ça, que c'est-à-dire que si je vois quelqu'un que je veux aller me marier, je ne dois pas me marier parce que tu m'as dit que, qu'on soit comme ça."* l'inspecteur récapitule : *"je lui ai fait savoir le fait d'être... [sa concubine] devait nullement m'engager à renoncer à tout mariage éventuel possible... renoncer en sa faveur à toute fiançaille ou même à tout mariage ultérieurement possible entre quelqu'un d'autre et moi"*. Une expérience menée par F. Gandon (1987) au Burkina-Faso montre *a contrario* qu'un texte respectant les usages lexicaux et grammaticaux du français populaire local, mais rédigé par un intellectuel, coopérant européen ou membre de l'"élite", est inintelligible pour un locuteur de cette forme de français. Il s'agit d'une chronique en "français-façon" (variété burkinabé du F.P.A. importé par les émigrés revenus de Côte d'Ivoire) publiée dans un hebdomadaire local. Selon toutes apparences, le récit a été rédigé en français standard et "traduit" en français-façon. Ce texte a été lu, ou plutôt raconté par un enquêteur africain à un non-lettré, tous deux étant des usagers, le premier occasionnel, le second habituel de cette forme de français. Prié de narrer à son tour l'histoire, l'informateur a produit un récit entièrement différent, reconstitué à partir du matériel lexical fourni par le texte, en fonction de la situation que lui avaient suggérée les termes employés replacés dans le cadre socioculturel qui lui était familier. P. Roulon (1972) a recueilli en Centrafrique plusieurs versions françaises d'un conte ngbaka : "La course de l'escargot et de l'antilope", dont elle donne aussi le texte original, transcrit selon les principes du Lacito[2], et une réduction

---

[2] Laboratoire des Langues et Civilisations à Tradition Orale (Paris, CNRS).

littéraire. Les deux versions fournies respectivement par un non-lettré et par un peu lettré (scolarité limitée au CP1) reproduisent fidèlement la structure et les procédés stylistiques du texte ngbaka et cette adéquation est rendue plus évidente par la confrontation avec la traduction littéraire, au demeurant excellente, mais construite sur un modèle tout différent (jeu des temps et des modes ; choix des fonctionnels ; explicitation des sous-entendus...). Le français d'Afrique est, nous semble-t-il, beaucoup moins caractérisé par sa grammaire et ses particularités lexicales dont on trouverait l'équivalent dans bien des français régionaux que par le moule énonciatif dans lequel ce matériel est coulé.


**3.3.** — Il est possible qu'on doive pousser l'analyse au-delà des stratégies d'utilisation de la langue et reconnaître dans certaines bizarreries du français d'Afrique l'affleurement de catégories sémantiques attestées dans beaucoup de langues africaines. Nous avons émis ailleurs (1989b ; *cf.* ci-dessus 10. et I, 4.) l'hypothèse que certaines singularités que les créoles français ont en commun avec le français d'Afrique résulteraient de la résurgence de telles catégories, résurgence qui ne met pas directement en cause les structures grammaticales en tant que telles, mais plutôt leur emploi effectif dans le discours. Un exemple en est fourni par la construction comparative. Le schéma qui prévaut dans l'ensemble des langues africaines (Gilman, 1972) diffère de celui qui nous est familier en ce qu'il ne comporte que deux degrés, l'égalité et la supériorité : l'un des termes de la comparaison est pris pour référence et l'autre est évalué par rapport à lui : X est grand par rapport à Y (ou X surpasse Y en grandeur) ou bien X vaut Y en grandeur. L'infériorité (X est moins grand que Y) n'a pas d'expression directe : il faut inverser soit les termes, soit le principe d'évaluation : Y est grand par rapport à X ou X est petit par rapport à Y. Le français populaire d'Afrique offre un équivalent exact de ces constructions où "que" indique le rapport établi entre les deux termes : *"il est beau que toi"*, *"il court vite que moi"* ou *"il est même beau que toi"*, *"il court même vite que moi"* (Timyan, 1982). Si l'on considère les créoles français qui disposent, du moins dans leur variété acrolectale, des trois adverbes "plus", "moins", "aussi", on constate une réticence certaine à l'emploi de "moins" ; la construction est connue, mais évitée, elle est tenue pour francisante et on a de préférence recours aux mêmes procédés que dans les langues de l'Afrique, français basilectal inclus. La différence est que ces dernières n'ont pas d'autre choix alors que les créoles ont acquis un mécanisme grammatical dont ils n'usent guère. Plus net encore est le cas de la mise en focus du prédicat par transfert en tête de phrase d'une copie nominale de celui-ci. Ce procédé est bien attesté dans un groupe de langues parlées sur la côte des Golfes de Guinée et du Biafra et dans les créoles anglais d'Afrique et du Nouveau-Monde ; il l'est également dans les créoles atlantiques français : à la Martinique : *(sé) rivé Pyé rivé an lékol-la* (Pierre est vraiment arrivé à l'école ; Bernabé, 1983 : 607) *se pa ti domi Pyè lé domi* (Pierre ne veut pas dormir qu'un peu ; cp. *sé pa ti wonm Pyè bwè wonm* "Pierre n'a pas bu qu'un peu de rhum" ; *op. cit.* : 1962 : 1481) ; à la Guyane : *a de faim mo faim* (j'ai vraiment faim, litt. c'est deux faims que j'ai faim ; Saint-Jacques-Fauquenoy, 1986 : 22) ; en Haïti *sé manjé li té manjé* (il a vraiment mangé ; Valdman, 1970 : 214) ; à la Dominique *se mô i ka mô* (c'est qu'il se meurt ; Taylor, 1968 : 1046). La grammaire française dispose d'un procédé de focalisation par préjection : "c'est ... qui/que" ; mais elle ne l'applique pas au prédicat, sinon dans une construction toute différente de celle du créole : "manger, c'est ce qu'il a fait". Les locuteurs créoles ont donc utilisé un structure grammaticale de la langue-cible pour reproduire une configuration sémantique qui leur était propre. Cette tournure n'existe pas à notre connaissance en français d'Afrique, peut-être parce que la pression de la norme scolaire s'y exerce avec trop de vigueur sur le parler des lettrés, celui des analphabètes, purement véhiculaire, ne se prêtant pas à l'élaboration stylistique ; Mufwene (1986 : 42) a montré, à propos du duel et de la distinction entre inclusif et exclusif à la 1ère personne du pluriel dans les créoles du Pacifique, que des catégories sémantiques pouvaient demeurer latentes tant que la langue n'assumait que des fonctions utilitaires et resurgir lorsqu'elle était devenue l'idiome d'une communauté. De fait, la préjection du prédicat est attestée en français des Antilles : "*c'est parlé que nous parlons*" (Bernabé, 1983 : 1482), "*c'est mangeons que nous mangeons*" (G. Hazaël-Massieux, 1981 : 59). Si elle est absente en français d'Afrique, on trouve en revanche dans celui-ci d'autres expressions du principe de structuration lexicale dont elle est une application. Les langues africaines usent volontiers de termes génériques qui sont éventuellement spécifiés "en surface", selon les besoins de la communication soit par une marque de défini (qui peut être une marque de classe) s'il s'agit de noms, soit s'il s'agit de verbes, par un complément, par d'autres verbes (procédé dit de "sérialisation") ou tout simplement par les indices fournis par la situation. Si l'on admet que le français d'Afrique est partiellement informé par une "sémantaxe" africaine, on trouve là l'explication de nombreux emplois intransitifs, de l'équivalence instituée entre "dire" et "parler", "savoir" et "connaître", de constructions appositives telles que "*travailler le manœuvre*", "*sortir la route*", "*fonctionner chauffeur*" et de l'ambivalence de certains verbes : "prêter" employé au sens de "emprunter", "pardonner" au sens de "s'excuser, solliciter, supplier". Lorsque le complément spécificateur est de même radical que le verbe, on a une figure étymologique du type "vivre sa vie" qui en swahili par exemple, ou en igbo, ou en créole martiniquais (*kité Pyè domi a'y* , "laisse Pierre dormir tout son saoul" ; Bernabé, 1983 : 1078), a valeur d'insistance. Les constructions évoquées plus haut résultent de la mise en focus du "complément d'objet interne". À la limite, le verbe n'assume plus qu'une fonction prédicative, celle d'ancrer dans le réel le procès désigné par le complément : de telles locutions verbales sont fréquentes dans les langues africaines ; elles ont pour équivalents en français d'Afrique les innombrables formules dont le prédicat est le verbe "faire" : "faire la pause, faire l'accident, faire forgeron, faire cabinet, faire fétiche", etc. (IFA, 1983 : 182-184).


**4.** — Il est possible maintenant de récapituler nos observations et nos hypothèses. Dans les deux situations évoquées, celle qu'a restituée R. Chaudenson pour le monde créole et celle qu'on peut constater dans l'Afrique francophone contemporaine, une communauté en voie de formation prend en charge une variété de langue caractérisée, sur le plan grammatical, par un haut degré de variabilité. Les membres de cette communauté partagent du fait de leur appartenance à une même aire de civilisation des conventions de langage et un savoir culturel qui consiste pour partie en des modes de conceptualisation de l'expérience et d'organisation de l'information. C'est probablement cette base commune qui fonde l'ampleur du polyglottisme africain. Pour de nombreux individus, il est normal de pouvoir formuler un message en utilisant au gré des circonstances les ressources de codes linguistiques différents ; mais au niveau sémantique, c'est le même message, conçu et organisé selon les mêmes principes. Le français n'entre dans le répertoire du locuteur africain en tant que moyen efficace de communication que dans la mesure où il a été remodelé en profondeur et adapté aux structures cognitives africaines. Si cette adaptation n'a pas lieu, il demeure une langue d'apparat, impropre à assumer les multiples fonctions, intégrative, interactionnelle, expressive, dévolues au langage au sein d'une communauté. En bref, l'autonomisation d'un parler appelé à coexister avec la langue dont il est issu (et non à lui succéder) résulte de son appropriation par un groupe social en voie de sécession et cette appropriation se traduit par la mise en conformité d'usages morphosyntaxiques, lexicaux et probablement phonologiques variables avec des habitudes antérieurement acquises dans les domaines situés en-deçà (sémantaxe) et au-delà (énonciation) de celui de la grammaire.

**12.**

# Normes endogènes
# et français de référence [1]

*Cette conférence a été présentée lors des Journées Scientifiques organisées par l'AUPELF à Nice, en septembre 1991. Elle a été inspirée par la lecture des Actes d'un colloque tenu à Fès deux ans plus tôt[2] ou avait été évoquée l'existence d'une ou plusieurs normes endogènes du français en Afrique noire. Dans son introduction à ces Actes, J. Tabi-Manga exposait très clairement les données du problème : l'on constate un immense décalage entre le français littéraire, mais figé, enseigné dans une salle de classe et celui, bien vivant et dynamique, pratiqué hors des salles de classe par une large majorité des locuteurs. La langue vivante est partout traquée et combattue parce qu'elle est porteuse de toutes sortes d'incorrections et d'impuretés. Alors la question se pose : comment tenir compte de cette langue dans l'espace scolaire, dans une classe de français ? Du coup surgit à l'esprit la nécessité urgente de choisir et de déterminer cette norme endogène". Cette analyse se trouvait concorder avec les objectifs d'un programme suscité par l'Agence de Coopération Culturelle et Technique ("Norme endogène et normes pédagogiques en Afrique noire francophone") alors en cours d'exécution et les réflexions qui suivent reflètent l'opinion que s'était faite l'équipe responsable de l'enquête en question.*

La première question qui se pose est celle de la légitimité du choix proposé par J. Tabi-Manga. Elle a été vigoureusement contestée par M. Kossi A. Afeli tant à propos du programme ici évoqué que des travaux de Madame S. Lafage et plus généralement de tous ceux qui ont été effectués depuis une quinzaine d'années. Il y voit une tentative pour créer, à l'usage des Africains, par cristallisation du français d'Afrique,

---

[1] in D. Latin, A. Queffelec et J. Tabi-Manga, (éds.), *Inventaire des usages de la francophonie : nomenclatures et méthodologies*, Paris-Londres, J. Libbey Eurotext, 1993.

[2] *Visages du français. Variétés lexicales de l'espace francophone*, Paris, John Libbey Eurotext, 1990 : 3.

"un français créolisé ou pidginisé, un 'français périphérique'"[1] ; la seule justification qu'il lui trouve est d'ordre pédagogique : "Le français d'Afrique, si français d'Afrique il y a, ne doit servir qu'à l'élaboration d'une méthode plus appropriée de l'enseignement du français en Afrique comme langue seconde. Cela veut dire que cette méthode doit largement tenir compte des contributions de la linguiste appliquée et de la sociolinguistique. Car le français est une langue seconde ou étrangère pour les Africains non utilisée systématiquement par eux dans toutes les situations de communication"[2]. La seconde partie de l'assertion nous semble discutable : aucune variété de langue n'est systématiquement employée dans toutes les situations de communication et cela ne saurait suffire à caractériser une langue étrangère. En revanche, il est vrai que le français est une langue seconde, comme le sont la plupart des variétés qui constituent le répertoire d'un Africain plurilingue avec cette particularité qu'elle est la seule à être institutionnellement transmise par l'école qui joue dans cette affaire un rôle prédominant. La finalité pédagogique que K. A. Afeli assigne à l'étude du français d'Afrique est celle-là même que nous lui reconnaissons ; la divergence réside dans la nature des objectifs poursuivis. Ou bien on persiste à prétendre, comme on le fait depuis près d'un siècle (le décret Roume date de 1903), enseigner à tous un français standard, "central" ou "universel", politique coûteuse et d'autant plus décevante que les progrès de la scolarisation accroissent démesurément le nombre et les effectifs des classes et obligent, par voie de conséquence, à abaisser le niveau de compétence exigé des enseignants ; ou bien on prend en considération les besoins réels des usagers africains de la langue française. Dans un article récent, R. Chaudenson constate le dysfonctionnement de la communication en Afrique, que ce soit en matière d'instruction, de développement économique, de démographie ou de production rurale : "L'essentiel des savoirs, savoir-faire ou savoir-être qu'on voudrait transmettre se perd au cours de la transmission faute de code de communication linguistique adapté et efficace"[3]. De cette carence, il rend l'école responsable, en tant que mode quasi unique de diffusion du français : "sa faillite et son ineffi-cacité admises par tous la rendent incapable de remplir cette mission de diffusion linguistique. Cette école qui vise à apprendre tout le français à tout le monde n'apprend à peu près rien à personne. Il faut donc, au moins en partie, dissocier de l'école la fonction de diffusion de la langue

---

[1] "Le français d'Afrique, pour quoi faire ?", *Visages...*, 1990 : 9.

[2] *Ibid.* : 3.

[3] "De Dakar à Chaillot. Quelques réflexions et propositions. un bilan inquiétant", *Langues et développement*, 14, juillet 1991 : 2.

française sous peine de la voir sombrer dans le naufrage scolaire"[1]. Pour ce faire, il préconise l'institution d'outils audio-visuels d'apprentissage progressif du français. Notre propos n'est pas de prendre parti dans une éventuelle polémique sur les rôles respectifs de l'école, de la radio et de la télévision. Nous ne retenons de la proposition iconoclaste de R. Chaudenson que ses prémisses : la nécessité pour les États africains de disposer d'un moyen efficace de transmission de l'information mieux adapté aux besoins d'une société moderne que ne le sont, en leur état actuel, la plupart des langues nationales, et susceptibles d'être mis en œuvre aux moindres frais. En de nombreux endroits, cette tâche est déjà remplie en fait par une variété locale du français ; pour qu'elle le soit en droit, il suffirait que l'école cessât de faire obstacle à la diffusion de cette variété et que, sans pour autant renoncer à enseigner le français standard qui conserve ses propres domaines d'exercice, elle acceptât d'assumer une fonction de contrôle sur la mise au jour et sur l'évolution d'une norme endogène complémentaire et non concurrente du modèle académique.

## FACTEURS DE NORMALITÉ

M. B. Ouoba, se fondant sur la récurrence de certains traits lexicaux et grammaticaux dans le français tel qu'on le parle au Burkina Faso, postule l'existence d'une norme locale qu'il définit comme "l'acceptation d'un certain nombre de faits qui ne donnent pas lieu à un jugement d'exclusion, même s'ils n'appartiennent pas au 'bon usage' des grammaires scolaires"[2]. Cette définition met en lumière deux caractéristiques essentielles de la norme endogène : sa neutralité par rapport à la hiérarchie sociale et son indépendance par rapport au modèle scolaire. Il y a en Afrique deux modes d'utilisation du français : un usage liturgique, très strictement systématisé, qui donne lieu à catégorisation sociale et qui est le seul que prennent en compte les puristes, et un usage profane par lequel le français est tout banalement employé, comme peut l'être n'importe quelle autre variété du répertoire, pour transmettre de l'information. C'est évidemment le second qui ressortit à la norme endogène ; celle-ci peut-être décrite comme la manière normale de communiquer entre interlocuteurs africains dans des situations où le respect de la norme scolaire ne s'impose pas, ou bien pour lesquelles celle-ci ne fournit que des ressources insuffisantes ; tel est souvent le cas pour le lexique,

---

[1] *Ibid.* : 3.
[2] "Le français parlé au Burkina Faso", *Visages...*, 1990 : 74.

notamment en ce qui concerne les nomenclatures techniques, ce qui justifie l'intérêt actuellement porté aux métiers dits modernisants.

La difficulté qu'on éprouve à définir la norme endogène provient de ce que la normalité qui la fonde n'est perçue que dans l'interaction même. Elle ne donne qu'exceptionnellement lieu à des représentations conscientes, lorsqu'elle acquiert une fonction emblématique ou identitaire. Elle tend alors à se stéréotyper, à devenir prescriptive, donc descriptible : c'est ainsi que s'est constitué en Côte d'Ivoire le "français de Moussa", version littéraire de l'usage populaire ivoirien. Habituellement, la norme endogène se manifeste par le sentiment que, les choses étant ce qu'elles sont, il est normal de s'exprimer de telle ou telle manière, le consensus procédant d'une appréciation commune de la situation. Parmi les lignes de force qui concourent à cette définition, il en est de contingentes qui relèvent d'une analyse psychosociologique que nous ne nous hasarderons pas à tenter ; mais il en existe auxquelles on peut reconnaître une certaine constance et qui dessinent sommairement les matrices à l'intérieur desquelles opère la norme endogène. Une de celles-ci est constituée par le profil sociolinguistique auquel le français se trouve participer : il y a des États où les situations propres à susciter l'émergence de la norme endogène sont fréquentes : ce sont ceux où le nombre des francophones l'emporte sur celui des lettrés et où l'on entend parler français dans la rue ; tel est le cas de la Côte d'Ivoire, du Congo, probablement du Gabon et dans une certaine mesure celui du Burkina Faso et du Cameroun. Il y a, à l'opposé, les États où de telles situations sont rares parce que dans la plupart de celles où l'emploi du français serait possible sans que s'exerçât la pression de la norme scolaire, une langue locale dominante suffit à assurer la communication ; ainsi au Sénégal, en Centrafrique ou au Zaïre. La variété locale du français n'y occupe que des domaines marginaux d'où, pour des raisons diverses (réunion amicale entre lettrés par exemple) le français standard, les langues vernaculaires et le langage métissé sont exclus ; elle y pallie aussi éventuellement l'insuffisante maîtrise de la norme exogène. Une telle typologie est approximative : la situation au Cameroun où de grandes langues véhiculaires (fulfulde, ewondo, pidgin-english) couvrent une partie du territoire est complexe ; d'autre part, les raisons qu'on peut avoir de choisir de s'exprimer en français plutôt que dans la langue du lieu ne sont pas toujours objectives : pour ceux des Burkinabè qui répugnent à utiliser le moore, "le français est senti comme une langue plus 'neutre', surtout dans sa variété locale qui n'est pas celle des

Français, langue des Blancs" (B. Ouoba)[1]. Plutôt que les États, ce sont les aires sociolinguistiques qu'il faudrait prendre en considération.

Si les "contextes interlinguistiques" (S. Mejri)[2] définissent des configurations opposées qui orientent différemment le développement de la norme endogène, l'évolution récente des sociétés africaines tend au contraire à l'homogénéisation de celle-ci. La caractéristique commune à ces sociétés, liée à l'urbanisation croissante, à l'implantation de techniques nouvelles, à l'abondance des produits importés et à la modification des habitudes de consommation, est une uniformisation des modes de vie, un nivellement des références sociales et culturelles qui s'effectue aux dépens des particularismes ethniques et régionaux. Il s'est développé depuis les indépendances une forme moderne de la civilisation africaine qui utilise certes les apports du "Nord", mais en les réinterprétant en fonction des schémas conceptuels, culturels et sociaux qui lui sont propres. Le langage participe à cette évolution qui n'épargne pas les langues africaines, profondément remaniées dans leur appareil grammatical et lexical, du moins en ce qui concerne leurs variétés urbaines, et qui affecte naturellement aussi le français. S'agissant de la néologie lexicale, J. Tabi-Manga observe qu'elle est "étroitement liée à la vie de la communauté linguistique dont elle est le reflet. Dans cette perspective, il est impossible d'aborder la néologie indépendamment des aspects sociaux qui en dessinent la configuration. Cette configuration se présente... à l'image de l'"habitus" des groupes appréhendés". Le problème n'est pas de simple terminologie. Au cours d'un récent séminaire, les participants au projet "Norme endogène et normes pédagogiques" se sont interrogés sur ce que pouvait avoir d'insolite une expression telle que "la pénurie s'éloignait des ménagères", relevée dans un journal ivoirien, dont la grammaticalité est indiscutable et le sens parfaitement clair. Il est apparu à l'analyse que l'impression d'étrangeté s'atténuait si l'on substituait à "ménagères" le terme "ménages", moins concret et qui surtout désigne pour nous une catégorie économique reconnue (*cf.* "la consommation des ménages"). Il est vraisemblable que pour l'auteur de la formule en question les ménagères constituent effectivement, en tant qu'agents économiques, une telle catégorie. Le système économique ivoirien n'est pas une réplique du système français ; la proposition est banale, mais il est intéressant de déceler comment ce fait d'évidence influence non seulement le lexique, mais la façon dont il est utilisé. Il est à croire que les

---

[1] *Ibid.* : 75.
[2] "Néologie et variétés lexicales", *Visages...*, 1990 : 16.

analogies existant entre les structures socio-économiques des États africains sont un des facteurs d'homogénéisation du français d'Afrique, parmi beaucoup d'autres ressortissant à la civilisation africaine moderne que nous venons d'évoquer[1].

Il faut tenir compte enfin de la culture traditionnelle qui constitue le fondement sur lequel cette civilisation nouvelle est en train de s'ériger et qui lui confère pour une bonne part son originalité et sa cohérence. Une de ses caractéristiques, pour nous en tenir au domaine du langage, est le statut particulier qui y est reconnu à la parole. Ce n'est pas ici le lieu de disserter sur ce statut qui a été analysé par des auteurs comme M. Houis (1967, 1971), G. Calame-Griaule (1965) ou D. Zahan (1963) ; mais il est certain que l'efficacité parfois redoutable attribuée à la parole, les règles qui en gouvernent l'emploi, l'intérêt accordé au talent oratoire se réflètent dans une rhétorique et une stylistique qui déconcertent l'observateur européen et qui le portent à dénoncer l'emphase, la préciosité, le goût de la redondance, l'abus des métaphores. P. Dumont a consacré un chapitre de son récent ouvrage (*Le français langue africaine*, 1990) à établir la relation entre réalités socioculturelles et déplacements de sens en français d'Afrique et à montrer que ces effets de style, loin d'être les produits d'un zèle maladroit, doivent être tenus pour la manifestation d'une personnalité africaine et l'indice d'une réelle appropriation de la langue française par ses usagers. Il est probable que l'une des difficultés prévisibles dans l'établissement d'un dictionnaire du français d'Afrique résidera en la discordance entre l'univers du lexicographe et celui de l'utilisateur : dénotation et connotations ne sont pas nécessairement équivalentes, les relations entre les lexèmes, l'organisation des champs sémantiques sont différents, la fréquence d'emploi, donc la disponibilité des lexèmes n'est pas la même. L'*Inventaire des particularités lexicales du français* était fait pour un lecteur métropolitain, étranger au monde africain auquel on lui facilitait l'accès. Le point de vue est inversé pour un dictionnaire destiné aux Africains : il devra prendre pour allant de soi ce qui est conforme à la norme locale et justifier les écarts que constituent par rapport à celle-ci les usages du standard.

## UNICITÉ ET DIVERSITÉ DE LA NORME ENDOGÈNE

Ainsi la norme endogène manifeste-t-elle à la fois ce qui est permanent (un système de valeurs, des modes de pensée, une vision du

---

[1] "Introduction", *Visages...*, 1990 : 2.

monde) et ce qui est nouveau dans la civilisation négro-africaine. Elle est d'autre part soumise à deux tendances contraires : à l'uniformisation, sur le plan socioculturel, et à la différenciation, en fonction des configurations sociolinguistiques à l'intérieur desquelles elle opère. Les possibilités de combinaisons multiples entre ces facteurs et beaucoup d'autres que nous n'avons pas identifiés obligent à poser la question de l'unicité de cette norme. Elle est suggérée par l'abondance des analogies empiriquement constatées entre les différentes variétés locales du français d'Afrique. Madame G. Prignitz a effectué à Ouagadougou une enquête sur une population cosmopolite, celle que constituent les élèves de l'École Inter-États de l'Équipement Rural, provenant de quatorze pays africains francophones[1]. Le relevé systématique des particularités dans le discours de ces étudiants montre curieusement plus de ressemblances que de différences. Ce sont des observations semblables, portant sur des formes "utilisées et comprises du Sénégal au Zaïre" qui ont conduit B. Ouoba[2] à postuler une norme inter-africaine tout en reconnaissant au français burkinabè une certaine spécificité, du moins en ce qui concerne la prononciation, le lexique et la phraséologie. Ce sont là en effet les secteurs où se perpétuent le plus efficacement les habitudes antérieurement acquises. Cela est évident pour le phonétisme et la prosodie ; il est clair d'autre part que beaucoup d'expressions locales sont des calques de formules usuelles dans les langues de substrat, ainsi que l'ont remarqué plusieurs des participants au colloque de Fès (M. L. Hazoumé, B. Ouoba, J. Tabi-Manga, M. Wenezoui) ; le même mécanisme interférentiel opère dans le lexique, de façon plus complexe : d'une part il peut s'instaurer entre un terme de la langue première et un ou plusieurs vocables français une équivalence justifiée par la présence d'un sème commun jugé dominant, ce qui aboutit souvent à des impropriétés comme l'emploi, signalé par M. Daff au Sénégal, de "augmenter" pour "ajouter" ; d'autre part, la définition lexicale du terme de la langue première (ou de la classe de lexèmes à laquelle il appartient) se trouve transférée au mot français : la faible pertinence de la catégorie de transitivité dans les langues négro-africaines engendre des constructions telles que *"voter quelqu'un"* ou *"assister une cérémonie"*. Ces secteurs de la langue constituent également un lieu d'exercice privilégié pour la fonction identitaire du langage : accessibles à la conscience des locuteurs et soumis à leur contrôle, les traits y acquièrent aisément une signification sociale ; il n'est pas partout recommandable de parler

---

[1] "Le normal et le normatif", *Bulletin du Centre d'Étude des Plurilinguismes* (Nice), n° spécial, mars 1994.
[2] *Art. cit.* : 77.

français à la parisienne. S'il y a dialectalisation du français d'Afrique, c'est à ce niveau qu'elle se produit.

Les analogies qui fondent l'hypothèse d'une norme endogène "interafricaine" résultent de processus qui se développent au-dessous du seuil de la conscience. Une partie d'entre elles sont aisément explicables par les conditions mêmes d'utilisation du parler où elles se manifestent. Il s'agit, mis à part les pastiches littéraires, d'une variété orale et qui présente toutes les caractéristiques de l'oralité dont la principale, la primauté de l'intention sémantique sur les automatismes grammaticaux. Une expression telle que "*on sont contents*", bien admise en Côte d'Ivoire, est incorrecte dans sa forme, mais justifiable sémantiquement puisque le référent est multiple ; elle a son exact équivalent en français québécois : "*le monde sont fous*". Un deuxième groupe d'écarts peut être classé sous la rubrique "fonctionnalisation". Nous entendons par là l'ensemble des mécanismes évolutifs qui tendent à adapter la langue à sa fonction de communication dénotative en la débarrassant de contraintes inutiles (comme celles par exemple qui pèsent en français sur l'emploi des modes et des temps), en étendant le champ d'application des règles (d'où l'emploi de plus en plus fréquent du futur après *si*), en régularisant les flexions ("*j'alla, tu allas il alla*"), en supprimant les redondances grammaticales. Beaucoup d'africanismes considérés comme tels par les Africains eux-mêmes ont leur contrepartie dans l'usage métropolitain. Il reste cependant un ensemble confus de traits hétéroclites, morphosyntaxiques et lexicaux, qu'on ne saurait sans arbitraire ranger dans les catégories précédentes et qui, dans la mesure où ils sont communs à des variétés géographiquement éloignées, ne peuvent pas être imputés à l'interférence directe des langues de substrat. Il est certes nécessaire de dresser un inventaire aussi complet que possible de ces traits ; ceux qui ont été notés jusqu'ici l'ont été par hasard et n'ont valeur que d'indices. Il est peu probable cependant qu'à travers un tel inventaire on voie se dessiner les linéaments d'un système cohérent, justiciable d'une analyse linguistique classique. Nous croyons plus utile de considérer ces phénomènes comme les manifestations de schèmes et de processus situés à un niveau plus profond que celui où s'effectue la structuration syntaxique ou du moins différent de celui-ci ; les données en question seraient interprétables selon les perspectives de la grammaire cognitive plus aisément que par référence aux doctrines classiques, structuraliste et générativiste. À titre d'hypothèse, nous retenons trois orientations de recherche que nous illustrerons par des exemples dont on voudra bien excuser le caractère anecdotique : la catégorisation de l'expérience, l'organisation du message et l'énonciation.

Lors du séminaire auquel il a déjà été fait allusion, trois particularités grammaticales ont été incidemment signalées : en Côte d'Ivoire, l'absence systématique de l'article devant les sigles ; au Zaïre, l'emploi concurrentiel, dans des contextes apparemment analogues, des déterminants *de* et *des* ; au Cameroun, la substitution fréquente de l'article défini au possessif, au partitif et à l'article indéfini. L'examen du corpus zaïrois suggère que *des* n'est employé que lorsque le référent est considéré comme défini, *de* lorsqu'il désigne l'espèce ou la catégorie. Les sigles ivoiriens sont manifestement assimilés à des noms propres, définis par nature. Dans les tournures camerounaises : "*voilà l'adresse* (mon adresse)", "*je veux l'argent* (de l'argent)", "*il a fait l'accident* (il a eu un accident)", il s'agit toujours dans la pensée du locuteur de référents précisément délimités ; le point intéressant est que ce soit précisément là le trait grammaticalement marqué, les précisions annexes, pour nous premières, portées en français standard par *mon, de, un* étant censées être fournies par la situation ou par le contexte. Il apparaît que l'article dit défini, au lieu de renvoyer comme dans l'usage standard à ce qui est supposé connu, mérite pleinement son nom dans son emploi camerounais. Ainsi ces trois cas particuliers qui, dans une typologie des "fautes", appartiendraient probablement à des classes distinctes ont en commun d'impliquer la prééminence d'une opposition entre générique et spécifique qui est très largement attestée dans les langues africaines. La validité de l'hypothèse se trouverait confirmée si cette dernière se révélait capable de rendre compte d'autres faits apparemment isolés. On voit que ce qui est en cause ici est un certain mode de conceptualisation que nous serions porté à considérer comme caractéristique d'une civilisation négro-africaine dont les manifestations demeurent repérables aussi bien dans ses formes modernes que dans les cultures traditionnelles. L'existence de tels modes de conceptualisation peut parfois être établie sans recours à des recoupements laborieux comme celui auquel nous venons de procéder. Des expressions telles que "*il est beau que toi*", "*il court vite que moi*" entendues en Côte d'Ivoire ne sont intelligibles que par rapport à une conception de la comparaison qui paraît bien être panafricaine et en vertu de laquelle l'un des deux objets comparés est évalué, pour la grandeur à mesurer, par référence à l'autre pris pour étalon ; "que moi" dans les expressions précitées signifie "par rapport à moi". Cela implique que seule la supériorité ou l'égalité ("*il est même beau que moi*") peuvent être exprimées ; pour formuler ce qui est pour nous une relation d'infériorité, il faudrait inverser les termes ("*tu es beau que lui*") ou la grandeur ("*il est laid que toi*"). Plus incertaine est l'interprétation d'une tournure comme "*la faim me tue*" qui a d'innombrables équivalents dans les langues africaines ; on peut y voir l'évocation d'un monde où, selon une formule de Maurice Houis, "l'homme est un élément vivant dans une Nature vivante" et où il doit composer avec des puissances qu'il ne contrôle pas.

En ce qui concerne l'organisation du message, il a été fait souvent état de la fréquence des constructions thématiques, du type "*les cours, ils commencent la semaine prochaine*". Il s'agit là, à notre avis, d'un trait d'oralité très répandu dans le parler spontané, qui consiste à indiquer l'objet de l'information avant d'énoncer cette dernière. En revanche, une expression comme "*c'est ma première fois de voir décoller un avion*" n'est pas du tout l'équivalent de "c'est la première fois que je vois décoller un avion" ; elle supose la possibilité de focaliser simultanément deux des "actants" de l'énoncé : la nouveauté du fait et le sujet parlant. Pour obtenir le même effet, le français standard devrait procéder à un double clivage : "moi, c'est la première fois que je vois décoller un avion". Bon nombre de tournures qui nous paraissent bizarres doivent probablement être interprétées comme résultant de l'utilisation des ressources de la grammaire française pour traduire une information conformée selon les normes du discours africain. Celles-ci méritent d'être étudiées de très près : certaines incorrections nous paraissent être imputables moins à une méconnaissance des règles grammaticales qu'à la résurgence de manières usuelles de s'exprimer. Ainsi par exemple de l'intrusion du style direct dans des propositions complétives introduites par *que*. Dans un débat enregistré en avril 1990 à Kinshasa, dans un club de journalistes, où s'établit un parallèle entre la position du Comte de Paris et celle des héritiers d'anciennes monarchies du Zaïre, l'orateur qui manie d'autre part le français avec la plus grande aisance déclare, à propos du Comte : "*mais lui sait que je suis de sang royal*" et peu après, à propos des princes zaïrois : "*y sauront que nous sommes de souche royale*". Nous voyons là l'effet d'un procédé stylistique fréquent qui consiste à actualiser la situation évoquée, à y impliquer l'auditoire et à s'y impliquer soi-même : le locuteur s'identifie à ses personnages qui parlent par sa bouche. Selon une formule que j'emprunte à Francis Gandon[1], l'instance de l'énonciation se projette dans l'énoncé et participe directement à l'action rapportée. Il y aurait lieu d'examiner si certaines fautes dans l'emploi des temps ne sont pas explicables par ce mode particulier de mise en œuvre de la langue. D'une manière générale, une analyse des modes d'énonciation africains est indispensable. Elle peut révéler, dans le domaine de la deixis par exemple, des difficultés imprévues, telles que la

---

[1] "Le sujet face à son medium : éléments pour une étude de la conscience linguistique du français approximatif scripto-oral au Burkina Faso", communication au colloque "Contact de langues : quels modèles ?", Nice 1987.

signification pragmatique que prennent des termes comme "devant" ou "derrière" selon la manière dont est conçue la relation spatiale entre Ego et un objet pris pour repère : ce qui est devant l'arbre si l'on considère que l'arbre fait face à l'observateur est derrière si le premier est orienté comme l'observateur lui-même, "regarde" dans la même direction que lui, ce qui semble être l'interprétation la plus répandue en Afrique, la première étant au contraire commune au nord de la Méditerranée.

Ce que nous appelons le français d'Afrique ne s'identifie donc aucunement à ce qu'on désigne en Côte d'Ivoire et au Burkina Faso par le terme de "français-façon". Ce n'est pas non plus, ou du moins pas seulement, un compromis résultant, comme le suggère B. Ouoba, "du chevauchement du code imposé par la norme scolaire et du 'français bricolé' par ceux qui ne connaissent que l'usage de la, rue"[1]. Le champ d'action de la norme endogène ne se limite pas aux processus constatés dans les variétés basilectales et mésolectales pratiquées dans les pays où le français assume une fonction véhiculaire. On peut en déceler l'opération, à un niveau plus profond et hors du domaine proprement grammatical, même dans l'usage de gens dont les besoins de communication sont principalement satisfaits par l'emploi d'une ou de plusieurs langues africaines et éventuellement par le recours au langage métissé. Les manifestations de la norme endogène doivent alors être recherchées non pas systématiquement dans des écarts grammaticaux qui peuvent ne relever que d'un apprentissage imparfait ou plus simplement des licences qu'autorise l'oralité, mais dans la manière de mettre en œuvre une langue dont la structure grammaticale demeure pour l'essentiel intacte et qui se trouve en quelque sorte transmuée (et non point pervertie) par l'émergence de schèmes cognitifs, de techniques d'expression, de modes d'énonciation qui ne sont pas ceux dont usent habituellement les francophones "occidentaux".

## NORME ENDOGÈNE ET ENSEIGNEMENT DU FRANÇAIS

En conclusion, nous reviendrons sur deux questions qui ont été posées au colloque de Fès. La première, très générale, l'a été par Kossi A. Afeli : le français d'Afrique, pour quoi faire ? Nous espérons que la réponse paraîtra maintenant moins incertaine : pour permettre aux Africains de disposer d'un français qui ne soit pas une langue de bois et dans laquelle ils puissent exprimer, sans contrainte et sans à peu près, ce qu'ils pensent et ce qu'ils ressentent. Il s'agit de conférer au français pra-

---

[1] *Art. cit.* : 73.

tiqué en Afrique une authencité et une légitimité qu'ont depuis longtemps acquises les autres variétés régionales, au Québec, en Suisse, au Luxembourg ou en Belgique. En d'autres termes, le but est de réintroduire le français dans l'univers de la parole africaine dont un enseignement fondé exclusivement sur une norme exogène l'a exclue, de rompre la diglossie qui l'enferme dans un domaine réservé d'où il ne peut sortir que par effraction, d'en faire une variété du répertoire communautaire plutôt qu'un supplément à celui-ci. Cela implique seulement qu'on renonce à considérer le français comme une entité intemporelle et intangible et qu'on le ramène sur terre, au niveau des autres langues qui toutes, à l'exception des langues artificielles et des langues mortes, se présentent non comme un code rigide, mais comme un ensemble de variétés organisées en registres et ouvertes à la variation.

La seconde question est plus technique ; c'est celle qui figure dans le texte déjà cité de J. Tabi-Manga : comment tenir compte de ce français vivant dans l'espace scolaire ? C'est là précisément le problème que se sont posé les participants au programme "Norme endogène et normes pédagogiques" et qu'ils ne prétendent pas avoir résolu. Du moins y ont-ils réfléchi et leur première conclusion est qu'il ne saurait être question de systématiser l'usage local (on serait d'ailleurs bien en peine de le faire, sauf à un niveau très superficiel) et de le constituer en objet d'enseignement pour tous les élèves de l'école primaire. L'objectif n'est que d'éviter une trop grande distorsion entre ce qui leur est enseigné et ce qu'ils entendent à l'extérieur de la classe et en classe même, car hors de la liturgie scolaire l'instituteur n'est pas moins qu'eux soumis à la pression de la norme endogène. Un moyen serait de prendre acte de l'usage local et d'en faire le point de départ d'un processus qui conduirait en un premier temps les élèves à une compétence passive permettant de discerner les situations où cet usage est adéquat de celles où il ne l'est pas. On leur procurerait ensuite progressivement les ressources nécessaires pour répondre aux exigences de situations de plus en plus formelles, jusqu'à les mettre en mesure de satisfaire aux contraintes de la langue écrite et du langage châtié ; mais tout au long de cet itinéraire, on se soucierait de compléter et de préciser beaucoup plus que de corriger. D'autre part, le contrôle pédagogique demeurerait limité à l'appareil formel de la langue (grammaire et lexique) sans jamais mettre en cause ce qui correspond à la manière africaine de voir les choses et de les dire. L'application d'un tel programme requiert une méthodologie dont l'élaboration est l'affaire des didacticiens. P. Dumont a déjà conçu une série de propositions pour l'établissement de normes pédagogiques qui devront être discutées et expérimentées. Sauf en ce qui concerne la pratique pédagogique, l'entreprise n'a rien de révolutionnaire. Elle ne met en question ni l'intégrité

226

ni l'unicité du "bon usage" et elle en sauvegarde l'universalité ; mais elle autorise les différenciations nécessaires à l'intérieur du continuum dont le pôle supérieur est ce bon usage même et le pôle opposé, multiple, les diverses formes populaires du français africain.

# RÉFÉRENCES BIBLIOGRAPHIQUES

AHIAVEE, Y. M. 1984. "Note critique sur le projet IFA." *Programme d'étude sur la réception et l'enseignement du français.*, Université de Yaoundé, fasc. I, 98-104.

ALEXANDRE, P. 1961. "Problèmes linguistiques des états négro-africains à l'heure de l'indépendance", *Cahiers d'études Africaines*, 2, 6, 177-195.

ALEXANDRE, P. 1967. *Langues et langage en Afrique noire*, Paris, Payot.

ALEXANDRE, P. 1968. "Some Linguistic Problems of Nation-Building in Negro Africa", in *Language Problems of Developing Nations*, J. FISHMAN, Ch. A. FERGUSON et J. DAS GUPTA, (éds.), New york : Wiley and Sons : 119-128.

ALEXANDRE, P. 1971a. "A Few Observations on Language Use among Cameroonese Elite Families", in *Language Use and Social Change*, W. H. WHITELEY, (éd.), Oxford, University Press : 254-261.

ALEXANDRE, P. 1971b. "Multilingualism", in T. A. SEBEOK, (éd.), *Linguistics in Sub-Saharan Africa (= Current Trends in Linguistics*, vol. 7), La Haye-Paris, Mouton.

ALLEYNE, M. C. 1971. "Acculturation and the cultural matrix of creolization", in D. HYMES, *Pidginization and Creolization of languages,* Cambridge, University Press.

ALSOPP, R. 1977. "Africanisms in the Idioms of Caribbean English", in P. F.A. KOTEY and Haig DER-HOUSSIKIAN, (éds.), *Language and Linguistic Problems in Africa,* Columbia, Hornbeam Press, 429-441.

ANONYME. 1909. *L'enseignement aux indigènes. Documents officiels précédés de notices historiques*, t. I (= *Bibliothèque coloniale Internationale*, 9e série), Bruxelles, Institut colonial international.

ANONYME. 1916. *Le français tel que le parlent nos tirailleurs sénégalais*, Paris, Imprimerie Militaire Universelle L. Fournier.

ANONYME. 1932. *L'adaptation de l'enseignement aux colonies. Rapports et comptes rendus du Congrès Intercolonial de l'enseignement dans les colonies et les Pays d'Outre-Mer, 25-27 septembre 1931. Préface de P. Crouzet*, Paris, Exposition Coloniale Internationale de 1931.

ANONYME. 1971. "La francophonie", *Actualités-Documents*, 72.

ANSON, M. G. 1973. *Culture, langues, enseignement au Togo*, Dakar, IFAN.

ANTONETTI, R. 1928. "La situation générale de l'Afrique équatoriale française", *Renseignements coloniaux et documents publiés par le Comité de l'Afrique française et le Comité du Maroc*, 2 : 96-105.

ARMSTRONG, R. G. 1968. "Language Policies and Language Practices in West Africa", in *Language Problems of Developing Nations*,

J. FISHMAN, Ch. A. FERGUSON and J. DAS GUPTA, (éds), New York, Wiley and Sons : 227-236.

BAETENS-BEARDSMORE, H. 1979. "Les contacts de langues à Bruxelles", in A. VALDMAN, (éd.), *Le français hors de France,* Paris, Honoré Champion : 223-248.

BAL, W. 1966. "Politique linguistique en Afrique noire", *Colloque,* Institut Pédagogique National, Léopoldville, 2 : 5-22.

BAL, W. 1967. "Le français en Afrique noire", *Vie et langage,* 1967, 2 n° 179 : 62-69 ; n° 180 : 122-128.

BAL, W. 1968. "Introduction aux recherches de linguistique romane en rapport avec l'Afrique noire", *Recueil commémoratif du X$^e$ anniversaire de la Faculté de Philosophie et Lettres de l'Université Lovanium de Kinshasa,* Paris-Louvain : Nauwelaerts : 7-34.

BAL, W. 1971. "Cas d'interférences linguistiques en Afrique noire", *Cahiers de Littérature et de linguistique appliquée* (= *Publications de la Faculté des lettres de L'Université Nationale du Zaïre*) 3-4, 101-112.

BAL, W. 1974. "Particularités actuelles du français d'Afrique centrale", *Bulletin d'Information du groupe de recherche sur les africanismes,* 7 : 15-27.

BAL, W. 1975. "Particularités actuelles du français d'Afrique Centrale", in *Le français hors de France-Dakar, 1973,* Dakar-Abidjan, Les Nouvelles Éditions Africaines : 340-349.

BAL, W. 1976. "Au sujet du discours mixte ou métissé", *Bulletin du Centre des Plurilinguismes,* Nice, IDERIC, 3 : 21-23.

BAL, W. 1980. "Les contacts entre les langues africaines et le français", *Réalités africaines et langue française,* n° spécial, Dakar, 1980 : 11-39.

BALLARD, J. A. 1965. "Politics and Government in former french West and Equatorial Africa : A Critical Bibliography", *Journal of Modern African Studies,* 3 : 589-605.

BARRETEAU, D. 1978. *Inventaire des études linguistiques sur les pays d'afrique noire d'expression française et sur Madagascar,* Paris, CILF.

BELLI, R. L. 1928. *The Native Problem in Africa,* New York, The Macmillan Co.

BERNABÉ, J. 1983. *Fondal-natal. Grammaire basilectale approchée des créoles guadeloupéen et martiniquais,* Paris, L'Harmattan (3 volumes).

BICKERTON, D. 1975. *Dynamics of a Creole System,* Cambridge, University Press.

BLACHÈRE, J. 1972. "Quelques aspects de l'implantation de la langue française en Mauritanie jusqu'en 1960", *Bulletin de L'IFAN,* 34 B, 4 : 829-868.

BLONDÉ, J. 1976. "Sur la dérivation des verbes dans le français du Sénégal", *Bulletin du Centre d'Étude des Plurilinguismes,* IDERIC, Nice, 3 : 13-15.

BLONDÉ, J. 1977. "Français d'Afrique, norme et enseignement du français", *Réalités africaines et langue française*, CLAD, Dakar, 5 : 9-33.

BLONDÉ, J. 1979. "La situation du français au Mali", *Le français hors de France*, A. VALDMAN, (éd.), 1979, Paris, Honoré Champion : 377-383.

BOT BA NJOCK, H. M. 1971. "Trois générations devant les emprunts lexicaux (la notion de langue de prestige chez les Basaa du Cameroun)", *Actes du huitième Congrès International de Linguistique Africaine (= Annales de l'Université d'Abidjan, série H, fascicule hors série)*, vol. 2 : 417-436.

BOUCHÉ, D. 1968. "Autrefois, notre pays s'appelait la Gaule... Remarques sur l'adaptation de l'enseignement au Sénégal de 1817 à 1960", *Cahiers d'Études Africaines*, 8, 1 : 110-122.

BOUQUIAUX, L. 1969. "La créolisation du français par le sango véhiculaire, phénomène réciproque", in *Le français en France et hors de France. I - Créoles et contacts africains*, Paris, Les Belles Lettres (*Annales de la Faculté des Lettres et Sciences Humaines de Nice*, n°7 : 57-70).

BOYELDIEU P. et CALVET,J. , DELOUX, J., GHEERBRANT, Y., LAMY, A. 1973. *Le français scolaire en Afrique noire francophone. Questionnaire - Enquête.* Paris, B.E.L.C.

BRIGHT, W. (éd.). 1966. *Sociolinguistics. Proceedings of the U.C.L.A. Sociolinguistics Conference 1964 (= Janua Linguarum, series major, 20)*, La Haye, Mouton.

BRUNSCHWIG, H. 1960. *Mythes et réalités de l'impérialisme colonial français 1871-1914*, Paris, A. Colin.

CALAME-GRIAULE. G. 1965. *Ethnologie et langage. La parole chez les Dogon*, Paris, Gallimard.

CALVET, M., en collaboration avec DUMONT, P. 1969. "Le français au Sénégal : interférences du wolof dans le français des élèves sénégalais", in *Le français en France et hors de France. I - Créoles et contacts africains.* Paris, Les belles Lettres (*Annales de la faculté des Lettres et sciences Humaines de Nice*, n° 7) ; p. 71-91.

CANU, G., DUPONCHEL, L. et LAMY, A. 1971. *Langues négro-africaines et enseignement du français. (= Publications de l'Institut de Linguistique Appliquée n° 27)*, Abidjan, ILA.

CANU, G., DUPONCHEL, L., GRÉGOIRE, H. C., TASHDJIAN, A. 1973. *Français écrit et parlé dans le second degré.* Abidjan, ILA (*Enseignement du français*, XLIV).

CANU, G. 1971. "De la langue maternelle à la langue internationale", *Bulletin de liaison du Centre Universitaire de Recherche de Développement*, 1 : 37-42.

CANU, G. 1973. *Français écrit et parlé dans le second degré. I. Classe de seconde du lycée technique. Analyse typologique d'un corpus écrit et oral.*

*Abidjan*, Institut de Linguistique Appliquée, Enseignement du français XLIV)

CAPELLE, J. 1949. "Enseignement", *Afrique Occidentale Française*, sous la direction d'Eugène GUERNIER, t. I, Paris, Encyclopédie Coloniale et Maritime : 267-278.

CAPRILE, J.-P. 1979. "Situation du français en R.C.A. et au Tchad", *Le français hors de France*, A. VALDMAN, (éd.), 1979, Paris, Honoré Champion : 493-504.

CARDE, J. 1924. "La réorganisation de l'enseignement en Afrique occidentale française", *Revue indigène*, 4, n° 185-186 : 11-129.

CARDE, J. 1928. "La situation générale en Afrique occidentale française", *Renseignement coloniaux et documents publiés par le Comité de l'Afrique française et le comité du Maroc*, 1 : 19-39.

CARFORD, J. C. 1963. "Langue maternelle et seconde langue, interférences et points d'appui", *Le français dans le monde*, 17 : 8-11.

CCTA/CSA. 1962. *Colloque sur le multilinguisme. Symposium on Multilingualism*, Londres : CCTA/CSA Publications Bureau.

CENTER FOR APPLIED LINGUISTICS (Arlington, Virginia). 1974. "Rural Education in French-Speaking West Africa : a Statement of Need for and Action. Orientated program of experimental Research", Table Ronde ALSED, Paris, UNESCO, 8-10 mai 1974, xerograph.

CHAILLEY, J. 1908. "L'éducation des indigènes dans l'Inde britannique", in *Compte rendu des travaux du Congrès colonial de Marseille, publié sous la direction de M. J.-Charles Roux, par M. Ch. Depincé*, Paris, Augustin Challamel.

CHARTON, A. 1939. "L'enseignement et l'éducation en A.O.F.", *L'enseignement public*, 112, 3 : 193-208.

CHAUDENSON, R. 1973. "Pour une étude comparée des créoles et parlers français d'Outre-Mer : survivance et innovation", *Revue de Linguistique romane*, 37 : 342-371.

CHAUDENSON, R. 1974. *Le lexique du parler créole de la Réunion*, Paris, Champion.

CHAUDENSON, R. 1978. "Créole et langage enfantin : phylogénèse et ontogénèse", *Langue Française*, 37 : 76-90.

CHAUDENSON, R. 1979. *Les créoles français*, Paris, Nathan.

CHAUDENSON, R. 1989. *Créoles et enseignement du français*, Paris, L'Harmattan, Coll. Espaces francophones.

COMMISSARIAT DE L'AFRIQUE OCCIDENTALE FRANÇAISE : 1938. *L'enseignement en Afrique occidentale française*, Paris, Larousse.

CONWELL, M. et JUILLAND, A. 1963. *Louisiana French grammar. I. Phonology, morphology and syntax,* The Hague, Mouton.

COULIBALY, O. 1949. "L'enseignement en Afrique noire", *Europe*, 41-42 : 56-70.

DANNAUD, M. J. P. 1965. "Enseignement et avenir de la langue française dans les pays d'Afrique noire", *Coopération et développement*, 7 : 17-29.

DE BOSE, Ch. E. 1975. "Creole Speech Communities", in R. K. HERBERT, (éd.), *Patterns in Language, Culture and Society : Sub-Saharan Africa*, Ohio State University (= *Working Papers in Linguistics*, n°19) ; p. 103-112.

DE JONGHE, E. 1931. "L'enseignement des indigènes au Congo Belge", *L'enseignement aux Indigènes - Native Education* (= *Institut Colonial International, XXI<sup>e</sup> session, Paris, 6-8 mai 1931. Rapports préliminaires*), Bruxelles, Établissements généraux d'imprimerie.

DÉCHAMPS-WENEZOUI, M. et GERBAULT, J. 1988. "Pratiques langagières et enseignement de deux enquêtes sur l'utilisation des langues", *Cahiers du Lacito, 3* : 179-194.

DELAFOSSE, M. 1904. *Vocabulaires comparatifs de plus de 60 langues ou dialectes parlés à la Côte d'Ivoire et dans les régions limitrophes*, Paris, Leroux.

DELPLANQUE. A. 1983. "Structure sémantique du vocabulaire dagara", *Bulletin de L'AELIA*, 6 : 193-203.

DESCHAMPS, H. 1953. *Méthodes et doctrines coloniales de la France*, Paris, A. Colin.

DESCHAMPS, H. 1963. "Et maintenant, Lord Lugard ?", *Africa*, 33, 4 : 293-306.

DIOP FALL, A. 1974. "Les langues nationales dans l'enseignement", Table Ronde ALSED, Paris, UNESCO, 8-10 mai 1974, polycop.

DOPPAGNE, A. 1967. *Français universel et bon usage* (= *Publications du Centre de Linguistique Appliquée de Dakar*, n°33 bis), Dakar, C.L.A.D.

DUBOIS *et al.* 1973. *Dictionnaire de linguistique*, Paris, Larousse.

DUBOIS, J. et DUBOIS-CHARLIER, F. 1970. *Eléments de linguistique française : syntaxe*, Paris, Larousse.

DUMONT, P. 1977. *Politique linguistique et enseignement au Sénégal.* Dakar, CLAD (*Le français au Sénégal*, n° 70).

DUMONT, P. 1979. "La situation du français au Sénégal", *Le français hors de France*, A. VALDMAN, (éd.), 1979, Paris, Honoré Champion : 363-376.

DUMONT, P. 1983. *Le français et les langues africaines au Sénégal,* Paris, ACCT-Karthala.

DUMONT, P. 1990. *Le français langue africaine*, Paris, L'Harmattan.

DUPONCHEL, L. 1971a. "Réflexions sur l'enseignement du français en Côte d'ivoire", in G. Canu *et al.*, *Langues négro-africaines et enseignement du français.*, Abidjan, ILA. : 18-36.

DUPONCHEL, L. 1971b. "Interférences entre les langues négro-africaines et le français aux niveaux phonétiques, grammatical et lexical", in G. Canu *et al.*, *Langues négro-africaines et enseignement du français.*, Abidjan, ILA. : 37-66.

DUPONCHEL, L. 1971c. "Multilinguisme et français scolaire chez l'écolier ivoirien", *Bulletin du centre Universitaire de Recherches de Développement* (Abidjan), 1 : 13-17.

DUPONCHEL, L. 1973. "Vers un dictionnaire du français d'Afrique noire", *Bulletin d'Informations du groupe de recherche sur les africanismes*, 5 : 7-21.

DUPONCHEL, L. 1974a. "Le français d'Afrique Noire, mythe ou réalité : problèmes de délimitation et de description", *Annales de l'Université d'Abidjan*, série Linguistique, VII : 133-165.

DUPONCHEL, L. 1974b. "Le français d'Afrique, une langue, un dialecte ou une variété locale ? ", *Dossiers pédagogiques*, AUDECAM, 13.

DUPONCHEL, L. 1979. "Le français en Côte d'Ivoire, au Dahomey et au Togo", in *Le français hors de France*, A. VALDMAN, (éd.), 1979, Paris, Honoré Champion : 385-417.

ÉBOUÉ, F. 1941. *Politique indigène de l'A.E.F.*, Brazzaville, Imprimerie officielle.

FAÏK, S. 1973. *Français, langue étrangère. Éléments bibliographiques (1960-1970)*, Lubumbashi, C.E.L.T.A.

FAÏK, S. 1979. "Le français au Zaïre", in *Le français hors de France*, A. VALDMAN, (éd.), 1979, Paris, Honoré Champion : 441-472.

FEHDERAU, H. 1966. *The Origin and Development of Kituba (Lingua Franca Kikongo)*, Cornell University : Ph. D. diss.

FERGUSON, C. A. 1966. "National Sociolinguistic Profile Formulas", in *Sociolinguistics*, W. BRIGHT, (éd.), La Haye - Paris, Mouton : 309-324.

FERGUSON, C. A. 1971. "Absence of copula and the notion of simplicity : a study of normal speech, baby talk, foreigner talk and pidgins", in D. HYMES, (éd.), *Pidginization and creolization of languages*, Cambridge University Press : 141-150.

FISHMAN, J., FERGUSON, C. A., DAS GUPTA, J., (éds.). 1968. *Language Problems of Developing Nations*, New York, London, Sidney, Toronto, Willy and Sons.

FISHMAN, J. 1971. "National Languages and Languages of Wider Communication in the Developing Nations", *Language Use and Social Change*, W. H. WHITELEY, (éd.), Oxford, University Press : 27-56.

FLUTRE, L.-F. 1957. *Pour une étude de la toponymie de l'A.O.F.* (= *Publication de la section des langues et littératures 1*), Dakar, Faculté des Lettres.

FLUTRE, L.-F. 1958. "De quelques termes utilisés aux XVIIe et XVIIIe siècles sur les côtes de l'Afrique occidentale et qui ont passé dans les récits des voyageurs français du temps", *Etymologica*, Festschrift W. von Wartburg, Tübingen : Niemeyer : 209-238.

FLUTRE, L.-F. 1961. "De quelques termes de la langue commerciale utilisée sur les côtes de l'Afrique Occidentale aux XVIIe et XVIIIe siècles d'après les récits de voyage du temps", *Revue de linguistique romane*, 25 : 274-289.

FLUTRE, L.-F. 1965. "De quelques termes de la langue commerciale usitée sur les côtes de l'Afrique occidentale aux XVIIe et XVIIIe siècles d'après les récits des voyageurs du temps", *Annales de l'Université de Madagascar.* Série Lettres et sciences Humaines, 3, 1965 : 65-95 ; 4, 113-141.

FREI, H. 1929. *La grammaire des fautes. Introduction à la linguistique fonctionnelle. Assimilation et différenciation. Brièveté et invariabilité. Expressivité*, Bellegarde, A.A.A.G.F., Slatkine Reprints, 1971.

FROIDEVAUX, H. 1909. "L'enseignement indigène dans les colonies françaises (valeur, nature, méthode)", *L'enseignement aux indigènes. Documents officiels précédés de notices historiques*, t. I (= *Bibliothèque coloniale, 9e série*), Bruxelles, Institut Colonial International.

GAGNÉ, G. 1979. "Quelques aspects "socio-linguistiques" du français au Canada et au Québec", in A. VALDMAN, (éd.), *Le français hors de France.*

GAMACHE, P. 1928. "L'enseignement en Afrique équatoriale française", in *Renseignements coloniaux et documents publiés par le Comité de l'Afrique française et le Comité du Maroc*, 12 : 751-757.

GANDON, F. 1987. "Le sujet face à son médium : éléments pour une étude de la conscience linguistique du français approximatif scripto-oral au Burkina-Faso", Communication au colloque "Contacts de langues : quels modèles ?", Nice, 28-30 septembre 1987.

GARAFANGA, J. 1987. "Code-switching et/ou le vernaculaire bilingue au Rwanda", Communication au Colloque "Contacts de langues : quels modèles ?", Nice, 28-30 septembre 1987, 23 p.

GARDNER-CHLOROS, P. 1987. "Éléments pour un modèle de l'alternance. Conditions d'une approche empirique et théories explicatives", Contribution au Colloque "Contacts de langues : quels modèles ?", Nice, 28-30 septembre 1987, 10 p.

GARDY, Ph. et LAFONT, R. 1981. "La diglossie comme conflit : l'exemple occitan", *Langages,* 61 : 75-91.

GAUCHER, Joseph. 1968. *Les débuts de l'enseignement en Afrique francophone. Jean Dard et l'école mutuelle de Saint-Louis-du-Sénégal*, Paris, Le livre africain.

GERBAULT, J. 1987. "Les parlers modèles en sango et la perception des registres", Communication préparée pour le Colloque "Contacts de Langues : quels modèles ?", Nice, 28-30 septembre 1987.

GERBAULT, J. 1988. "Modes d'appropriation langagière en République Centrafricaine", *Bulletin du Centre d'Étude des Plurilinguismes*, 11 : 35-70.

GILLIARD, G. 1974. "Les africanismes en syntaxe", *Groupe de Recherche sur les Africanismes - Bulletin d'Information*, CELTA, Lubumbashi, 9 : 3-14.

GILMAN, C. 1972. "The Comparative Structure in French English and Camerounian Pidgin-English. An Exercise" in *Linguistic Comparison*, Evanston (Ill.), Northwestern University, Ph. D. dissertation.

GLISSANT, E. 1972. "Langue et multilinguisme dans l'expression des nations modernes", *La revue de l'AUPELF*, 10, 1 : 33-38.

GOELAU, J.-L. 1967. *L'Afrique d'expression française et la francophonie*, Caen, Faculté de Droit et de Sciences Économiques.

GOUGENHEIM, G. *et al.* 1967. *L'élaboration du français fondamental, 1er degré*, Paris, Didier.

GUIRAUD, P. 1965. (éd.). "Les français régionaux. Le français en contact", Nice, *Annales de la faculté des lettres et Sciences Humaines*, 12, fasc.II.

GUIRAUD, P. 1965. *Le français populaire*, Paris, P.U.F., coll. Que Sais-je ?, n° 1172.

GUMPERZ, J. J. et WILSON, R. 1970. "Convergence and creolization", in D. HYMES, (éd.), *Pidginization and creolization of languages* : 151-167.

GUY, C. 1928. "L'essor et les problèmes de l'Afrique occidentale française. À propos du discours de M. le Gouverneur général Carde au Conseil de gouvernement", *Bulletin du Comité de l'Afrique française*, 38e année, n°11 : 451-456.

HAGÈGE, C. 1968. "A propos du français de l'Adamaoua", *La Linguistique*, 1 : 117-130.

HALLAOUI, N. 1983. "Sur la marque de l'oralité dans le français en Afrique", *Bulletin de l'Observatoire du français contemporain en Afrique noire*, 4 : 75-87.

HARDY, G. 1917. *Une conquête morale. L'enseignement en A.O.F.*, Paris, A. Colin.

HARGREAVES, J. D. (éd.). 1969. *France and West Africa. An Anthology of Historical Documents*, London, Mac Millan.

HARGREAVES, J. D. 1967. *West Africa. The Former French States*, Englewood Cliffs N. J., Prentice-Hall.

HATTIGER J.-L. et SIMARD, Y. 1982. "Deux exemples de transformation du français contemporain : le français populaire d'Abidjan et le français populaire de Montréal", *Bulletin de l'Observatoire du français en Afrique Noire,* Abidjan, 3 : 67-81.

HATTIGER, J.-L. 1981. *Morpho-syntaxe du groupe nominal dans un corpus de français populaire d'Abidjan,* Strasbourg, Université des Sciences Humaines, Thèse pour le doctorat de 3ème Cycle.

HAUGEN, E. 1977. "Languages norms in bilingual communities" in *XIIe Congrès International des Linguistes - Kurzfassen - Abstracts - Résumés,* Innsbrück, Institut für Sprachwissenschaft der Universität.

HAZAËL-MASSIEUX, G. 1971. "Ambiguïté génétique et bipolarité dans le fonctionnement du créole de la Guadeloupe", *Études créoles*, 4, 1 : 47-62.

HEINE, B. 1968. *Afrikanische Verkherssprachen.*, Köln, Infratest.

HIGHFIELD, A. R. 1979. *The French Dialect of St. Thomas, U.S. Virgin Islands,* Ann Arbor, Karoma.

HJELMSLEV, L. 1938. "Relations de parenté dans les langues créoles", *Revue des Études Indo-Européennes,* Bucarest, 1 : 271-286.

HJELMSLEV, L. 1939. "Caractères grammaticaux des langues créoles", in *Congrès International des Sciences Antropologiques et Ethnologiques ,* Compte rendu de la 2e session, Copenhague, 1938.

HOLLYMAN, K. J. 1965. "Bibliographie des créoles et dialectes régionaux français d'Outre-Mer modernes", *Le français moderne*, 33, 2 : 117-132.

HOUIS, M. 1967. *Aperçu sur les structures grammaticales de langues négro-africaines,* Lyon, Faculté de Théologie S.J.

HOUIS, M. 1970. "Réflexion sur une double corrélation typologique", *The Journal of West African Languages*, VII, 2 : 59-68.

HOUIS, M. 1971. *Anthropologie linguistique de l'Afrique noire,* Paris, P.U.F., Collection Sup, Le Linguiste.

HOUIS, M. 1973. "La francophonie africaine : en quoi est-elle spécifique ?" *Le français dans le monde,* n° 95 : 7-11.

HOUIS, M. 1980. "Langues africaines et créoles. Interférences et économie", *Études créoles,* III, 2 : 9-26.

HOUIS, M. 1984. "Une variété idéologique du français : le 'langage tirailleur'", *Afrique et langage,* 21 : 5-17.

HOUNTONDJI, P. 1967. "Charabia et mauvaise conscience, Psychologie du langage chez les intellectuels colonisés", *Présence africaine*, 61, 1er trimestre : 11-31.

HYMES, D. (éd). 1971. *Pidginization and creolization of languages,* Cambridge, University Press.

IFA. 1983. *Inventaire des particularités lexicales du français en Afrique noire,* Québec, AUPELF-ACCT.

JAKOBSON, R. 1963. *Essais de linguistique générale.* Paris, Éditions de Minuit.

JOUANNET, F. 1984. *Le français au Rwanda. Enquête lexicale,* Paris, SELAF.

JULLIOT, H. de. 1970. *Le bon langage. Guide familier de la langue française en Afrique,* Paris, Larousse.

KNECHT, P. 1979. "Le français en Suisse Romande : Aspects linguistiques et sociolinguistiques," in A. VALDMAN, (éd.), *Le français hors de France,* Paris, Honoré Champion : 249-258.

KOEHL, B. 1983. "Note sur quelques incompréhensions en mathématiques dues au contexte culturel ivoirien", *Bulletin de l'Observatoire du français contemporain en Afrique noire*, 4 : 125-138.

KREMNIZ, G. 1981. "Du bilinguisme au conflit linguistique. Cheminement de termes et de concepts", *Langages*, 61 : 63-74.

LABELLE, G. 1976. "La langue des enfants de Montréal et de Paris", *Langue française*, 31.

LABOURET, H. 1928. "L'éducation des indigènes. Méthodes britanniques et françaises", *Bulletin du Comité de l'Afrique française*, 38e année, 10 : 404-411.

LABOV, W. 1971. "Methodology", in W. O. DINGWALL, (éd.), *A Survey of Linguistic Science,* Linguistic Program/ University of Maryland.

LACROIX, P.-F.. 1972. *L'expression du temps dans quelques langues de l'Ouest africain,* Paris, SELAF, Bibliothèque de la SELAF, 29.

LAFAGE, S. 1974. "Rôle et place du français populaire dans le continuum langues africaines/ français de Côte d'Ivoire", *Cahiers Ivoiriens de Recherche Linguistique,* Abidjan, I.L.A., n°4.

LAFAGE, S. 1977. *Le français en Afrique Noire (Éléments pour une bibliographie),* Abidjan, ILA : 26 p. multigr.

LAFAGE, S. 1983. "Petite enquête sur la perception du français populaire ivoirien en milieu estudiantin", *Bulletin de l'Observatoire du français en Afrique Noire,* 4 : 15-57.

LAFAGE, S. 1984. "Note sur un processus d'appropriation socio-sémantique en contexte ivoirien", In *Langues et cultures, mélanges offerts à Willy Bal* ; 2. *Contacts de Langues et Cultures,* Cahiers de l'Institut de Linguistique de Louvain : 103-112.

LAFAGE, S. 1985. *Français écrit et parlé en pays ewe (Sud-Togo),* Paris, SELAF.

LAMAY, A. 1970. *Enquête sur le français des élèves de sixième*, Abidjan, ILA, Enseignement du français, XI.

LANESSAN, M. de. 1908. "La politique indigène dans les colonies", *Compte rendu des travaux du Congrès colonial de Marseille, publié sous la direction de M. J. Charles-Roux, par M. Ch. Depincé*, Paris, Augustin Challamel.

LANLY, A. 1970. *Le français d'Afrique du nord. Étude linguistique*, Paris, Bordas.

LE PAGE, R. B. 1964. *The National Language Question. Linguistic Problems of Newly Independant States*, Londres.

LE THAN KOI. (éd.). 1971. *L'enseignement en Afrique tropicale (= Publications de L'.I.E.D.E.S.)*, Paris, Presses Universitaires de France.

LESCUTIER, J.-M. 1982. *Étude d'un basilecte relevant du français populaire d'Abidjan (domaine du verbe)*. Université de Nice, Mémoire pour le Diplôme d'Études Approfondies.

LESCUTIER, J.-M. 1985. *Recherches sur le processus de réactivation. Cas singulier d'un idiolecte relevant du français populaire d'Abidjan*, Université de Nice, Thèse de 3e Cycle, 2 vols.

LEWIS, W. H. (éd.). 1965. *French Speaking Africa. The search for Identity*, New York : Walter and Co.

LORD, C. 1976. "Evidence for Syntatic Reanalysis : from Verb to Complement in Kwa" *In* S. B. STEEVER, C. A. WALIKOKO, S. S. MUFWENE, (éd.), *Papers from the Parasession on Diachronic Syntax*, April 22, 1976, Chicago, Linguistic Society.

MAKELI, B. 1983. "Discours mixte et niveaux de langue", *Bulletin de l'AELIA*, 6 : 5-16.

MAKOUTA-MBOUKOU, J.-P. 1973. *Le français en Afrique noire (Histoire et méthodes de l'enseignement du français en Afrique noire)*, Paris, Bordas.

MALANDAIN, J. 1971. "La conjugaison en français fondamental", *Le français dans le monde*, 83 : 6-11.

MANESSY, G. et WALD, P. 1984. *Le français en Afrique noire, tel qu'on le parle, tel qu'on le dit*, Paris, L'Harmattan.

MANESSY, G. 1976. "Créolisation et français régionaux", *Bulletin du centre d'Études des Plurilinguismes*, IDERIC, Nice, 4 : 1-10.

MANESSY, G. 1977. "Processes of pidginization in African Languages", in A. VALDMAN, (éd.), *Pidgin and Creole Linguistics*, Bloomington and London, Indiana University Press : 129-154.

MANESSY, G. 1979. "Créolisation et français régionaux", in P. WALD et G. MANESSY, (éds.), *Plurilinguisme : normes, situations, statégies*, Paris, L'Harmattan.

MANESSY, G. 1981 : "Expansion fonctionnelle et évolution", in A. HIGHFIELD and A. VALDMAN, (éds.), *Historicity and Variation in Creole Studies*, Ann Arbor, Karoma : 79-90.

MANESSY, G. 1985a. "Remarques sur la pluralisation du nom en créole et dans les langues africaines", *Études Créoles*, VIII, 1-2 : 129-143.

MANESSY, G. 1985b. "La construction sérielle dans les langues africaines et les langues créoles", *Bulletin de la Société de Linguistique de Paris,* LXXX, 1 : 333-362.

MANESSY, G. 1989. "De quelques notions imprécises (bioprogramme, sémantaxe, exogénéité)". Communication au VIe Colloque International des Études Créoles. Cayenne, 29 sept.- 6 oct. 1989, in *Études créoles*, XII, 2 : 87-111

MARTINET, A. 1960. *Éléments de linguistique générale*, Paris.

MARTINET A. 1972. "Le parler et l'écrit", in J. Martinet, (éd.,), *De la théorie linguistique à l'enseignement de la langue*, Paris, P.U.F. : 53-71.

MARTINET, A. 1969. *Le français sans fard,* Paris, P.U.F.

MAUNY, R. 1952. *Glossaire des expressions et termes locaux employés dans l'Ouest africain*, Dakar, IFAN.

MÉTIN, A. 1908. "L'éducation des indigènes", *Compte rendu des travaux du congrès colonial de Marseille, publié sous la direction de M. J. Charles-Roux, par M. Ch. Depincé*, Paris, Augustin Challamel.

MOUMOUNI, A. 1964. *L'éducation en Afrique*, Paris, Maspéro.

MUDIMBE, V. Y. 1976. "Quel enseignement de la littérature et de la culture françaises ?", Communication au colloque du C.I.L.F., Dakar, mars 1976.

MUFWENE S. S., 1986. "The Universalist and Substrate Hypotheses Complement One another", in P. MUUYSKEN and N. SMITH, (éds.), *Substrata versus Universals in Creole Genesis*, Amsterdam/ Philadelphia, John Benjamins : 129-162.

MÜHLHÄUSLER, P. 1974. *Pidginization and simplification of language,* Canberra, School of Pacific Studies.

MÜHLHÄUSLER, P. 1979. "Structural expansion and the process of creolization", *Conference on Theoretical Orientations in creole Studies*, St. Thomas, Virgin Islands, Positions Papers.

MUMFORD, W. B, in consultation with Major G. St. J. Orde Brown. 1935. *Africans Learn to be French,* Londres.

NICOLAÏ, R. 1986. "Catégorisation pratique et dynamique linguistico-langagière", *Langage et Société*, 35 : 33-66.

NICOLAÏ, R. 1988. "Problèmes d'approche génétique : l'enseignement du cas songhay", À paraître.

NYEMBWE-NTITA, Tsh. 1980. *Le français et les langues nationales au Zaïre - Problématique d'une approche sociolinguistique*, Université de Louvain-la-Neuve, Thèse de doctorat.

OBILADE, A. O. 1977. "Nigerian Pidgin : a case of unusual depidginization", Communication au XIIe congrès International des Linguistes, Vienne.

OUKADA, L. 1977. *Louisiana French : A linguistic study with a descriptive analysis of the Lafourche dialect,* The Louisiana State University and Agricultural and Mechanical College, Ph. D. Language, Linguistics.

PERSON, Y. 1973. "Impérialisme linguistique et colonialisme", *Les Temps Modernes*, n°s 324-325-326 : 90-118.

POLOMÉ, E. 1968. "The Choice of Official Languages in the Democratic Republic of the Congo", in *Language Problems of Developing Nations*, J. FISHMAN, Ch. A. FERGUSON and Das GUPTA, (éds.), New York, Wiley and Sons : 295-312.

POUTIGNAT, P. et WALD, P. 1979. "Français et sango à Bouar : fonctions marginales du français dans les stratégies interpersonnelles", in P. WALD et G. MANESSY, (éds.), *Plurilinguisme : normes, situations, stratégies*, Paris, L'Harmattan : 201-230.

PRAT, L. C. 1984. "Présentation du programme d'étude sur la réception et l'enseignement du français", *Programme d'étude sur la réception et l'enseignement du français,* Université de Yaoundé, fasc. I : 6-13.

PRIGNITZ, G. et OUEDRAOGO, B. 1982. "Le français parlé à Ouagadougou : compte rendu de mémoire", *Bulletin de l'Observatoire du français contemporain en Afrique noire*, 3 : 83-92.

PRIGNITZ, G., SENHOUELE, M., ZUMSTEIN, J. 1979. *Relations logiques et relations grammaticales entre propositions*, Bangui, Institut de Linguistique Appliquée : 20 p. polyc.

PRUDENT, L.-F. 1981. "Diglossie et interlecte", *Langages*, 61 : 13-38.

PRUDENT, L.-F. 1982. "Les Petites Antilles présentent-elles une situation de diglossie ? (de l'intérêt d'une problématique sociolinguistique de l'interlecte)", *Cahiers de Linguistique Sociale*, 4-5 : 24-40.

RENAUD, P. 1976. "Le français au Cameroun : fonction (et connotations) d'identité et d'identification ethnique des français régionaux et camerounais", *Bulletin du Centre d'Étude des Plurilinguismes*, IDERIC, Nice, 3 : 3-7.

RENAUD, P. 1979. "Le français au Cameroun", in *Le français hors de France*, A. VALDMAN, (éd.), Paris, Honoré Champion : 419-439.

REYMOND, D. 1966. "Remarques sur la réforme de l'enseignement secondaire en République démocratique du Congo", *Présence africaine*, 60, 4e trimestre : 83-100.

RICE, F. A. (éd.) 1962. *Study of the Role of Second Languages in Asia, Africa and Latin America*, Washington, Center for Applied Linguistics.

ROGGERO, J. 1970. "À propos de 'À propos du français de l'Adamaoua' de Claude Hagège", *La Linguistique*, 6, 2 : 125-132.

ROULON, P. 1972. "Étude du français et du sango parlés par les Ngbaka-Ma'bo (République Centrafricaine)", *Ethnies*, 2 : 133-165.

ROULON, P. 1976. "Le sango et le français en République Centrafricaine", *Bulletin du Centre d'Étude des Plurilinguismes*, IDERIC, Nice, 3 : 9-11.

RUBANGO, Ny. 1977. "La socio-linguistique zaïroise en question", *Linguistique et Sciences Humaines*, CELTA, 22 : 3-9.

SAINT-JACQUES FAUQUENOY, M. 1986. "Cent ans d'histoire du créole guyanais : continuité ou divergence ?", in *La Linguistique*, 22, 1 : 109-124.

SANTERRE, R. 1969. "Linguistique et politique au Cameroun", *Journal of Africa Languages*, 8, 3 : 153-159.

SENGHOR, L. -S. 1962. "Le français, langue de culture", *Esprit*, 11 : 837-844.

SESEP N'SIAL, B. 1978 : *Le métissage français-lingala au Zaïre. Essai d'analyse différentielle et sociolinguistique de la communauté bilingue*, Université de Nice, Thèse de 3e Cycle.

SHYIRAMBERE, Sp. 1973. *Contribution à l'étude sociolinguistique du bilinguisme. Le kinyarwanda et le français au Rwanda*, Université catholique de Louvain, Faculté de Philosophie et Lettres.

SIEGEL, J. 1985. "Koines and koineization", *Language in Society*, 14, 3 : 357-378.

SPENCER, J. (éd.). 1963. *Language en Africa : papers of the Leverhulme conference on Universities and the Language problems in Tropical Africa*, Cambridge, Cambridge University Press.

SPENCER, J. 1971. "Colonial Language Policies and their Legacies", *Linguistics in Sub-Saharan Africa*, T. A. SEBEOK, (éd.) (= *Current Trends in Linguistics*, vol. 7), La Haye - Paris, Mouton.

SURET-CANALE, J. 1950. "Problèmes de l'enseignement en A.O.F.", *La Pensée*, 29 : 35-52.

TAYLOR D. R., 1968. "Le créole de la Dominique", in A MARTINET, (éd.), *Le Langage*, Paris, Gallimard, Encyclopédie de la Pléiade : 1022-1049.

THOMPSON, V. and ADLOFF., R. 1958. *French West Africa*, Londres, Allen and Unwin.

THOMPSON, V. and ADLOFF., R. 1960. *The Emerging States of French Equatorial Africa*, Stanford, Stanford University Press.

TIMYAN, J. 1982. "L'interférence de la première langue au niveau des concepts mathématiques : le cas de la comparaison", *Bulletin de l'Observatoire du français contemporain en Afrique noire*, 3 : 111-119.

TOUGAS, G. 1967. "La francophonie en péril" (Montréal).

VALDMAN, A. 1970. *Basic Course in Haitian Creole*, Bloomington, Indiana University, Indiana University Publications, Language Science Monographs, volume 5.

VALDMAN, A. 1974. "Étude des systèmes approximatifs de communication", *Bulletin de la Fédération Internationale des Professeurs de Français*, 10-11, 1974-1975 : 68-73.

VALDMAN, A. (éd.). 1977. *Pidgin and creole linguistics,* Bloomington and London, Indiana University Press.

VALDMAN, A. 1978. *Le créole : structure, statut et origine,* Paris, Klincksieck.

VALDMAN, A. (éd.). 1979. *Le français hors de France,* Paris, Champion.

VALLY, G. et VAUDIAU., R. 1957. "Le français en Afrique Noire", *Vie et language* : 341-349.

VAN DEN BERGHE, P. 1968. "Les langues européennes et les mandarins noirs", *Présence africaine*, 68, 4e trimestre : 3-14.

VAN DER VORST, G. et POHL., J. 1961. "Le français tel qu'on parle à Elisabethville", *Vie et Langage* : 87-94.

VAN HOVE, J. 1951. "L'éducation et l'évolution de la société indigène en Afrique Belge", *Les cahiers de l'institut de sociologie Solvay,* Bruxelles, Les éditions de la librairie encyclopédique, 1 : 141-176.

VIATTE, A. 1969. *La francophonie*, Paris, Larousse.

VINTILA-RADULESCU I. 1970. "Français créole et français canadien", in *Phonétique et linguistique romanes. Mélanges offerts à M. Georges Straka*, I., Lyon-Strasbourg : 353-359.

VONROSPACH, J.-P. 1971. "Le français populaire d'Abidjan", *Actes du huitième Congrès International de linguistique Africaine (= Annales de l'Université d'Abidjan*, série H, fascicule hors série), vol. 2 : 663-666.

WALD, P., CHESNY, J., HILY, M.-A. et POUTIGNAT, Ph. 1973 : *Continuité et discontinuité sociolinguistiques. Hypothèses pour une recherche sur le français en Afrique Noire*, IDERIC, Nice : 56 p. polyc.

WALD, P., CHESNY, J., avec la collaboration de HILY, M.-A. et POUTIGNAT, Ph. 1974. "Contexte et variabilité. Notes sociolinguistiques", *Bulletin du Centre d'Étude des Plurilinguismes*, IDERIC, Nice, 1 : 15-79.

WALD, P. 1974. "Le français tel qu'on le dit", in G. MANESSY et P. WALD, *Le français en Afrique noire tel qu'on le parle, tel qu'on le dit* : 51-109.

WALD, P. 1984. "Compte-rendu de Calvet L.-J. 'Les langues véhiculaires'", Paris, PUF, 1981, in *Language Problems and langage Planning*, 8 : 183-193.

WELMERS, W. E. 1973. *African Language Structures,* Berkeley, University of California Press.

WENEZOUI-DÉCHAMPS, M. 1987. "L1+L2 = L0 ou L3. Étude du franc-sango : interlecte des étudiants de Bangui", Communication au Colloque "Contacts de langues : quels modèles ?", Nice, 28-30 septembre 1987 : 7 p.

WENEZOUI-DÉCHAMPS, M. 1988. "Un "bilinguisme convivial" : le cas du franc-sango chez les étudiants de Bangui", *Cahiers du Lacito*, 3 : 95-105.

WHITELEY, W.H. (éd.). 1971. *Language Use and Social Change*, Oxford/ La Haye, University Press.

WHITELEY, W. H. 1971. "Language Policies of Independant African States", in T. A. SEBEOK, (éd.), *Linguistics in Sub-Saharan Africa* (= *Current Trends in Linguistics*, vol. 7), La Haye - Paris, Mouton.

ZAHAN, D. 1963. *La dialectique du verbe chez les Bambara*, La Haye, Mouton.

# TABLE DES MATIÈRES

**L'HARMATTAN**

5-7 rue de l'École-Polytechnique
75005 PARIS

Tél. : 43-54-79-10
Fax : 43-25-82-03

## OCÉAN INDIEN / OCÉAN PACIFIQUE

### AUX ORIGINES DE L'IDENTITÉ RÉUNIONNAISE
*Sonia CHANE-KUNE*

L'île de la Réunion est une société multi-ethnique, liée depuis toujours à la France. Son histoire est brève mais dense et dramatique : chaque siècle apporte son lot de souffrances et de difficultés en même temps qu'il contribue à la formation d'une identité originale. Cette synthèse, vivante et précise, explore les évolutions politiques, économiques, et socio-culturelles du passé. Elle nous permet de percevoir sous divers angles cette sorte de singularité plurielle que constitue la Réunion.

*(204 p., 120 F)*                                            ISBN : 2-7384-15-6

### LES COMORES : UN ÉTAT EN CONSTRUCTION
*Abdou DJABIR*

Construire un État moderne dans un petit pays pauvre et à partir d'une société éclatée, voilà le pari que veulent gagner les Comoriens depuis l'indépendance. L'auteur dresse ici l'état des lieux. S'appuyant sur l'étude détaillée de la décennie 1980-1990, analysant le fonctionnement des institutions politiques et les données socio-économiques, il met à jour les atouts mais aussi les handicaps qui pèsent sur le développement des Comores.

*(188 p., 85F)*                                            ISBN: 2-7384-2198-9

## LA CRISE CALÉDONIENNE. Rémission ou guérison ?
*Daniel DOMMEL*

Le calme rétabli en juin 1988 en Nouvelle-Calédonie par les accords de Matignon, après plusieurs années de turbulences, et qui persiste depuis lors, est-il le signe que la guérison est en bonne voie, ou s'agit-il d'une simple rémission ? Cet ouvrage jette un regard rétrospectif sur cette crise, analyse les faits et tente de répondre aux questions qui se posent sur l'avenir de la Nouvelle-Calédonie.
*(256 p., 130 F)*                ISBN : 2-7384-1954-22047-8

## D'UNE ÎLE AU MONDE
*Paul VERGES. Entretiens avec Brigitte CROISIER*

Élu député de La Réunion en 1956 puis en 1986, devenu secrétaire général du Parti communiste réunionnais, Paul Vergès, acteur incontournable de ce demi-siècle à La Réunion, retrace ici les lignes de force en remontant aux sources des luttes... De la canne à sucre au chemin de fer et jusqu'aux Noirs marrons rebelles contre l'esclavage. Communiste fermement ancré au Sud, il s'interroge sur l'avenir de notre planète, grande île à la finitude aussi évidente que celle d'une petite île de l'Océan indien.
*(319 p.,150F)*                ISBN: 2-7384-1843

## DEVINETTES DE L'OCÉAN INDIEN. Ankamantatra, Zedmo, Sirandanes, Devinay...
*Claudine BAVOUX. Préface de Robert CHAUDENSON*

Cet ouvrage qui se présente comme un dictionnaire, regroupe un millier de devinettes en malgache et dans trois langues créoles (réunionnais, mauricien et seychellois) accompagnées d'une traduction en français. La présentation par thèmes suggère des rapprochements qui peuvent alimenter une réflexion sur une parenté réelle ou supposée des traditions malgaches et créoles. L'appareil de notes rappelle cependant que d'autres liens existent, notamment avec les vieux fonds français.
*(260 p., 130 F)*                ISBN : 2-7384-1967-4

## L'ESCLAVAGISME À LA RÉUNION. 1797-1848
*Sudel FUMA*

1794-1848: 54 années s'écoulent avant que le décret sur l'émancipation des esclaves ne soit appliqué. L'esclavage, institutionnalisé par le Code Noir à Bourbon en 1723, reste jusqu'au 20 décembre 1948, le fondement du système économique et social d'une population conservatrice, attachée à un ordre colonial marqué par l'inégalité des ses composantes raciales. Dans son ouvrage, l'auteur analyse les conditions de vie des travailleurs de la plantation, esclaves, premiers engagés et affranchis de l'Ile de la Réunion dans la première moitié du XIXème siècle. Son travail est une nouvelle contribution à une approche scientifique de l'histoire de l'esclavage dans les Colonies françaises.
*(185 p.,120F)*                ISBN: 2-7384-1779-5

**ÊTRE FEMME ET MÈRE A MADAGASCAR. (Tanala d'Ifanadiana)**
*Bodo RAVOLOLOMANGA. Préface de Georges CONDOMINAS*
Chez les Tanala, les «Gens de la Forêt», du versant Est de Madagascar, un seul itinéraire conduit les jeunes filles vers l'âge adulte: c'est le passage par le statut d'épouse et de mère. Riche de son expérience professionnelle de sage-femme, Bodo Ravololomanga a choisi ici de nous faire entrer par le côté des femmes dans la vie de la bourgade tanala. Cette plongée dans le monde de la féminité auquel s'est attachée l'auteur nous fait participer à une célébration quotidienne et savoureuse de la Vie.
*(Coll. Connaissance des Hommes, 237 p., 130F)*      ISBN: 2-7384-1698-5

**ÎLE MAURICE AU SOMMET DE LA VAGUE ÉCONOMIQUE ET FRANCOPHONE**
*Jean-Georges PROSPER*
Une présentation de l'Île Maurice au fil de son évolution historique et dans ses enjeux socio-politico-économiques actuels. Ancienne colonie hollandaise, française puis britannique, Maurice devient indépendante en 1968 et s'institue République en 1992. L'implosion financière qu'elle a connue a certes créé des emplois et de la richesse mais pour l'heure, les conséquences se mesurent en un consumérisme débridé s'accompagnant d'une polarisation dangereuse des classes sociales. A quand le retour à l'âme profonde du pays et du peuple mauricien.
*(195 p., 110 F)*      ISBN : 2-7384-2113-X

**LES INSTITUTIONS JUDICIAIRES À MADAGASCAR ET DÉPEN-DANCES**
**Tome 1 : de 1896 à 1945**
**Tome 2 : de 1946 à 1960**
*André ORTOLLAND*
Comment au lendemain de la conquête, satisfaire aux besoins de la justice à Madagascar ? La décision de maintenir les institutions juridiques existantes conduit à une dualité de juridictions de droit français et de droit indigène dont l'auteur décrit le fonctionnement et l'évolution jusqu'à la Seconde Guerre mondiale. A partir de 1946 (tome 2), commence une période de réformes politiques.
*tome 1 : 296 p.,*      ISBN : 2-7384-2030-3
*tome 2 : 346 p.,*      ISBN : 2-7384-2031-1
*360 F les 2 volumes*

**LE JEU DES GRANDES PUISSANCES DANS L'OCÉAN INDIEN**
*Raoul DELCORDE. Préface du Contre-Amiral H. LABROUSSE*
Avec 38 pays riverains et 12 pays enclavés, l'Océan Indien est une scène géostratégique de première importance dont les États-Unis et l'URSS se sont longuement disputé la suprématie. L'auteur apporte un éclairage géopolitique à cette lutte d'influence et à la manière dont les puissances extérieures à la région y ont organisé leur "projection". Analysant l'échec de l'approche régionale d'une "zone de paix" dans cet océan, il étudie également la permanence des intérêts français et l'émergence de l'Inde comme puissance régionale.
*(Coll. Logiques Politiques, 236p., 130F)*      ISBN: 2-7384-2256-X

**LA MAISON DE LA MÈRE. Contes de l'île de Mayotte.**
*Textes en shimaore et en malgache et traduction française*
*S. BLANCHY, Z. SOILIHI, N.J. GUEUNIER et M. SAID*
*Illustrations de Gilles JOISSEAUX*
A Mayotte, l'une des quatre îles de l'archipel des Comores, les villages se répartissent entre deux langues : le "shimaore" dialecte du comorien, et le "kibushi" dialecte malgache. Cette situation linguistique reflète le brassage culturel original. Mais avec deux langues différentes, les Mahorais expriment la même culture marquée par une organisation de parenté qui donne aux femmes un rôle central. Aussi beaucoup des contes de ce recueil tournent-ils autour du mariage.
*(175 p., 110 F)*                           ISBN : 2-7384-2089-3

**MALAGASY. Ingérence ou invasion de Madagascar. 1895. (Tome II)**
*Michel PROU*
La perspective historique retenue ici fait appel à un temps très court. En 1895, un signal de forte amplitude fait basculer le système féodal usé vers un système imposé de l'extérieur. Comment cette date a-t-elle pu recueillir une telle intensité? Le récit s'efforce d'analyser les enjeux principaux du moment et d'éclairer une histoire encore largement occultée entraînant de multiples questions.
*(421p.,230F)*                           ISBN: 2-7384-1689-6

**MORUROA, NOTRE BOMBE COLONIALE. Histoire de la colonisation nucléaire de la Polynésie française**
*Bengt et Marie-Thérèse DANIELSSON*
1963, en dépit des protestations énergiques des élus polynésiens, la colonisation nucléaire de la Polynésie française s'amorce avec l'implantation du Centre d'expérimentation du Pacifique dans un atoll qui se nomme Moruroa. Grâce à une connaissance approfondie de la culture et de l'histoire des Polynésiens, et à une documentation détaillée des événements liés aux essais nucléaires dont ils ont aussi été témoins, les auteurs de cet ouvrage nous exposent l'histoire la plus complète et la plus rigoureuse de la colonisation nucléaire de la Polynésie française.
*(653 p.,280F)*                           ISBN:2-7381-1835-X

**LES POÈMES MASCARINS DE CHARLES BAUDELAIRE (français-créole mauricien)**
*Emmanuel RICHON et Vimala RUNGASAMY*
Cette traduction de poèmes mascarins en créole mauricien est une première dans son genre et apporte une lecture totalement neuve des poèmes de Charles Baudelaire. Par les commentaires qu'il occasionne, ce travail suscite des précisions inédites et des interprétations inattendues concernant l'œuvre poétique baudelairienne.
*(205 p., 120F)*                           ISBN : 2-7384-2192-2

# Littérature

## LE CHANT DES KAYANMS
*Agnès GUENEAU (Réunion)*

Lorsque Pierre s'en va, à titre de coopérant, à l'île de La Réunion, c'est le coeur léger et la tête pleine de rêves et de toutes les images traditionnelles d'une île. Très vite, ces images vont céder la place à des vérités inattendues et bouleversantes, d'autant plus bouleversantes que Pierre vit chaque rencontre avec la sensibilité particulièrement vive qui est la sienne. Parmi ces rencontres, la plus importante est celle de Marie-Léna. Marie-Léna c'est l'amour, c'est aussi d'une certaine façon l'image même de l'île, imprévisible entre tendresse et violence...

*(Coll.Lettres de l'Océan indien, 124p., 70F)*          ISBN: 2-73-4-1601-2

## DANS UN CRI SILENCIEUX
*ABDOU S. BACO (Mayotte)*

L'auteur nous invite ici, à travers le regard du jeune héros Bana, et par la voix du sage Fani, à connaître sa société. Il est originaire de Maoré (Mayotte). Au-delà des images d'Epinal que l'on peut avoir de ces îles exotiques, on découvre par exemple la difficile amitié entre Bana, le «baco» et Rose, la jeune «m'zoungou». Mais plus que tout, c'est la mentalité «je-m'en-foutiste» de tout un peuple qui est ici dénoncée sans complaisance aucune, sur fond de soirée dansante, de grève de collégiens,de racisme... Après «Brûlante est ma terre» Abdou S. Baco nous fait visiter son ile au rythme des va-et-vient des taxis-brousse.

*(Coll. Encres Noires n°97, 190 p., 90F)*          ISBN: 2-7384-1547-4

## LE VOILE DE DRAUPADI
*Ananda DEVI (Maurice)*

Confrontée à la maladie de son fils, Anjali, jeune femme hindoue de l'île Maurice, n'a plus qu'un recours: accomplir la marche sur le feu, un rituel à travers lequel elle intercèdera auprès des divinités en faveur de la vie de son fils. Mais avant de franchir le sentier de braise et de tenter de voir le voile de Draupadi, elle devra parcourir une longue route mystique au fond d'elle-même, vers un passé où se sont forgées toutes les chaînes de connivence qui emprisonnent son destin.

*(Coll. Encres Noires, 175p., 90F)*          ISBN: 2-7384-1641-1

# MÉTHODES DE LANGUES
# ET DICTIONNAIRES

### DICTIONNAIRE ROUMAIN-FRANÇAIS
*Teodora CRISTEA. Alexandra CUNITA. Viorel VISAN*

Le dictionnaire roumain-français de termes fondamentaux est un instrument de travail destiné à tous ceux qui désirent s'approprier le lexique de la langue française dans ce qu'il a de caractéristique à partir des significations les plus usuelles des mots jusqu'aux expressions figurées. Aussi pourra-t-il servir de guide aux débutants qui y trouveront les informations nécessaires à l'utilisation correcte des unités lexicales, autant qu'aux traducteurs, qui y puiseront de nombreuses suggestions pour une mise en équivalence précise et nuancée.

*(868 p., 200 F)*                    ISBN : 2-7384-1371-4

### PARLONS BIRMAN. Langue de Myanmar
*Marie-Hélène CARDINAUD, YIN YIN MMYINT*

Cette méthode d'apprentissage de la langue birmane propose à la fois l'acquisition de la lecture, de l'écriture, de la grammaire de base, ainsi que certains automatismes de langue. Des éléments de conversation courante et un "point" sur la culture et la vie contemporaine viennent la compléter.

*(169 p., 90 F)*                    ISBN : 2-7384-2103-2

### PARLONS ESTONIEN. Une langue de la Baltique
*Fanny de SIVERS*

L'Estonie face à la Finlande, de l'autre côté de la Baltique. Quoique parente du finnois, la langue estonienne en est cependant différente à bien des égards. *Parlons estonien*, premier ouvrage en français sur cette langue européenne est l'instrument indispensable pour les touristes et hommes d'affaires qui voudraient découvrir ce pays. Le lecteur y trouvera une description de la langue, les éléments de la conversation courante, les données essentielles de la culture ainsi qu'un lexique très fourni.

*(214 p., 130 F)*                    ISBN : 2-7384-1978-X

### PARLONS OURDOU
*Mohammed ASLAM YOUSUF. Michel MALHERBE*

Par le nombre de ceux qui le parlent. l'ourdou est la troisième langue du monde après le chinois et l'anglais et cependant, jusqu'à ce jour, aucun livre accessible au grand public n'avait été consacré à son apprentissage. Langue officielle du Pakistan, l'ourdou est aussi la langue de communication de la plupart des musulmans de l'Inde. Cette méthode de langue ourdou est destinée à tous ceux qui veulent connaître le Pakistan, pour y voyager ou y vivre. La cassette qui permettra au lecteur de prononcer correctement est disponible au prix de 75 F.

*(335 p., 170 F)*                    ISBN : 2-7384-1342-0

# Minorités —Migrations —
# Pluralisme culturel

## L'AMÉRIQUE DES MINORITÉS. Les politiques d'intégration
*Pascal NOBLET*

Immenses écarts entre riches et pauvres, faiblesse du système de protection sociale, ségrégation entre groupes raciaux et ethniques, l'Amérique fait figure de contre-modèle social. Mais le pays des ghettos est aussi le pays qui continue d'intégrer des centaines de milliers d'immigrés chaque année. Sans rien omettre de la gravité de la crise actuelle révélée par les émeutes de Los Angeles, ce livre présente ce qui a été accompli durant trente années de combat pour les droits civiques. Une véritable source de réflexion pour qui s'interroge sur l'américanisation de notre société.
*(Coll. CIEMI, N° 30, 359 p., 170F)*          ISBN: 2-7384-1606-3

## IMMIGRATION ET ESPACE PUBLIC. La controverse de l'intégration
*Albert BASTENIER et Félice DASSETTO*

Les migrations de ce siècle sont une nouvelle étape du peuplement européen. Elles élargissent les sociétés du vieux continent. Mais l'inclusion de nouvelles populations émerge comme une question sociale nouvelle et est souvent perçue comme dysfonction, accident et anomalie. Ce livre tente de reformuler les termes du problème controversé de l'intégration. En faisant le pont entre la sociologie des migrations, de l'ethnicité et de l'espace public, il vise à dégager des concepts féconds pour l'analyse des enjeux sociaux induits tant par les anciennes que par les nouvelles migrations qui s'annoncent.
*(Coll. Migrations et changements, 317 p., 160 F)*     ISBN : 2-7384-1723-X

## L'INDIVIDU ET SES CULTURES
*F. FANON, G. VERMES*

Ce livre est le premier d'une série de trois concernant la Recherche Interculturelle. Le premier de la série fait référence à la dynamique incessante et réciproque de l'homme d'aujourd'hui qui ne peut plus se réfugier dans sa "propre culture". Au carrefour de plusieurs cultures, c'est un être aux prises avec des influences multiples qui est appréhendé dans son lien social, cognitif, historique, linguistique ou pathologique.
*(Coll. Espaces interculturels, 206 p., 120 F)*     ISBN : 2-7384-2120-2

## MIGRANTS ET PERCEPTION DU SIDA. "Le maître des infidèles"
*Radhia MOUMEN-MARCOUX. Préface de Jacques BEAUCHARD*

A travers la description et l'analyse de la rencontre du virus du SIDA et d'un groupe de population arabo-musulmane pris dans une logique d'exil, l'auteur pose d'emblée une question cruciale : quel sens ces hommes en situation d'acculturation donnent-ils au mal du "SIDA" ? La lecture des mythes de la liberté, Marcoux d'apporter des connaissances novatrices afin de favoriser les actions et l'impact d'une prévention auprès de cette communauté.
*(Coll. Santé, Société et Cultures, 142 p., 75 F)*     ISBN : 2-7384-1947-X

**LES MINORITÉS DANS LA CITÉ. Perspectives comparatives**
*Maurice BLANC, Sylvie LE BARS*
Même si des pays tels que Allemagne, USA, Grande-Bretagne ou France ont une situation bien spécifique, on retrouve quelques tendances communes : concentration des plus démunis dans des quartiers délabrés, exclusion des pauvres et des minorités ethniques. En ces temps troublés dans les ghettos américains, comme dans certains quartiers de nos villes, cet ouvrage porte un regard critique sur les tentatives d'intégration des minorités dans la cité.
*(Coll. Logiques Sociales, 214 p., 120 F)*          ISBN : 2-7384-2061-3


**LES MINORITÉS ETHNIQUES EN EUROPE**
*Sous la direction de André-Louis SANGUIN*
Le présent ouvrage tente d'examiner les conditions spatiales et géographiques des minorités ethniques dans l'Europe contemporaine en pleine restructuration. Il montre les différentes conceptions que s'en font les États, sans oublier les solutions extrêmes que sont l'ethnocide et le linguicide. Réunissant une quarantaine d'auteurs, témoins et spécialistes, il analyse les réalités vécues quotidiennement et les réflexes uniformisateurs des États.
*(367 p., 190 F)*          ISBN : 2-7384-1953-4


**PLURALISME CULTUREL EN EUROPE. Culture(s) européenne(s) et culture(s) des diasporas**
*Sous la direction de René GALISSOT*
En Europe, la question du pluralisme culturel était posée par l'expression des cultures régionales et minoritaires, voire nationalitaires. Le fait nouveau est l'affirmation des cultures d'immigration ou plus exactement des "diasporas", l'émergence d'une culture mobile, composante d'une culture urbaine médiatisée et cosmopolite qui est elle-même symbole d'une génération jeune.
*(Coll. L'Homme et la Société, 270 p., 140 F)*          ISBN : 2-7384-1956-9


**VOCABULAIRE HISTORIQUE ET CRITIQUE DES RELATIONS INTER-ETHNIQUES**
*PLURIEL recherches. Cahier n° 1*
La revue pluriel-recherches a pour objectif l'élaboration progressive, sous forme de cahiers, d'un vocabulaire historique et critique des relations inter-ethniques. Elle suivra, dans chaque cahier, l'ordre alphabétique. Chaque livraison comportera des notices sur des termes qui ne relèvent pas obligatoirement du même contexte d'usage. Ce sont les différents cahiers de la revue qui feront le lien entre les diverses notions présentées.
*(79 p., 70 F)*          ISBN : 2-7384-1921-6